QUESTÕES CONTROVERTIDAS DE DIREITO PROCESSUAL PENAL MILITAR

PAULO IVAN DE OLIVEIRA TEIXEIRA

QUESTÕES CONTROVERTIDAS DE DIREITO PROCESSUAL PENAL MILITAR

ATUALIZADO DE ACORDO COM A

LEI Nº 13.491, DE 13/10/2017: AMPLIAÇÃO DA COMPETÊNCIA DA JUSTIÇA MILITAR DA UNIÃO PARA OS CRIMES PREVISTOS NA LEGISLAÇÃO PENAL COMUM E PARA OS CRIMES DOLOSOS CONTRA A VIDA DE CIVIL COMETIDOS POR MILITARES DAS FORÇAS ARMADAS.

LEI Nº 13.774, DE 19/12/2018: ALTERA A LEI Nº 8. 457, DE 4 DE SETEMBRO DE 1992, QUE ORGANIZA A JUSTIÇA MILITAR DA UNIÃO E REGULA O FUNCIONAMENTO DE SEUS SERVIÇOS AUXILIARES.

LEI Nº 13.869, DE 5/9/2019: DISPÕE SOBRE OS CRIMES DE ABUSO DE AUTORIDADE.

LEI Nº 13.964, DE 24/12/2019: APERFEIÇOA A LEGISLAÇÃO PENAL E PROCESSUAL – PACOTE ANTICRIME.

RESOLUÇÃO STM Nº 228, DE 26/10/2016: DISCIPLINA OS PROCEDIMENTOS A SEREM ADOTADOS PARA A REALIZAÇÃO DE AUDIÊNCIA DE CUSTÓDIA NO ÂMBITO DA JUSTIÇA MILITAR DA UNIÃO.

2ª edição

editora
Del Rey

Belo Horizonte

2022

Impresso no Brasil | *Printed in Brazil*

EDITORA DEL REY LTDA.
www.editoradelrey.com.br

Editor: Arnaldo Oliveira

Editor Adjunto: Ricardo A. Malheiros Fiuza (*in memoriam)*

Coordenação Editorial: Letícia Neves

Diagramação: Know-how Desenvolvimento Editorial

Editora:
Rua dos Goitacazes, 71 – Lojas 20 a 24
Centro – Belo Horizonte – MG
CEP 30190-050

Comercial:
Tel.: (31) 3284-3284
vendas@editoradelrey.com.br

Editorial:
editorial@editoradelrey.com.br
Tel.: (31) 2516-3340

T266q Teixeira, Paulo Ivan de Oliveira.
Questões Controvertidas de Direito Processual Militar / Paulo Ivan de Oliveira Teixeira. - 2. ed. – Belo Horizonte, MG: Editora Del Rey, 2022.
348 p.; 15,5x22,5 cm.

Inclui bibliografia.
ISBN 978-65-00-42120-0

1. Direito. 2. Direito Militar. 3. Direito Processual Militar. 4. Questões Controvertidas. I. Título. II. Assunto. III. Teixeira, Paulo Ivan de Oliveira.

CDD 341.75
20-99068009 CDU 344.23

Pedro Anizio Gomes
Bibliotecário – CRB-8 8846

Para Catarina, com imensa saudade.

APRESENTAÇÃO

Todo ramo do Direito, sem distinção, possui uma zona tormentosa onde se aninham as suas controvérsias. Neste terreno turbulento, doutrina e jurisprudência se digladiam, empunhando, para tanto, todas as armas possíveis e inimagináveis da hermenêutica. Esta é exatamente a essência do Direito. Ele se alimenta das variadas interpretações sobre a aplicabilidade da lei. Em cada olhar, um olhar diferenciado. A discordância de entendimento é um ser inseparável do Direito. É o oxigênio que lhe dá vida. O pensar diferente não vincula quem quer que seja. A existência das instâncias judiciais baseia-se exatamente nesta diversidade de pensamento. O que seria dos tribunais pátrios caso inexistissem conflitos hermenêuticos. Enfim, a ausência desta liberdade de se expressar juridicamente faria com que o Direito nascesse morto, fenecesse, tornando-se estático, sem movimento. A controvérsia é a alma do Direito.

Também no Direito Processual Penal Militar, e não poderia ser diferente, residem inúmeros pontos nevrálgicos. Este livro objetiva apresentar, de forma simples, tais questões, procurando equacionar os posicionamentos de doutrinadores e de tribunais, alinhando-os de uma forma didática e singela, como, por exemplo, a constitucionalidade da detenção cautelar do art. 18 do CPPM, a competência da Justiça Militar da União para processar e julgar o militar da ativa das Forças Armadas pela prática de crime doloso contra a vida de civil, o momento processual da realização do interrogatório no processo penal militar, o ***status*** de militar da ativa como condição de procedibilidade para o início do processo e como condição de prosseguibilidade nos processos condenatório e executório.

Aliás, inserimos nesta obra breves comentários sobre a Lei nº 13.491, de 13 de outubro de 2017, que modificou, significativamente, a competência da Justiça Militar da União, tanto para os crimes dolosos contra a vida de civil, cometidos por militares das Forças Armadas em determinadas situações, quanto para caracterizar como crimes militares aqueles previstos na legislação penal comum, o que é motivo de grandes polêmicas nos tribunais, bem como a Lei nº 13.774, de 19 de dezembro de 2018, que promoveu profundas mudanças na Lei de Organização da JMU – Lei nº 8.457/92 – como, por exemplo, a transferência da competência para o Juiz Federal da JMU relativa ao julgamento de civis que praticarem crimes militares definidos em lei, a presidência dos Conselhos de Justiça outorgada igualmente ao Juiz Federal da JMU, o exercício da Corregedoria pelo Vice-Presidente do STM e, finalmente, a competência do julgamento de Habeas Corpus, Habeas Data e mandado de segurança para o Juiz Federal da JMU, referentes à matéria criminal, impetrados contra ato de autoridade militar, excetuando-se dessa regra apenas os atos praticados por oficiais-generais que continuam na alçada do STM, bem como as modificações provocadas no âmbito do Direito Militar pelas Leis números 13.869, de 5/9/2019 – Lei de Abuso de Autoridade – e 13.964, de 24/12/2019 – Pacote Anticrime.

Os enfoques interpretativos dos principais operadores do Direito Militar sobre tais pontos nebulosos foram, sinteticamente, reproduzidos para melhor visualização. São eles que impulsionam este Direito Especial, que é o Militar, visto, de certa forma, com desdenho e até com certa ojeriza pelos que manejam o Direito Penal e Processual Penal Comum, o que é lamentável. Mas são esses juristas do Direito Castrense, certos ou errados em suas convicções jurídicas, que o movimentam, tornando-o dinâmico, vivo.

Niterói, janeiro de 2022.

O AUTOR

SIGLAS E ABREVIATURAS

ADC	Ação Declaratória de Constitucionalidade
ADI	Ação Direta de Inconstitucionalidade
ADPF	Ação de Descumprimento de Preceito Fundamental
AGR	Agravo Regimental
APF	Auto de Prisão em Flagrante
ARE	Agravo no Recurso Extraordinário
BJM	Boletim da Justiça Militar
CC	Conflito de Competência
CEJ	Conselho Especial de Justiça
CJ	Conselho de Justificação
CF	Constituição Federal
CJM	Circunscrição Judiciária Militar
CP	Código Penal
CPC	Código de Processo Civil
CPJ	Conselho Permanente de Justiça
CPM	Código Penal Militar
CPP	Código de Processo Penal
CPPM	Código de Processo Penal Militar
DJe	Diário de Justiça Eletrônico
DJU	Diário Oficial da União
DPU	Defensoria Pública da União
EC	Emenda Constitucional
ESTATUTO	Estatuto dos Militares
HC	Habeas Corpus

IPD	Instrução Provisória de Deserção
IPI	Instrução Provisória de Insubmissão
IPM	Inquérito Policial Militar
IRDR	Incidente de Resolução de Demandas Repetitivas
JME	Justiça Militar Estadual
JMU	Justiça Militar da União
LC	Lei Complementar
LEP	Lei de Execução Penal
LOJMU	Lei de Organização da Justiça Militar da União
MPM	Ministério Público Militar
QO	Questão de Ordem
PJM	Polícia Judiciária Militar
PGJMU	Procurador-Geral da Justiça Militar da União
PGR	Procurador-Geral da República
PL	Projeto de lei
STF	Supremo Tribunal Federal
STJ	Superior Tribunal de Justiça
STM	Superior Tribunal Militar
RHC	Recurso em Habeas Corpus
RISTF	Regimento Interno do Supremo Tribunal Federal
RISTM	Regimento Interno do Superior Tribunal Militar
RMS	Recurso em Mandado de Segurança
RSE	Recurso em Sentido Estrito

SUMÁRIO

APRESENTAÇÃO vii

SIGLAS E ABREVIATURAS ix

A CONSTITUCIONALIDADE DA DETENÇÃO CAUTELAR DO ART. 18 DO CPPM 1

A NECESSIDADE DE FUNDAMENTAÇÃO SUCINTA POR OCASIÃO DO OFERECIMENTO DA DENÚNCIA PELO MINISTÉRIO PÚBLICO MILITAR 11

A NOVA COMPETÊNCIA DA JUSTIÇA MILITAR DA UNIÃO COM O ADVENTO DA LEI Nº 13.491, DE 13 DE OUTUBRO DE 2017 23

A COMPETÊNCIA MONOCRÁTICA DO JUIZ FEDERAL DA JUSTIÇA MILITAR DA UNIÃO PARA PROCESSAR E JULGAR CIVIL PELA PRÁTICA DE CRIME MILITAR, DE ACORDO COM A LEI Nº 13.774, DE 19 DE DEZEMBRO DE 2018 109

HIPÓTESES DE ADMISSIBILIDADE DE CONCESSÃO DA LIBERDADE PROVISÓRIA NO PROCESSO PENAL MILITAR 137

APLICABILIDADE DE MEDIDA DE SEGURANÇA PROVISÓRIA AOS INIMPUTÁVEIS, SEMI-IMPUTÁVEIS, ÉBRIOS HABITUAIS E TOXICÔMANOS (ART. 272, ALÍNEAS "A", "B" E "C", CPPM) 143

A INCIDÊNCIA DO PRINCÍPIO DO CONTRADITÓRIO NO INTERROGATÓRIO DO PROCESSO PENAL MILITAR 149

O MOMENTO PROCESSUAL PARA A REALIZAÇÃO DO INTERROGATÓRIO NA JUSTIÇA MILITAR DA UNIÃO 155

A *EMENDATIO LIBELLI* MILITAR 163

A *MUTATIO LIBELLI* MILITAR 179

PRINCIPAIS QUESTÕES PROCESSUAIS RELATIVAS AO CRIME DE DESERÇÃO 183

IMPETRAÇÃO DE HABEAS CORPUS NA JUSTIÇA MILITAR DA UNIÃO E O ADVENTO DA LEI Nº 13.774, DE 19 DE DEZEMBRO DE 2018 239

A CORREIÇÃO PARCIAL NO PROCESSO PENAL MILITAR 245

LEGITIMIDADE DO ASSISTENTE DE ACUSAÇÃO NO PROCESSO PENAL MILITAR 265

RECURSOS CONSTITUCIONAIS DE COMPETÊNCIA DO STF RELATIVOS À JUSTIÇA MILITAR DA UNIÃO 271

PROCESSO DE EXECUÇÃO PENAL MILITAR 301

AUDIÊNCIA DE CUSTÓDIA NA JUSTIÇA MILITAR DA UNIÃO 325

REFERÊNCIAS BIBLIOGRÁFICAS 329

A CONSTITUCIONALIDADE DA DETENÇÃO CAUTELAR DO ART. 18 DO CPPM

Encontra-se em vigor a detenção cautelar, estatuída no art. 18 do CPPM, dispondo que o indiciado poderá ficar detido durante as investigações policiais até 30 dias, via decretação de prisão pelo Encarregado do IPM, independentemente de flagrante delito ou de ordem judicial?

Grassa intensa discussão na doutrina e na jurisprudência a respeito da constitucionalidade da referida detenção, prevista no art. 18, do CPPM ***(independentemente de flagrante delito, o indiciado poderá ficar detido, durante as investigações policiais, até trinta dias, comunicando-se a detenção à autoridade judiciária competente. Esse prazo poderá ser prorrogado, por mais vinte dias, pelo comandante da Região, Distrito Naval ou Zona Aérea, mediante solicitação fundamentada do encarregado do inquérito e por via hierárquica)***, tendo em vista que esta medida coercitiva de natureza cautelar, produzida por uma autoridade administrativa militar, esbarraria nas balizas estabelecidas pela Carta Magna, no que diz respeito à privação da liberdade do cidadão.

O questionamento objetivo a ser feito é o seguinte: ***Poderá a autoridade administrativa militar decretar a prisão do militar pela prática de crime propriamente militar, na ausência de flagrância ou de ordem judicial, com respaldo na parte final do inciso LXI, do art. 5º, da CF/88?***

Na verdade, a ***vexatio quaestio*** incide na viabilidade da autoridade policial militar que comandar o IPM decretar a detenção cautelar do militar nos crimes propriamente militares, pois só este – militar da ativa – pode ser autor de tal tipo de delito embora, diga-se de passagem, de forma inusitada, o **STF – HC 81.438-7/RJ, PRIMEIRA TURMA, Rel. Min. NELSON JOBIM,** julgado em **11/12/2001** – já tenha admitido a possibilidade da coautoria de civil nesta modalidade de crime militar, o que, por certo, causaria perplexidade se colocada em prática a parte final do inciso LXI, do art. 5º, da CF/88, permitindo, via de consequência, que um civil fosse detido pelo Encarregado do IPM, sem estar em flagrante delito ou sem ordem judicial.

Neste aspecto, como acentua brilhantemente o jurista **CÉLIO LOBÃO**, em seu "**DIREITO PROCESSUAL PENAL MILITAR, JUSTIÇA MILITAR FEDERAL E ESTADUAL**", **Forense Editora, 2ª edição, 2011, p. 311**, a norma constitucional em tela tem como destinatário, única e exclusivamente, o militar da ativa, nunca o civil, pois, caso contrário, chegar-se-ia à conclusão inarredável que o civil, autor ou coautor de crime propriamente militar, estaria sujeito à prisão imposta pela autoridade militar, independentemente de flagrante e de ordem judicial. **GUILHERME NUCCI, CPM COMENTADO, Editora Forense, 3ª edição, 2019, p. 34**, pensa diferente de **LOBÃO** ao afirmar que a norma constitucional do art. 5º, LXI, diz respeito a processo penal e não à caracterização de crime militar, evidenciando que o juiz pode determinar a prisão de alguém (ou flagrante delito), nos delitos em geral, exceto nas transgressões militares (infrações disciplinares) ou nos crimes militares próprios (típicos do militar), que também admitem a prisão cautelar decretada por autoridade diversa, como o oficial superior.

O CPPM prevê os seguintes tipos de prisão provisória: **Detenção do indiciado por decretação do Encarregado do IPM na hipótese de prática de crime propriamente militar (CPPM, art. 18), Prisão em Flagrante (CPPM, art. 243), Prisão Preventiva (CPPM, art. 254), Prisão do Desertor (CPPM, art. 452) e Menagem para o**

Insubmisso (CPPM, art. 266). Como se sabe, prisão provisória é aquela que é imposta antes de a sentença criminal transitar em julgado, possuindo natureza tipicamente cautelar. A detenção cautelar do art. 18 é aquela que é alvo de maior polêmica.

Existem os seguintes entendimentos sobre a sua constitucionalidade, a saber:

1º entendimento: A prisão com base no art. 18 do CPPM é inconstitucional.

É o entendimento mais radical. Retrata, na opinião do jurista **LUCIANO MOREIRA GORRILHAS,** em seu artigo "**PRISÃO PROVISÓRIA NA LEGISLAÇÃO PROCESSUAL PENAL MILITAR",** publicado em agosto/2010 e capturado no site **www.justitia.com.br/artigos**, a vocação autoritária do legislador da época (outubro de 1969), sendo inadmissível em um Estado Democrático de Direito que uma prisão não decorra de flagrante delito ou de ordem judicial, considerando um abuso de autoridade tal forma de prisão o que, para o citado jurista, na prática, não vem ocorrendo a utilização dessa modalidade cautelar, estando-se diante de um autêntico exemplo de letra morta da lei, isso sem falar na inexistência do ***periculum libertatis*** em tal tipo de detenção (perigo da liberdade do indiciado).

Em um passado distante, um simples Encarregado de Inquérito Policial Militar poderia determinar a prisão de indiciado civil mediante a expedição de um mandado de prisão por até 30 dias, fazendo comunicação reservada à autoridade judiciária competente, que nada poderia fazer, mantendo-o incomunicável por até 30 dias. Nada mais que um caso típico de prisão para averiguações (RTJ/564), determinada por autoridade administrativa, inimaginável atualmente. Confira-se o Decreto-lei nº 510/69, art. 47, Decreto-lei nº 898/69, art. 59 e Lei nº 6.620/75, art. 47, que tratavam dos Crimes contra a Segurança Nacional, já revogados.

2º entendimento: ***O art. 18 do CPPM é inconstitucional por inexistir lei específica que defina os crimes propriamente militares conforme mandamento da parte final do inciso LXI, do art. 5º, da CF/88, constituindo-se, dessa maneira, em norma constitucional de eficácia limitada.***

Para aqueles que defendem tal posicionamento, enquanto inexistir lei específica que defina o crime propriamente militar, ilegal será a detenção cautelar do militar. Na realidade, não existe uma lei específica, que até hoje não foi elaborada, cabendo à doutrina a construção de uma definição de crime propriamente militar e crime impropriamente militar.

3º entendimento: ***Admite somente a prisão do militar, sem ordem judicial e sem flagrante, nos casos de transgressão disciplinar e no crime de deserção.***

Para parcela respeitável de juristas tal modalidade de prisão provisória está tacitamente ab-rogada do ordenamento jurídico, não havendo mais espaço em um Estado Democrático de Direito para se privar a liberdade do indivíduo, qualquer que seja ele, militar ou civil, a não ser por ordem escrita da autoridade judiciária competente ou mediante prisão em flagrante conforme estatui o art. 5º, inc. LXI, da Carta de 1988, ***in verbis***: "***Ninguém será preso senão em flagrante delito ou por ordem escrita e fundamentada de autoridade judiciária competente, salvo nos casos de transgressão disciplinar ou crime propriamente militar, definidos em lei***". De acordo com este entendimento, a autorização da Carta Fundamental para efetivar a prisão de qualquer pessoa sem a devida autorização judicial, salvo na hipótese de flagrante delito e nos casos de transgressão militar (infração disciplinar) ou crimes militares próprios, definidos em lei, não autoriza a decretação de prisão pelo Encarregado do IPM no curso da investigação preliminar por crime propriamente militar que independa de ordem judicial, sendo tal custódia permitida somente se houver flagrante delito e, fora disso, havendo interesse na investigação preliminar, deverá, obrigatoriamente, o Encarregado representar à autoridade judiciária militar competente para a decretação da prisão preventiva.

Nesta visão, o que a CF/88 admitiria – afirmam os defensores dessa tese – seria a prisão nos casos de transgressão disciplinar militar e pela prática de crime militar definido em lei – crime propriamente militar – ainda que o autor do fato delituoso não esteja em flagrante delito e não haja ordem judicial, apontando, como único exemplo dessa permissão constitucional, o crime de deserção, pois a prisão do desertor poderá ser efetuada, mesmo não estando em flagrante delito, sem ordem judicial escrita e fundamentada da autoridade judiciária competente, por meio do Termo de Deserção, lavrado pela autoridade administrativa militar, título legítimo autorizador da captura e prisão do desertor (CPPM, art. 452).

Assim, para os que advogam nesse sentido, afastados os casos permitidos pela CF/88 – a prisão disciplinar e a prisão do desertor – é vedado, por completo, salvo no caso de flagrante delito, ao Encarregado do IPM decretar a prisão no curso da investigação preliminar, seja para o caso de quaisquer crimes militares próprios, como, por exemplo, ***crime de abandono de posto, recusa de obediência, etc.***, seja para os crimes impropriamente militares e, caso o faça, tendo como pressuposto a apuração de crime propriamente militar, essa conduta configuraria crime de abuso de autoridade, que estava previsto no art. 4º, alínea "a", da antiga Lei nº 4.898/65, fato que deverá ser apreciado pela Justiça Criminal Comum, seja ela federal ou estadual (**ESDRAS DOS SANTOS CARVALHO, O DIREITO PROCESSUAL PENAL MILITAR NUMA VISÃO GARANTISTA, Lumen Juris Editora, 2010, p. 70-72), lei essa já revogada pela Lei nº 13.869/2019.** Nota-se, assim, claramente que o jurista antes apontado restringe a aplicabilidade da parte final do inciso LXI, do art. 5º, da CF/88, pois somente admite a prisão cautelar ora enfocada por parte de autoridade administrativa militar pela prática do crime de *deserção,* estando os demais crimes propriamente militares excluídos da exceção da parte final da norma constitucional.

Hoje, em virtude do advento da Lei nº 13.491/2017, o crime de abuso de autoridade, previsto agora na Lei nº 13.869/2019, cometido por militar da ativa, é considerado militar, desde que existentes uma das condições do inciso II, do art. 9º, do CPM. Esta lei de 2017 será motivo de apreciação mais adiante.

Com respaldo no entendimento em tela, surge a dúvida: **Quando a norma constitucional em apreço – art. 5º, inciso LXI – permite a prisão de um militar pela prática de crime propriamente militar, sem ele estar em flagrante e sem ordem judicial, isso quer significar qualquer crime propriamente militar ou apenas aqueles em que são lavrados documentos administrativos que autorizam a custódia cautelar como são os Termos de Deserção e de Insubmissão?** Quanto a este último crime militar – Insubmissão – embora existam entendimentos divergentes, obviamente que estamos diante de um crime propriamente militar face o disposto no art. 64, inciso II, do Código Penal Comum, que não considera para fins de reincidência tal tipo de crime. Observe-se que nos demais tipos de crimes propriamente militares inexiste tal documento autorizador da prisão do militar.

4º entendimento: Admite a prisão do militar, sem ordem judicial e sem flagrância, em todos os crimes propriamente militares.

Para este posicionamento não há a menor dúvida que a CF/88 ressalva, claramente, esta possibilidade de detenção, sem ordem escrita da autoridade judiciária competente ou sem prisão em flagrante nos crimes propriamente militares que são os crimes contra a autoridade ou disciplina militar, ou contra o serviço militar e o dever militar, não estando autorizado para decretar a custódia nos crimes impropriamente militares, já que não se trata da ***detenção-pena***, estatuída no art. 55, letra "c", do CPM, e sim de uma ***detenção-cautelar***, admitindo-se somente a detenção do indiciado em todos os crimes propriamente militares (**JORGE CESAR DE ASSIS, DIREITO MILITAR: ASPECTOS PENAIS, PROCESSUAIS PENAIS E ADMINISTRATIVOS, Juruá Editora, 2012, p. 69; CLÁUDIO AMIM MIGUEL e NELSON COLDIBELLI, ELEMENTOS DE DIREITO PROCESSUAL PENAL MILITAR, Lumen Juris Editora, 2011, p. 35-36**).

Continuando na abordagem do tema ora exposto, afirmam também outros juristas da matéria militar, acolhedores dessa tese, que a detenção cautelar do indiciado seria uma espécie de prisão para averiguações, cuja finalidade é a de possibilitar a custódia na fase de investigação, quando os requisitos da prisão preventiva ainda não foram suficientemente colhidos, assemelhando-se à prisão temporária, instituída pela Lei nº 7.960, de 21/12/89, em face da coincidência de objetivos, pois esta legislação veio para legalizar as antigas prisões para averiguações feitas pela Polícia. E mais: o Encarregado do IPM para respaldar tal detenção cautelar deverá motivá-la na hipótese de se deparar com certas situações em que "***a custódia do indiciado surja como uma necessidade inafastável à investigação policial militar, sempre que se lhe afigurar a necessidade inelutável de agir rapidamente, de impedir que o indiciado destrua vestígios do crime ou desvirtue a prova e ainda a evitar-lhe a fuga ou ocultação e sempre que se lhe revele útil à conveniência de proteger a liberdade individual contra o arbítrio e a prepotência do indiciado***", ou, em outras palavras, devem estar presentes os requisitos da ***utilidade*** e da ***necessidade***, como condição para o decreto da custódia provisória, dispensando-se, inclusive, a certeza da materialidade e a existência de indícios de autoria. Enfim, para esta corrente, a motivação da detenção cautelar pelo Encarregado do IPM é obrigatória, devendo-se indicar, claramente, o fato gerador da prisão e o dispositivo legal adequado, não podendo ser lacônica, vazia, genérica, já que se trata de custódia cautelar de um cidadão militar, aplicando-se à espécie o princípio constitucional estampado no art. 5°, inciso XXXV ***(a lei não excluirá da apreciação do Poder Judiciário lesão ou ameaça a direito)***. Qualquer abuso cometido pelo Encarregado do IPM deverá ser prontamente corrigido por meio do controle judicial a ser exercido quando da comunicação à autoridade judiciária competente que examinará a legalidade da medida.

Concluindo, entendem tais doutrinadores que os militares constituem uma classe específica de servidores aos quais estão cometidas graves e perigosas missões ao longo da carreira, e, assim, somente por meio de rigorosa aplicação de normas especiais e particulares que os obrigue a obediência às ordens não manifestamente ilegais de superiores, a finalidade de sua existência estará justificada, motivo pelo qual a Carta Magna excepciona os casos de prática de crime propriamente militar e de transgressões disciplinares, estando em pleno vigor o inciso LXI do art. 5°, e, quanto a isso, não havendo dissonância na doutrina e na jurisprudência que a autoridade administrativa militar poderá efetuar a prisão por prática de crime propriamente militar, mas deverá comunicá-la à autoridade judiciária competente imediatamente que apreciará a legalidade, oportunidade e a conveniência da medida privativa de liberdade com fulcro no inciso LXII, do art. 5°, da CF/88 ***(a prisão de qualquer pessoa e o local onde se encontra serão comunicados imediatamente ao juiz competente e à família do preso ou à pessoa por ele indicada)***.

O que não pode, continuam a sustentar os defensores dessa última corrente, é a autoridade judiciária decretar tal prisão provisória, já que ela é da alçada exclusiva da autoridade administrativa militar, sendo um ato administrativo produzido no curso de um procedimento administrativo, prerrogativa que a lei concede ao oficial encarregado das investigações policiais, com base na necessidade e oportunidade da prisão, podendo até constituir constrangimento ilegal e abuso de autoridade caso haja a decretação pela autoridade judiciária e que esta detenção cautelar somente poderá ocorrer em IPM instaurado, tendo em vista que o artigo em tela fala em "***indiciado***" (**MÁRCIO LUIS CHILA FREYESLEBEEN, A PRISÃO PROVISÓRIA NO CPPM, Editora Del Rey, 1997, p. 211-222**).

CÉLIO LOBÃO, op. cit., p. 310, ensina também que tal medida coercitiva somente será cumprida após a expedição de portaria de instauração do IPM, e antes do encerramento do inquérito, comunicando-se à autoridade judiciária para avaliação da sua legalidade, podendo relaxá-la caso constate sua ilegalidade (CPPM, arts. 222 e 224).

Em suma, esta corrente de juristas admite a legitimidade da autoridade administrativa militar para decretar a detenção cautelar em ***todos*** os crimes propriamente militares independentemente de prisão em flagrante e ordem judicial.

Também o jurista **LUIZ AUGUSTO DE SANTANA**, em artigo denominado "**AS PRISÕES E A LIBERDADE PROVISÓRIA DO MILITAR EM FACE DA NOVA ORDEM JURÍDICA**", capturado no site **www.jusmilitaris.com.br**, acentua que a detenção do militar submetido a IPM por prática de crime militar é imprescindível ao exercício pleno do poder disciplinar garantido a quem exerce o poder hierárquico porque em função de comando, direção ou chefia de Organização Policial Militar, e para aplicá-la só precisa a autoridade de bom senso, limites e fundamentos, que devem ser os mesmos que justificariam a decretação de uma "prisão temporária", e que embora não grafados, advêm da própria necessidade de limitar sua atuação nos estritos caminhos do direito, identificando como requisitos justificadores a imediatidade, materialidade, autoria e necessidade da manutenção das normas ou princípios de hierarquia e disciplina militares, o que virá a fortalecer o poder disciplinar da Corporação e, em contrapartida, transformar-se-á em instrumento facilitador de perseguições e arbitrariedades.

Já o renomado jurista **GUILHERME NUCCI**, em seu **CÓDIGO DE PROCESSO PENAL MILITAR COMENTADO,**

Editora Forense, 2014, p. 51, leciona que o Poder Judiciário não deve intervir na conveniência da prisão decretada, salvo se houver ofensa às normas constitucionais, como, por exemplo, se a hipótese não se enquadrar em delito propriamente militar. Por fim, acentue-se que essa detenção deverá ser imposta pelo prazo de 30 dias, prorrogável por mais 20 dias por autorização do Comando da área militar e, obviamente, sempre comunicada à autoridade judiciária militar para controle da sua legalidade, bem como à família do preso ou pessoa por ele indicada – CF/88, art. 5º, LXII – ao MPM – LC nº 75/93, art. 10 – e, caso não tenha sido informado o nome de advogado, à Defensoria Pública – CPP Comum, art. 306, § 1º (**JORGE CESAR DE ASSIS, CPPM ANOTADO, 1º vol., artigos 1º a 383, Juruá Editora, 2012, p. 64**).

Enfim, salvo melhor juízo, este é o panorama doutrinário referente ao polêmico art. 18 do CPPM.

Por fim, registre-se que atualmente, com o advento da chamada Audiência de Custódia, inaugurada pela Lei nº 13.964/2019 – Pacote Anticrime – todo preso tem que ser apresentado ao magistrado para o exame do controle da sua prisão. Na Justiça Militar da União, o regramento é feito pela Resolução nº 228, de 26/10/2016, baixada pelo STM, que, de acordo com o seu art. 1º, determina a apresentação, sem demora, da pessoa presa a um juiz, nos casos de prisão em flagrante delito, de prisão decorrente de apresentação voluntária ou captura relativas aos delitos de deserção ou insubmissão, ou, ainda, de cumprimento de mandados de prisão cautelar ou definitiva. Assim, não há a menor dúvida de que a hipótese do art. 18 em tela tem natureza de prisão provisória de cunho processual, aplicando-se, portanto, o art. 1º da citada Resolução 228 do STM.

A NECESSIDADE DE FUNDAMENTAÇÃO SUCINTA POR OCASIÃO DO OFERECIMENTO DA DENÚNCIA PELO MINISTÉRIO PÚBLICO MILITAR

Sempre entendemos que o disposto no inciso VIII, do art. 129, da CF/88, que obriga o membro do Ministério Público a indicar os fundamentos jurídicos de suas manifestações processuais nas hipóteses de requisição de diligências investigatórias e de instauração de inquérito policial, é válido igualmente para o caso de oferecimento da denúncia. Com muito mais razão, o MPM deverá precisar quais são os fundamentos de prova, mesmo que sucintamente, por ele visualizados no IPM ou em Peça de Informação, por ocasião do oferecimento da sua denúncia, peça processual de maior significação e que irá inaugurar o início da ação penal militar. Deverá apontar, a nosso ver, de forma específica, quais foram os elementos que o levaram a concluir pela existência de **indícios de autoria**. Uma das hipóteses da justa causa para o exercício da ação penal militar, ***lastro probatório mínimo***, necessita ser claramente estampado na cota ministerial.

Não basta para o recebimento da denúncia o atendimento às formalidades do art. 77 do CPPM, nem a descrição de um aparente fato típico. É preciso que haja correspondência entre o fato imputado e a conduta do agente retratada na peça inquisitorial. E não só com relação aos indícios de autoria. Também com relação à **existência material** de uma conduta típica e alguma prova de sua antijuridicidade e culpabilidade, como dizem os juristas **AFRANIO SILVA JARDIM e PIERRE SOUTO MAIOR COUTINHO DE AMORIM**, na obra **DIREITO PROCESSUAL PENAL – ESTUDOS E PARECERES, Editora Lumem Juris, 12ª**

edição, 2013, p. 110-111. Na esteira dos ensinamentos dos citados autores, e adaptando-os à tese ora exposta, "***a acusação não pode resultar de um ato de fé ou de adivinhação do autor da ação penal. Tudo que de essencial ele descrever na denúncia deve estar respaldado na prova do inquérito, ainda que de forma frágil ou incompleta. É necessário que haja alguma prova, ainda que leve. Agora, se esta prova é boa ou ruim, isto já é questão pertinente ao exame de mérito da pretensão do autor***". E mais, enfatizam também os juristas em tela que "***assim, mister seria existir uma regra expressa determinando que haja pronunciamento preciso sobre todos os fatos noticiados no inquérito ou peças de informação, seja quando do oferecimento da denúncia, seja quando do requerimento do arquivamento. Também assim dever-se-ia determinar com relação à situação de todos os indiciados***" (**op. cit., p. 199**).

Ora, não poderá o denunciado se defender, sem que o membro do Ministério Público indique, pontualmente, mesmo que de forma resumida, em que ele se baseou com relação aos indícios de autoria. No atual sistema, justamente o que ocorre é que o denunciado terá que adivinhar em que se respaldou o MP para denunciá-lo. Ainda que leve, a prova tem que ser, cristalinamente, sinalizada pelo Ministério Público, quando oferecer a inicial acusatória. Falar-se que tal prova está embutida no inquérito policial de acordo com o preceituado no art. 12 do CPP Comum, que determina que o inquérito policial acompanhará a denúncia ou a queixa, sempre que servir de base a uma ou outra, também não resolve a ***vexatio quaestio***.

Por seu turno, **EUGENIO PACELLI DE OLIVEIRA** e **DOUGLAS FISCHER**, "**COMENTÁRIOS AO CPP E SUA JURISPRUDÊNCIA**", **Editora Atlas, 2016, 8ª edição, p. 42**, sobre o citado art. 12, assim se pronunciam: "***O que não se pode aceitar é o oferecimento de denúncia ou de queixa que não se baseiem em algum elemento de prova, ou que, no futuro, possa ser objeto de instrução probatória. Exatamente por isso que a ação penal, pública ou***

privada, deve ostentar justa causa (art. 395, III, CPP), que seria, então, o suporte mínimo de prova, a evitar a instauração de ações penais arbitrárias, desacompanhadas de justificação racional. Cumpriria ela, a justa causa, uma missão de significativo relevo, permitindo que a defesa, desde logo, tenha conhecimento, senão completo, mas, pelo menos, parcial da origem e das fontes que fundamentaram o juízo acusatório contra si". *E arrematam os citados juristas:* ***"De outro lado, a justa causa seria também uma exigência destinada ao controle da atuação dos membros do Ministério Público – nos casos de ação penal pública – dado que, como todos os demais atos do Poder Público, também a ação penal deve revelar traços da impessoalidade, a ser aferida, assim, pela justificação da acusação em material previamente recolhido e analisado".***

Os ilustres doutrinadores, por pouco, não se referiram à necessidade da fundamentação do oferecimento da denúncia, mas, indiretamente, a ela se reportaram quando empregam a expressão **"justificação racional"**, ao apontarem a imprescindibilidade dessa "**justificação racional**", com o fito de se evitar ações penais arbitrárias. Indaga-se então: **De que forma poderá o denunciado avaliá-la?**

Muitos poderão responder que essa "**justificação racional**" se encontra nos autos do inquérito policial ou em Peças de Informação. Na nossa visão, é insuficiente tal resposta. Na verdade, o denunciado não pode penetrar no pensamento ministerial. A **justificação** tem que ser devidamente explicitada justamente para poder ser mensurada sua racionalidade. Não pode a denúncia ter a sua base em atividade especulativa do membro do Parquet. O exercício não só da ação penal comum, como da militar, exige que haja **justa causa**, um mínimo de prova, a teor do art. 395, III, do CPP Comum, aplicável ao CPPM, por força do muito acionado art. 3º, letra "a", deste último diploma legal, pois os reflexos do processo penal sobre a liberdade e o ***status dignitatis*** do réu são por demais evidentes, caracterizando-se assim o abuso sujeitar-se uma pessoa inocente a uma ação penal (Lei nº 13.869/2019, art. 30). O binômio "**prova do crime e indícios de autoria**" tem que se escorar em elementos colhidos no inquérito policial ou em Peças de Informação.

Este binômio, na seara processual penal, representa os pilares da própria dignidade humana em um Estado Democrático de Direito. Não pode, e nem deve, o órgão estatal que representa o Estado na persecução penal, agir, de forma oculta, sem se manifestar nitidamente. Atualmente, o membro do Ministério Público, quando oferece a sua denúncia, apenas está dizendo, genericamente, que a fumaça está saindo dos autos do inquérito ou de peça de informação. Que o denunciado localize a origem desta fumaça é a leitura que se faz do art. 12 do CPP Comum, ao determinar que ***"o inquérito policial acompanhará a denúncia ou a queixa, sempre que servir de base a uma ou outra"***. É preciso mais. É preciso apontar os seus locais, dentro do documento inquisitorial, indicando a origem das labaredas que causam a fumaça indiciária. De onde retirou o MP sua conclusão acusatória com relação aos indícios de autoria? O que são **indícios**? Como analisá-los?

Indício é o fato provado que, por sua ligação com o fato probando, autoriza a concluir sobre este (**HÉLIO TORNAGHI, CURSO DE PROCESSO PENAL, Editora Saraiva, 1991, vol. 1, p. 454**). No CPPM, o art. 382 define que indício é a circunstância ou fato conhecido e provado, de que se induz a existência de outra circunstância ou fato, de que não se tem prova. Ou melhor dizendo, são meras ***"suposições ou suspeitas lógicas, dependentes, sempre, da produção de novos elementos de prova para a constatação do fato"*** (**PACELLI E FISHER, op. cit., p. 477**).

Resulta, é óbvio, de um raciocínio intelectual. O processo deve ser justo e o seu início mais justo ainda. A viabilidade da persecução criminal em juízo só será justa quando houver visibilidade na sua abertura. A necessidade da presença da justa causa serve para se afastar a instauração de um processo injusto. Trata-se nada mais, nada menos, da aplicabilidade do princípio da legalidade na persecução penal.

Como lecionam **ADA PELLEGRINI GRINOVER, ANTONIO MAGALHÃES GOMES FILHO e ANTONIO SCARANCE FERNANDES,** ***in*** **"NULIDADES DO PROCESSO PENAL", Editora Revista dos Tribunais, 2010, p. 57,** ***"O ordenamento não permite persecuções levianas, engendradas sem fundamentação, deixadas ao alvedrio dos órgãos delas encarregados. Trata-se, em última análise, de uma garantia do cidadão".***

Mas, é de se indagar: **Como mensurar se a persecução é leviana, se ao membro do MP não se exige fundamentar o oferecimento da inicial acusatória?** A imputação criminal tem que ser idônea sobre a existência do crime e de sua autoria. **E como o magistrado examinará a idoneidade da imputação?** Justamente pelo alegado na cota ministerial, com relação ao binômio **prova do crime/indícios de autoria**, o que, de certa forma, o vinculará para rejeitar ou receber a peça inicial acusatória. Cabe-lhe confrontar os pontos em que o membro do Ministério Público se baseou para oferecer a sua peça com os dados colhidos na ***informatio delicti***, mesmo que no âmbito de um juízo provisório sobre a existência de crime e de autoria. É um diagnóstico provisório e precário sobre a viabilidade da pretensão punitiva. Mas é óbvio que, mesmo precário, tal aferição judicial há que se respaldar em dados colhidos no documento inquisitorial. Por derradeiro, ressalte-se que a alínea "f", do art. 77, do CPPM, que trata dos requisitos formais da denúncia, aliás, de melhor técnica legislativa do que aquela estampada no art. 41 do CPP Comum, elenca como um desses requisitos "**as razões de convicção ou presunção de delinquência**".

Ora, na inicial acusatória o MPM não arrazoa as suas convicções acerca da conduta criminosa, descrevendo-a, sem nenhum juízo de valor. O juízo de valor sobre a ação do provável autor do fato criminoso está na sua cabeça. Enfatize-se: na denúncia nada se arrazoa. Apenas descreve-se uma aparente conduta típica. Para inúmeros juristas, no entanto, as **razões de convicção ou presunção de delinquência** estão embutidas na descrição do evento criminoso, dispensando a sua repetição após a exposição do ilícito. Esta alínea "f" diz respeito à necessidade de, explicitamente, na sua denúncia, o MPM indicar as suas razões de convicção ou presunção de delinquência para o oferecimento da denúncia, mesmo que, como já dito anteriormente, de forma sucinta. Não resta a menor dúvida que o CPPM, ao incluir tal alínea no art. 77, quer sinalizar, claramente, que este requisito é essencial para o oferecimento da denúncia, sob pena de nulificá-la, a teor do art. 500, inciso IV, do mesmo Codex, quando ausente.

Em artigo de nossa autoria denominado **"Breves considerações acerca das razões de convicção do art. 77, letra "f", do CPPM, por ocasião do oferecimento da denúncia"**, publicado na revista **DIREITO MILITAR, nº 99, janeiro/fevereiro 2013, p. 31-35**, da **AMAJME – ASSOCIAÇÃO DOS MAGISTRADOS DAS JUSTIÇAS MILITARES ESTADUAIS**, defendemos o seguinte: *"Em outras palavras, em sua inicial acusatória deverá indicar o lastro probatório mínimo em que se respaldou para oferecê-la. Este entendimento não passou despercebido do jurista RENATO BRASILEIRO DE LIMA, em seu MANUAL DE PROCESSO PENAL, Editora Impetus, 2013, Volume Único, p. 172 e 259, ao assinalar,* **in verbis:** *'Essas razões de convicção consistem, pois, na indicação do lastro probatório da peça acusatória, apontando-se os depoimentos colhidos em sede investigatória, os laudos periciais realizados, assim como outros elementos de informação, provas cautelares, antecipadas ou não repetíveis que tenham servido à formação da* **opinio delicti** *do titular da ação penal (...). Para que se possa dar início a um processo penal, então, há necessidade do denominado* **fumus comissi delicti**, *a ser entendido como a* *plausibilidade do direito de punir, ou seja, a plausibilidade de que se trate de um fato criminoso, constatada por meio de elementos de informação, provas cautelares, não repetíveis e antecipadas, confirmando a presença de prova da materialidade e de indícios de autoria ou de participação em conduta típica, ilícita e culpável.' Também o jurista DENILSON FEITOZA, in DIREITO PROCESSUAL PENAL, Editora Impetus, 2010, p. 317-318, comenta a respeito da alínea "f" – razões de convicção ou presunção da delinquência – do artigo 77, do CPPM: 'Não há previsão semelhante no CPP. A denúncia e a queixa não são peças argumentativas, onde se fariam análises exaustivas de provas, fatos e aspectos jurídicos como ocorre nas alegações finais, mas peças imputadoras, em que se atribui sinteticamente a prática de um fato delituoso a alguém. De maneira análoga ao método científico, no processo penal há problemas, indagações, que estão implicitamente colocados. O fato delituoso existiu? Quem é o autor desse fato delituoso? A denúncia ou queixa, nessa analogia, funcionam como a hipótese de trabalho para os problemas apresentados. Por isso são peças imputadoras afirmativas, sem qualquer aspecto dubiativo, narrando o fato e sua autoria como se não houvesse qualquer sombra de dúvida a respeito, como se existisse certeza da existência do fato delituoso e de sua autoria. As razões de convicção ou presunção da delinquência consistem, portanto, na indicação direta e sintética do fundamento probatório da inicial, apontando-se objetivamente as provas testemunhais, periciais etc., que serviram de base à formação da convicção do acusador* (opinio deliciti) *quanto à existência do fato delituoso e sua autoria. Por exemplo, na denúncia, o Ministério Público diria que 'o denunciado agarrou o pescoço da vítima com um braço e arrancou a sua bolsa, conforme declarações das testemunhas Fulano de Tal e Beltrano de Tal (fls. 12 do inquérito policial)'. O requisito tem por objetivo possibilitar a formação do juízo de admissibilidade da inicial, pois o órgão jurisdicional deve aferir a existência de provas preliminares suficientes (justa causa), sem as quais a denúncia ou queixa deve ser rejeitada.' No mesmo passo, MARCELLUS POLASTRI LIMA quando afirma que 'Nada impede que conste na cota eventual justificação do promotor, de forma sucinta é claro, das razões que o levaram a optar pela qualificação jurídica, mormente naqueles casos em que esta difere do indiciamento efetuado pela autoridade policial' (MANUAL DE PROCESSO PENAL, Lumen Juris Editora, 4ª edição, 2009, p. 202). Aliás, ressalte-se que, no passado, EDUARDO ESPÍNOLA FILHO, in CÓDIGO DE PROCESSO PENAL ANOTADO, Editora Rio, Volume I, 1980, p. 423, já lecionava a respeito da temática enfocada, referindo-se ao CPP Comum: 'A despeito do silêncio do art. 41, não é tolerável haja, na queixa ou na denúncia, abstração completa dos elementos de convicção, aos quais se faz referência, com remissão ao inquérito, à representação ou às informações em que se baseia a acusação. Isso, porque é elementar em processo criminal, que a denúncia ou a queixa deve apresentar-se devidamente instruída".*

E, finalmente, concluímos no antes citado artigo de nossa autoria: *"Em suma, com o devido respeito dos que pensam em contrário, não basta que a denúncia, instruída com o IPM ou peças de informação, seja suficiente para que o Juiz-Auditor verifique, concretamente, se existe justa causa para a ação penal militar. É preciso sim que o MPM explicite, de forma límpida, suas razões de convicção seja no corpo da denúncia, seja por cota quando do oferecimento da denúncia. Denúncia que é mera repetição do tipo penal militar sem apontar as circunstâncias necessárias para a caracterização do delito, sem indicar o que o agente fez e de que forma fez, tornando impossível a sua defesa, é denúncia vazia, temerária. O princípio da ampla defesa obriga uma imputação com a precisa indicação a alguém do cometimento ou da prática de um fato bem detalhado, qual seja apontando indícios suficientes de que este alguém foi o seu autor. É dizer: não basta a mera imputação criminosa sem apontar onde o MPM coletou na peça investigatória tais indícios. Esses dois importantes atos relativos à denúncia – oferecimento e recebimento – devem, no nosso pensar, sempre ser fundamentados.*

Sem dúvida nenhuma, tais atos são como irmãos siameses, ligados, umbilicalmente, pela obrigatoriedade da aplicabilidade da defesa ampla, garantida na CF/88. Com isso, se possibilitará o exercício da ampla defesa e do contraditório por parte do denunciado, antes da instauração da ação penal militar".

Em conclusão, o art. 30 do CPPM diz com todas as cores que a denúncia deverá ser apresentada sempre que houver: ***a) prova do fato que, em tese, constitua crime*** e ***b) indícios de autoria.*** Ora, é de comezinho entendimento que esta prova do fato, em tese, criminoso-típico, antijurídico e culpável – deve ser apontada pela acusação, em separado, como a ela chegou, justamente em harmonia com os princípios da ampla defesa e do contraditório.

Este tema por nós abordado, elaborado em época passada, passou a ganhar seriedade e consistência com o advento da Lei nº 13.869/2019 – Lei de Abuso de Autoridade – quando no seu art. 30 considera crime ***"Dar início ou proceder à persecução penal, civil ou administrativa, sem justa causa fundamentada ou contra quem sabe ser inocente"*** (o grifo é nosso).

Ora, a tese que defendemos há algum tempo é justamente a necessidade de fundamentação sucinta para o oferecimento da peça vestibular. Fundamentação de que? Da justa causa, qual seja, dos indícios de autoria e da prova da materialidade devidamente apontados em cota separada. **POLASTRI, op. cit., p. 202,** fala claramente que ***"nada impede que conste em cota eventual justificação do promotor, de forma sucinta, é claro, das razões que o levaram a optar pela qualificação jurídica.*** **'AFRÂNIO e PIERRE, op. cit., p. 110-111,** chegam a se referir na ***"existência de regra expressa determinando que haja pronunciamento preciso de todos os fatos noticiados no inquérito ou peças de informação, seja quando do oferecimento da denúncia, seja quando do arquivamento".*** Alertamos para essa necessidade no nosso artigo, publicado na revista **DIREITO MILITAR, AMAJME, nº 99, janeiro/fevereiro 2013, p. 31-35,** antes reproduzido.

Agora, é crime de abuso de autoridade o oferecimento de denúncia sem justa causa fundamentada. E pensar que em um passado longínquo a prática era a simples aposição de um carimbo pelo serventuário na denúncia, com a frase "**Recebo a denúncia**", bastando que o magistrado, de forma mecânica, assinasse para dar início à persecução penal, sem mesmo saber o que continha o inquérito policial ou peças de informação.

A revogada Lei nº 4.898/65 não possuía tal hipótese. Limitava-se a tutelar a correção do funcionamento da Justiça e do Estado-Administração (**COMENTÁRIOS À LEI DE ABUSO DE AUTORIDADE, THOMSON REUTERS, REVISTA DOS TRIBUNAIS, ALBERTO ZACHARIAS TORON, 2020, p. 143**). Este ilustre jurista **ALBERTO TORON**, em excelente exame do art. 30 da Lei nº 13.869/2019, acentua que a fundamentação da justa causa é essencial para a caracterização do tipo penal em tela, assinalando, ainda, que essa justa causa pode ser interpretada como o conjunto de elementos que viabilizem a ação penal, ou seja, base empírica, entendida como o conjunto mínimo de indícios de autoria, materialidade e tipicidade da conduta (**artigo citado, p. 155**).

É bem verdade que com a prática de crimes cada vez mais complexos como os de organização criminosa, lavagem de dinheiro etc., tão em moda atualmente, exigem do Ministério Público a apresentação de denúncias bem mais sofisticadas com minúcias que mostrem claramente os indícios de autoria e a prova da materialidade de forma clara, dispensando quaisquer outras considerações fora do seu corpo. As razões de convicção estão embutidas na peça vestibular reproduzindo-se gráficos, transcrições de e-mails, de conversas telefônicas etc. Como exemplo, ressalte-se a denúncia oferecida, em época passada, pelo Ministério Público do Estado do Rio de Janeiro contra um Prefeito do Rio de Janeiro, com mais de duzentas páginas. No passado, era impensável uma inicial com tal robustez. Enfim, atualmente, repita-se, nesses crimes sofisticados, com vários autores, a justa causa aparece no corpo da denúncia de forma límpida, dispensando-se qualquer cota separada.

Projeto de Lei nº 9.436/2017, que altera dispositivos do CPPM

O referido PL em epígrafe dá nova redação ao art. 399 do CPPM, explicitando que a denúncia ou queixa será rejeitada quando: "***I – for manifestamente inepta; II – faltar pressuposto processual ou condição para o exercício da ação penal; III – faltar justa causa para o exercício da ação penal***".

Também acrescenta o PL um novo artigo, o de número 399-A, permitindo que o acusado responda à acusação, por escrito, no prazo de 10 (dez) dias, antes do recebimento da denúncia, podendo, na resposta, arguir preliminares e alegar tudo o que interesse a sua defesa, especificar as provas pretendidas e arrolar testemunhas, na forma do art. 399-B.

Defendemos essa possibilidade na nossa **LOJMU ANOTADA, p. 221-227**, no item denominado "**Oferecimento de manifestação escrita pelo denunciado, no processo penal militar, contraditando o articulado na peça acusatória, antes da instauração da ação penal militar**".

A NOVA COMPETÊNCIA DA JUSTIÇA MILITAR DA UNIÃO COM O ADVENTO DA LEI Nº 13.491, DE 13 DE OUTUBRO DE 2017

Em 13/10/2017, foi sancionada a Lei nº 13.491 que modificou, significativamente, a competência da Justiça Militar da União, tanto para os crimes dolosos contra a vida de civil cometidos por militares das Forças Armadas, quanto para transformar em crimes militares aqueles previstos na legislação penal comum, observadas determinadas condições.

Já no tocante à Lei nº 13.774/2018, que alterou em vários artigos a Lei nº 8.457/92 – LOJMU, especialmente, a instituição da competência monocrática do Juiz Federal da Justiça Militar para julgar civis que cometam crime militar, no capítulo a seguir denominado "**A COMPETÊNCIA MONOCRÁTICA DO JUIZ FEDERAL DA JUSTIÇA MILITAR DA UNIÃO PARA PROCESSAR E JULGAR CIVIL PELA PRÁTICA DE CRIME MILITAR, DE ACORDO COM A LEI Nº 13.774, DE 19 DE DEZEMBRO DE 2018**", tecemos comentários a respeito.

Por certo, as polêmicas doutrinárias e jurisprudenciais germinarão por alguns anos até que a Corte Máxima de Justiça, o STF, dê a última palavra. Impressiona sobremaneira como o direito militar é foco dessas discussões sempre que surge uma nova legislação, arrastando-se por um longo tempo para se chegar a uma interpretação definitiva. A já parcialmente superada Lei nº 9.299/96 é um exemplo claro, somente no tocante à competência – substituição do parágrafo único do art. 9º do CPM por dois parágrafos – tendo em vista que continua em vigor no que se relaciona à redação da alínea "c" e à revogação integral da alínea "f", do inciso II, do artigo em tela.

Para melhor visualização, vamos abaixo indicar em quadros comparativos a antiga e a nova redação dos pontos controvertidos, trazidos pela Lei nº 13.491/2017, que alterou o art. 9º do CPM, com os respectivos comentários e enfoques dos primeiros operadores do direito militar que adentraram na referida lei em uma análise preliminar. Para tanto, achamos por bem dividir este exame a respeito da competência da JMU antes e depois da chegada da Lei nº 13.491/2017.

1. A competência vigorante antes do advento da Lei nº 13.491/2017

Antes um registro se faz necessário: **se um civil cometer um homicídio doloso contra a vida de militar das Forças Armadas em serviço (art. 205, *caput*, c/c art. 9º, inciso III, alíneas "b", "c" ou "d", CPM)**, não existe polêmica no sentido de ser constitucional o seu julgamento pela Justiça Castrense Federal, sem a submissão deste civil ao Tribunal do Júri, nos termos do art. 9º, inciso III, letra "d", do Código Penal Militar, conforme decisão do **STF, PRIMEIRA TURMA, HC 91.003/BA, Rel. Min. CARMEM LÚCIA, DJe 2/8/2007.**

Com o surgimento da Lei nº 13.774, de 19 de dezembro de 2018, quando o crime militar for praticado por um civil, ou sendo um militar coautor ou partícipe com um civil, a competência será do Juiz Federal da Justiça Militar, monocraticamente, afastando a do Conselho de Justiça, nos termos do art. 30, I-B, da Lei nº 8.457/92, incluído pela lei mencionada inicialmente. Os Conselhos de Justiça terão competência para o julgamento de crimes militares praticados por militares federais.

JORGE CESAR DE ASSIS e **MARIANA QUEIROZ AQUINO CAMPOS** em seus **COMENTÁRIOS À LEI DE ORGANIZAÇÃO DA JUSTIÇA MILITAR, Juruá, 2ª edição, 2019, p. 99**, criticam a não inclusão pela nova lei do inciso II, do art. 9º, do CPM, na competência monocrática do Juiz Federal da JMU para processar e julgar civis, já que, na opinião dos citados juristas, em que pese o inciso referir-se a várias hipóteses de cometimento de crime militar apenas por militar, a situação de ter um civil como partícipe é possível em face do concurso de agentes, e que o melhor seria que o Projeto que a originou tivesse incluído na competência do Juiz Federal da Justiça Militar o processo e julgamento de civis quando cometerem crime militar. Bastante procedente a observação.

A polêmica maior era a respeito da competência da JMU para processar e julgar **militar das Forças Armadas que cometesse crime de homicídio contra a vida de civil** – este o tema principal da análise abaixo – e que grassava sério questionamento se seria da própria Justiça Militar da União ou da Justiça Federal – Tribunal do Júri. Vejamos o que se discutia anteriormente à Lei nº 13.491/2017 nesta hipótese.

I) Legislação regente anterior à Lei 13.491/2017

a) Art. 9º, inciso II, letras "b", "c" e "d", do CPM

Este artigo e as alíneas em epígrafe estabelecem que será considerado crime militar aquelas hipóteses em que o militar da ativa pertencente às Forças Armadas praticar um homicídio doloso contra civil, desde que presentes as seguintes circunstâncias: **em lugar sob administração militar, quando estiver em serviço ou atuando em razão da função, em comissão de natureza militar ou em formatura, ainda que fora de lugar sob administração, em período de manobras ou exercício.**

b) Lei nº 9.299, de 7/8/1996

Esta lei deu nova redação ao art. 82 do CPPM para excepcionar no *caput*, a sujeição dos militares, sem distinguir se estaduais ou federais, ao foro militar, nos casos de crimes dolosos contra a vida, praticados contra civil, renumerando o parágrafo único como

§ 1º e incluindo o § 2º (**nos crimes dolosos contra a vida, praticados contra civil, a Justiça Militar encaminhará os autos do inquérito policial militar à Justiça Comum**). Por seu turno, e o que mais nos interessa, esta lei criou um único parágrafo ao art. 9º do CPM com a mesma finalidade de retirar da competência da Justiça Militar, seja ela federal, seja ela estadual, tais tipos de crimes. Acentue-se, desde logo, que no CPM, Título IV, Livro I, Parte Especial, esses crimes são denominados "Crimes contra a Pessoa" que são o homicídio (art. 205) e a participação em suicídio (art. 207).

Quanto ao crime de genocídio (art. 208), como é um crime considerado contra a humanidade e não contra a vida, o seu julgamento será da competência da Justiça Militar, isso porque, na esteira da decisão proferida pelo **Pleno** do **STF**, no **Recurso Extraordinário 351.487/RR, Rel. Min. CEZAR PELUSO**, julgado em **3/8/2006**, em que se discutia exatamente a sua competência, optou-se a favor do Tribunal do Júri, em virtude da conexão concretizada pela ***vis atractiva*** exercida por este Tribunal (art. 78, inciso I, CPP Comum), no concurso de genocídio com outros homicídios dolosos, extraindo-se desse julgado a competência do juízo monocrático no caso de crime comum ou da Justiça Militar na hipótese de ocorrência do art. 208 do CPM.

c) Lei nº 12.432, de 29/6/2011

A lei em destaque deu nova redação ao parágrafo único da Lei nº 9.299/96, acrescentando uma segunda parte, ao determinar que, nos crimes dolosos contra a vida de civil, a competência seria da Justiça Militar Federal, quando praticados no contexto de ação militar, realizada na forma do art. 303 da Lei nº 7.565, de 19/12/1986 (Código Brasileiro de Aeronáutica) que permite a detenção de aeronave por ordem das autoridades aeronáuticas, autorizando-a a empregar os meios necessários para forçar o pouso de aeronave que, se classificada de hostil, poderá ser alvo de destruição, obedecidos os procedimentos do Decreto nº 5.144, de 16/7/2004, conhecida como "Lei do Abate".

d) Lei Complementar nº 97/99, com as alterações das Leis Complementares números 117/2004 e 136/2010

Torna-se necessário que se faça, de início, uma breve retrospectiva sobre as respectivas leis complementares. De acordo com as referidas leis, as Forças Armadas possuem atribuições **principal e subsidiárias:** a **principal,** que diz respeito à função de natureza militar cuja destinação é a defesa da pátria, a garantia dos poderes constitucionais e, por iniciativa de qualquer destes, da lei e da ordem (art. 142, CF/88). Já no que se refere às **atribuições subsidiárias,** a Lei Complementar nº 97/99, depois alterada pelas Leis Complementares números 117/2004 e 136/2010, de conformidade com o § 7º do art. 15, a atuação do militar da ativa, na forma dos dispositivos elencados, será considerada atividade militar para os fins do art. 124 da CF/88, ou melhor dizendo, as situações ali previstas, se ocorridas, caracterizar-se-ão como crime militar da competência da Justiça Militar da União, cometido por ou contra militar das Forças Armadas. O § 7º, do art. 15, da LC nº 97/99, com a nova redação dada pela LC nº 136/2010, é taxativo ao dispor que a atuação do militar nos casos previstos nos arts. 13, 14, 15, 16-A, nos incisos IV e V, do art. 17, no inciso III do art. 17-A, nos incisos VI e VII, do art. 18, nas atividades de defesa civil a que se refere o art. 16 e no inciso XIX, do art. 23 da Lei nº 4.737, de 15/7/1965 (Código Eleitoral), é considerada atividade militar para os fins do art. 124 da CF/88.

Em resumo, como se vê, o militar da ativa das Forças Armadas poderia cometer crime doloso contra a vida de civil, nas seguintes situações: **1) quando o fato ocorrer em lugar sob administração militar (art. 9º, inciso II, letra "b", CPM); 2) quando o militar estiver em serviço (art. 9º, inciso II, letra "c", CPM); 3) quando estiver atuando em razão da função (art. 9º, inciso II, letra "c", CPM); 4) quando o militar estiver em comissão de natureza militar, ainda que fora de lugar sob administração militar (art. 9º, inciso II, letra "d", CPM); 5) quando estiver em formatura, ainda que fora de lugar sob administração militar (art. 9º, inciso II, letra "d", CPM); 6) quando estiver em período de manobras ou exercício (art. 9º, inciso II, letra "d", CPM); 7) quando o militar da Aeronáutica abater uma aeronave causando a morte de civil, no chamado "tiro de abate" (art. 9º, parágrafo único, segunda parte, c/c art.**

303, da Lei nº 9.614/98); 8) quando o militar exercer as funções de natureza militar, estabelecidas no § 7º, do art. 15, da LC nº 97/99.

A seguir, elencamos os posicionamentos da doutrina e da jurisprudência a respeito da competência nos casos antes alinhados anteriores à Lei nº 13.491/2017.

II) Posicionamentos

a) Posicionamentos da doutrina

O questionamento que, de plano, deveria ser atacado, repita-se, antes do advento da Lei nº 13.491/2017, era saber se a primeira parte do parágrafo único do art. 9º do CPM (**os crimes de que trata este artigo quando dolosos contra a vida e cometidos contra civil serão da competência da Justiça Comum**), aplicar-se-ia ou não à Justiça Militar da União. Este era o centro nevrálgico da pendenga jurídica que se arrastava até o dia 13 de outubro de 2017, data da promulgação da nova lei. Instaurou-se, portanto, intensa discussão a respeito da sua inconstitucionalidade, visto que, para alguns, alteraria a competência fixada pela CF/88, prevista nos arts. 124 e 125, § 4º.

No entanto, com o advento da Emenda Constitucional 45, de 8/12/2004, a celeuma perderia sentido, somente no que concerne à competência da Justiça Militar Estadual, vez que a nova redação do § 4º, do art. 125, da CF/88, dispõe, explicitamente, que é da competência do Tribunal do Júri julgar os crimes dolosos contra a vida, perpetrados por policiais militares e bombeiros militares quando a vítima for civil. Portanto, quanto à competência da Justiça Militar estadual ***tollitur quaestio***, o que não ocorreu quanto à da Justiça Militar da União, em virtude da exclusão do tema na Reforma do Judiciário que originou a EC nº 45/2004. Daí porque a doutrina e a jurisprudência digladiavam-se sobre a constitucionalidade do parágrafo único, do art. 9º, do Código Penal Castrense, a saber:

a.1) A competência é da Justiça Federal

Na visão de alguns juristas, o militar da ativa das Forças Armadas que praticasse um crime doloso contra a vida de civil, mesmo que no exercício de suas atribuições funcionais, deveria ser julgado por um Tribunal do Júri federal, sendo citado, como exemplo típico, o episódio ocorrido, no passado, no Rio de Janeiro, em que onze militares do Exército teriam sido responsáveis pela entrega de três moradores do Morro da Providência a traficantes de uma facção rival do Morro da Mineira, onde foram torturados e assassinados.

Este entendimento foi confirmado quando se fixou a competência do Juízo da 7ª Vara Federal Criminal do Rio de Janeiro – ação penal **nº 2008.510.180.7814-7** – para processar e julgar os referidos militares do Exército e posteriormente, chancelados pelo **TRF da 2ª Região – Recurso em Sentido Estrito nº 2010.51.01.807851-8, 2ª TURMA ESPECIALIZADA, Rel. DES. MESSOD AZULAY NETO,** julgado em **16/11/2010** – e pelo **STJ – HABEAS CORPUS nº 132.988/RJ, QUINTA TURMA, Rel. MIN. LAURITA VAZ,** julgado em **3/5/2011**.

Outros doutrinadores sustentavam que a autoridade judiciária militar que recebesse os autos do IPM, em que se apurou a materialidade do crime doloso contra a vida cometido contra civil, não deveria titubear em encaminhá-los à Justiça Comum, seja ela federal, seja ela estadual, em atendimento ao disposto no art. 9º, parágrafo único, do CPM, e art. 82, *caput*, § 2º, do CPPM.

EUGENIO PACELLI, em seu **"CURSO DE PROCESSO PENAL", Editora Atlas, 17ª edição, 2013, p. 258,** lecionava que, se o crime é praticado por militar contra civil, quando contra a vida, seria da competência do Tribunal do Júri, por força do que se contém na Lei nº 9.299/96, ressaltando, no entanto, que a Lei nº 12.432/2011 excetua a hipótese, no sentido de afirmar a competência da Justiça Militar Federal e caracterizando como tal (militar) a natureza dos crimes dolosos contra a vida de civis quando praticados no contexto de ações militares realizadas na forma do art. 303 da Lei nº 7.565/86 – Código Brasileiro de Aeronáutica.

DENILSON FEITOZA, op. cit., p. 388, igualmente pensava que o objetivo do parágrafo único, do art. 9º, do CPM, foi o de transferir a competência para julgar os crimes dolosos contra a vida previstos no Código Castrense para o Tribunal do Júri, quando praticados contra civil, independentemente de o militar estar de serviço ou não, pois, em sua opinião, doravante só haveria crime militar de homicídio doloso na hipótese de militar da ativa contra militar da ativa.

Por sua vez, **ADA PELLEGRINI GRINOVER, ANTONIO MAGALHÃES GOMES FILHO e ANTONIO SCARANCE FERNANDES**, na famosa obra **"AS NULIDADES NO PROCESSO PENAL", Editora Revista dos Tribunais, 12ª edição, 2011, p. 54-55**, ponderavam que o legislador deveria ter deixado claro que o homicídio contra civil não seria mais crime militar, já que só assim estaria a alteração trazida pela Lei nº 9.299/96 em estrita consonância com o texto constitucional que exclui da competência da Justiça Castrense somente crimes não militares (arts. 124 e 125, § 4º, CF/88), isto é, para harmonizar a referida regra com o preceito constitucional, o entendimento que deveria ser seguido seria que, ao ser firmada a competência da Justiça Comum para o julgamento dos homicídios contra civil, a lei teria que declarar que tais crimes não se enquadrariam mais entre os crimes militares do art. 9º, ainda quando ocorresse uma das situações previstas nas alíneas.

Dessa forma, para esta corrente, com as modificações produzidas pela Lei nº 9.299/96, crimes dolosos contra a vida cometidos por militar das Forças Armadas, sendo a vítima um civil, independentemente de o militar estar ou não em serviço, isto é, em qualquer situação das alíneas "b", "c" e "d", do inciso II, art. 9º, do CPM, deveriam ser processados e julgados pelo Tribunal do Júri, se militar estadual, a competência seria do Tribunal do Júri no âmbito estadual, se militar federal, do Tribunal do Júri federal, excetuada a hipótese da Lei nº 12.432/2011 – abate da aeronave. Restava saber com relação à competência dos casos previstos no § 7º, do art. 15, da LC nº 97/99, qual seja, se militares das Forças Armadas terrestres e marítimas em um confronto numa comunidade ou numa fronteira do Brasil cometessem homicídio contra um civil.

Para **LUCIANO MOREIRA GORRILHAS**, membro do MPM da União, no artigo denominado "**ALGUMAS CONSIDERAÇÕES ACERCA DA PARTICIPAÇÃO DAS FORÇAS ARMADAS EM OPERAÇÕES NO CUMPRIMENTO DA LEI E DA ORDEM, NOTADAMENTE EM COMUNIDADES DO RIO DE JANEIRO**", publicado na **Revista do MPM da União, n. 22, novembro 2011, p. 189-205**, tais militares responderiam perante à Justiça Comum – Tribunal do Júri, enquanto no caso de abate de aeronave, matando civis, os militares da Aeronáutica deveriam ser processados e julgados pela Justiça Militar, o que causava estranheza na palavra do citado jurista, concluindo que somente após os pronunciamentos dos tribunais superiores, notadamente o STF, poder-se-ia, efetivamente, definir se a justiça especializada seria ou não competente para atuar neste último caso (abate de aeronave).

a.2) A competência é da Justiça Militar Federal

Já outros estudiosos do Direito Militar salientavam que o homicídio doloso contra civil, praticado por militar da Marinha, do Exército ou da Aeronáutica, estaria excluído da competência do Tribunal do Júri, passando para a competência da Justiça Castrense Federal, como resultado da interpretação do disposto nas Leis Complementares 97/99, 117/2004 e 136/2010 e da Lei nº 12.432/2011, originando duas situações distintas: primeira, os fatos delituosos, incluindo homicídio doloso, praticados pelo militar da Aeronáutica no efetivo exercício das atividades especificadas nos artigos do Código Brasileiro de Aeronáutica seriam da competência da Justiça Militar Federal e, segunda, os fatos delituosos, incluindo homicídio doloso contra civil, praticados por militar da Marinha, do Exército ou da Aeronáutica no efetivo exercício das atividades indicadas no § 7º, do art. 15, da LC nº 97/99, com a redação dada pela LC nº 136/2010, seriam também crimes da competência da Justiça Militar Federal (**CÉLIO LOBÃO, COMENTÁRIOS AO CÓDIGO PENAL MILITAR, PARTE GERAL, vol. 1, Editora Gen/Forense, 2012, p. 134-138**).

Do mesmo entendimento comungava o jurista **JORGE CESAR DE ASSIS** em seu **"CPPM ANOTADO", artigos 1º a 383, 1º vol., 4ª edição, 2012, Editora Juruá, p. 166**, ao defender a inconstitucionalidade da Lei nº 9.299/96, visto que não era permitido ao legislador ordinário alterar a competência da Carta Magna, já que o instrumento hábil para tanto, na sua visão, seria a adoção da chamada emenda constitucional, estabelecida em seu art. 59, inciso I e delineado no art. 60 e parágrafos.

Igualmente seguia idêntica trilha de pensamento, **ESDRAS DOS SANTOS CARVALHO, op. cit., p. 90-93**, quando afirmava que a Justiça Militar da União continuava competente para conhecer, processar e julgar os crimes militares dolosos contra a vida, mesmo que praticados contra civil, em face da impossibilidade de uma lei ordinária alterar a competência constitucional da Justiça Castrense porque esta vem expressa no texto da Constituição Federal, especialmente em seu art. 124, ao dispor que à Justiça Militar compete processar e julgar os crimes militares definidos em lei.

CÍCERO NEVES e MARCELO STREIFINGER, "MANUAL DE DIREITO PENAL MILITAR", Editora Saraiva, 4ª edição, 2014, p. 348-363, tachavam de inconstitucional a Lei nº 9.299/96, eis que, para os juristas citados, uma norma infraconstitucional alterou a competência do julgamento de crimes militares dolosos contra a vida de civis que era conferida constitucionalmente às Justiças Militares, relativizando e conspurcando o princípio do juiz natural, e mesmo com a alteração trazida, posteriormente, pela Lei nº 12.432/2001, a situação sobre a constitucionalidade ou não da lei de 1996 continuaria no mesmo patamar, ou seja, o dispositivo embora faça ressalva aos fatos subsumidos pelo art. 303 do Código Brasileiro de Aeronáutica, cujo julgamento seria da competência da Justiça Militar da União, manteve os fatos dolosos contra a vida de civil sob o espectro de competência da Justiça Comum, em flagrante desrespeito ao disposto no art. 124 da CF/88.

b) Posicionamentos dos tribunais

b.1) STM

Para a Corte Maior Castrense permanecia a competência da Justiça especializada para o processamento e julgamento dos crimes militares dolosos contra a vida de civil, tendo sido declarada, incidentalmente, a inconstitucionalidade da Lei nº 9.299/96, no que se refere ao parágrafo único do art. 9º do CPM e ao *caput* do art. 82 e seu § 2º do CPPM, na forma do art. 97, da Constituição Federal, do art. 6º, inciso III, da Lei nº 8.457/92 e dos arts. 4º, inciso III, e 65, § 2º, inciso I, do RI-STM (**RECURSO INOMINADO 1996.01.006348-5/PE, Rel. Min. JOSÉ SAMPAIO MAIA, j. 12/11/1996; RECURSO EM SENTIDO ESTRITO 1997.01.006449-0/RJ, Rel. Min. ALDO DA SILVA FAGUNDES, j. 17/3/1998, DJ 22/4/1998**).

b.2) STF

Na Corte Suprema, tanto nas Turmas quanto no Pleno, houve o reconhecimento de que a Lei nº 9.299/96, ao embutir um parágrafo único ao art. 9º do CPM, teve a finalidade de redefinir como crimes comuns a natureza jurídica dos delitos dolosos criminais contra a vida, cometidos contra civil, até então considerados como de natureza militar. No **RHC 80.718-6/RJ, TRIBUNAL PLENO, Rel. Min. ILMAR GALVÃO, j. 22/3/2001,** atribuiu-se, ainda, à defeituosa redação e técnica legislativa o caráter aparentemente processual da norma, ainda mais porque a citada lei, coerentemente, acrescentou o § 2º ao art. 82, do CPPM, legitimando a Justiça Comum como competente para o processamento e julgamento dos mesmos crimes.

Em artigo denominado "**PARÁGRAFO ÚNICO DO ART. 9º DO CPM: QUINZE ANOS DE EXISTÊNCIA, VALIDADE E EFICÁCIA**", desenvolvido pelo Promotor da Justiça Militar da União, **ALEXANDRE REIS DE CARVALHO**, publicado na **Revista do MPM da União, nº 22, 2011, p. 23-42**, traçou-se um posicionamento esclarecedor sobre a temática levada a efeito pelo STF, no sentido de que suas duas Turmas e o Pleno inclinam-se, tanto em sede de controle difuso (**RE 260.404/MG, TRIBUNAL PLENO, REL. Min. MOREIRA ALVES, j. em 22/3/2001; HABEAS CORPUS 78.320/SP, PRIMEIRA TURMA, Rel. MIN. SIDNEY SANCHES, j. em 2/2/199; *HABEAS CORPUS* 76.510/SP, SEGUNDA TURMA, REL. MIN. CARLOS VELLOSO, j. 3/4/1998; AGRAVO DE INSTRUMENTO 490.779, REL. MIN. NELSON JOBIM, j. em 2/3/2004**), quanto na modalidade de controle concentrado (**ADI 1.494, MC/DF, TRIBUNAL PLENO, Rel. Min. CELSO DE MELLO, j. em 9/4/1997**) pela declaração de constitucionalidade da nova redação do parágrafo único, do art. 9º, do CPM, introduzida pela Lei nº 9.299/96, mesmo antes do advento da EC 45/2004.

E mais: ressaltava o eminente articulista que o Pretório Excelso, na **ADI 1.494** antes citada, conheceu da presente matéria, em que pese ter sido prejudicado o seu mérito, em decorrência da ulterior declaração de falta de legitimidade ativa do requerente, tendo o pedido de concessão de liminar sido negado, no ano de 1997, sob o fundamento de que a Lei nº 9.299/96 estava revestida de aparente constitucionalidade, sendo certo para o citado jurista que se este mérito tivesse sido julgado, e mantido o entendimento esposado na ocasião do julgamento da medida cautelar, isto é, validade constitucional da referida lei, tal decisão teria eficácia contra todos e efeito vinculante em relação aos órgãos do Poder Judiciário e à Administração Pública federal, estadual e municipal, nos termos do art. 28, parágrafo único, da Lei nº 9.868/99 (dispõe sobre o julgamento da ação direta de inconstitucionalidade e da ação declaratória de constitucionalidade perante o STF), não tendo nenhuma outra ADI ou ADC sido interposta perante a Corte Suprema em relação à Lei nº 9.299/96.

No entanto, o **Pleno** do **STF,** no **RE 260.404/MG, Rel. MIN. MOREIRA ALVES, j. em 22/3/2001**, por unanimidade de votos, decidiu pela constitucionalidade, atualidade e aplicabilidade do art. 9º, parágrafo único, do CPM, e art. 82, *caput* e § 2º, do CPPM, qual seja, que o dispositivo do CPM excluiu tais crimes daqueles considerados como militares, compatibilizando-se assim com o disposto no *caput* do art. 124 da CF/88, o que foi corroborado pela modificação do *caput* do art. 82 do CPPM, acrescentando à citada lei (Lei nº 9.299/96) um § 2º àquele artigo, excetuando-se do foro militar, que é especial, as pessoas a ele sujeitas quando se tratar de crime doloso contra a vida em que a vítima seja civil, e estabelecendo-se que, nesses casos, *"a Justiça Militar encaminhará os autos do IPM à Justiça Comum"*, não sendo admissível que se tenha pretendido, na mesma lei, estabelecer idêntica competência em dispositivo de um Código – o Penal Militar – que não é o próprio para isso e noutro de outro Código – o de Processo Penal Militar – que para isso é o adequado.

Este § 2º, do art. 82, do CPPM, teve sua constitucionalidade contestada através da citada **ADI 1.494/DF,** interposta pela Associação dos Delegados de Polícia do Brasil – ADEPOL, tendo sido negada a liminar pleiteada sob a alegação de que o IPM não impediria a instauração paralela de inquérito policial pela Polícia Civil. Posteriormente, por maioria de votos, o STF indeferiu a medida liminar, declarando que a norma enfocada – art. 82, § 2º, CPPM – se reveste de aparente validade.

Ainda sobre o tema, o **STF**, em **16/8/2013**, pela sua **PRIMEIRA TURMA**, no **HABEAS CORPUS 114.406, Rel. Min. LUIZ FUX**, afirmou que a redação do parágrafo único do art. 9º, inaugurada pela Lei nº 9.299/96, ostenta nítida natureza processual, razão pela qual deve ser aplicada imediatamente aos processos em curso, salvo se já houver sido proferida sentença de mérito, sendo a competência da Justiça Comum para julgar crime de homicídio praticado por militar estadual contra civil. Portanto, como se vê, claramente, o ***decisum*** em tela diz respeito a militar estadual e não a militar federal. Em suma, a Corte Suprema considerava como competente a Justiça Militar Federal no caso de homicídio doloso cometido por militar das Forças Armadas contra civil.

Com a chegada da Lei nº 13.491/2017, tudo se modificou como será explanado adiante.

2. A competência vigorante após o advento da Lei nº 13.491/2017

Duas grandes modificações carrearam a Lei nº 13.491/2017 em seu bojo sobre a competência da JMU:

1ª modificação: ***Caracterizou como crimes militares todos os crimes previstos na legislação penal comum, desde que enquadrados nas alíneas do inciso II, do art. 9º, do CPM.***

2ª modificação: ***Ampliação da competência da Justiça Militar para processar e julgar militares das Forças Armadas nos crimes dolosos praticados contra a vida de civil nas situações legais elencadas no § 2º, do art. 9º, do CPM.***

A primeira alteração realmente impressionou a todos os operadores do direito militar, pois provocou um verdadeiro arrastão de crimes comuns para a órbita da JMU – e também para a Justiça Militar Estadual – desde que observadas as condições das alíneas do inciso II do CPM, trazendo reflexos sobre sua aplicabilidade, no que toca ao concurso aparente de normas, princípio da irretroatividade da lei mais gravosa, sistemas de penas previstas somente na legislação penal comum, possibilidade de incidência da Parte Geral do Código Penal Comum na Justiça Militar, etc. Passemos, então, ao exame das citadas modificações, com a advertência das inúmeras divergências que já estão a ocorrer nas primeiras abordagens dos doutrinadores. Interessante consignar que já havia previsão da Justiça Militar para julgar crimes definidos na lei penal comum ou especial, não previstos no CPM, só que em tempo de guerra (art. 10, inciso IV, CPM).

1ª modificação: Caracterizou como crimes militares todos os crimes previstos na legislação penal comum, desde que enquadrados nas alíneas do inciso II, do art. 9º, do Código Penal Militar.

REDAÇÃO ANTERIOR	REDAÇÃO VIGENTE DA LEI Nº 13.491/2017
Art. 9º Consideram-se crimes militares em tempos de paz:	Art. 9º Consideram-se crimes militares em tempos de paz:
I – OMISSIS	I – OMISSIS
II – os crimes previstos neste Código, embora também o sejam com igual definição na lei penal comum, quando praticados:	II – os crimes previstos neste Código e os previstos na legislação penal, quando praticados: (Redação dada pela Lei nº 13.491, de 2017)
a) por militar em situação de atividade ou assemelhado, contra militar na mesma situação ou assemelhado;	*a)* por militar em situação de atividade ou assemelhado, contra militar na mesma situação ou assemelhado;
b) por militar em situação de atividade ou assemelhado, em lugar sujeito à administração militar, contra militar da reserva, ou reformado, ou assemelhado, ou civil;	*b)* por militar em situação de atividade ou assemelhado, em lugar sujeito à administração militar, contra militar da reserva, ou reformado, ou assemelhado, ou civil;
c) por militar em serviço ou atuando em razão da função, em comissão de natureza militar, ou em formatura, ainda que fora do lugar sujeito à administração militar contra militar da reserva, ou reformado, ou civil; (Redação dada pela Lei nº 9.299, de 8.8.1996)	*c)* por militar em serviço ou atuando em razão da função, em comissão de natureza militar, ou em formatura, ainda que fora do lugar sujeito à administração militar contra militar da reserva, ou reformado, ou civil; (Redação dada pela Lei nº 9.299, de 8.8.1996)
d) por militar durante o período de manobras ou exercício, contra militar da reserva, ou reformado, ou assemelhado, ou civil;	*d)* por militar durante o período de manobras ou exercício, contra militar da reserva, ou reformado, ou assemelhado, ou civil;
e) por militar em situação de atividade, ou assemelhado, contra o patrimônio sob a administração militar, ou a ordem administrativa militar;	*e)* por militar em situação de atividade, ou assemelhado, contra o patrimônio sob a administração militar, ou a ordem administrativa militar;
f) revogada (Redação dada pela Lei nº 9.299, de 8.8.1996)	*f)* revogada (Vide Lei nº 9.299, de 8.8.1996)

a) Prática de infrações penais em detrimento de bens, serviços ou interesses das instituições militares

Como todos os doutrinadores professam, de forma acertada, para a configuração de um crime militar, além dos seus elementos típicos, o que é chamado de tipicidade direta, há a necessidade de estar presente também uma das circunstâncias do art. 9º do CPM, mais precisamente aquelas estampadas nos seus incisos II (agente militar da ativa) e III (agente militar reformado, ou da reserva ou civil).

Assim, não basta para a caracterização de um injusto penal militar pontificarem apenas os elementos que compõem a sua estrutura típica – ***essentialia delicti***. Não, é preciso mais. Torna-se imprescindível que determinadas situações se mostrem devidamente clarificadas para que surja o crime militar chamadas de **tipicidade indireta** por alguns juristas. Elas são como satélites que se movem ao redor do tipo penal e que transformam, se demonstradas, uma conduta típica comum em um tipo penal militar. São justamente as alíneas dos incisos II e III, do art. 9º, do CPM, que dão o colorido do crime militar.

Ressalve-se, entretanto, que se o delito estiver capitulado exclusivamente no Código Substantivo Castrense, sem qualquer semelhança no CP Comum ou em outra legislação penal comum, para que se configure crime militar, impõe-se que unicamente estejam patenteados os elementos dos tipos legais especificados na Parte Especial, salvo se o agente for militar inativo ou civil, quando será indispensável para sua caracterização as hipóteses elencadas no inciso III do art. 9º. O inciso I, no caso de militar da ativa, dispensa essa acessoriedade típica dos incisos II e III. Por exemplo, uma violência contra superior (art. 157, CPM), cometida por militar da ativa, obviamente, independe de sua consumação se realizar em lugar sujeito à Administração Militar, pois não há qualquer menção no tipo penal a esta circunstância. É um crime propriamente militar, crime não previsto na lei penal comum – inciso I, 2ª parte, do art. 9º, do CPM. A disciplina castrense é a tutelada através deste crime. Não se aciona nenhuma alínea do inciso II do mesmo art. 9º para a caracterização deste delito. Já no crime de pederastia ou outro ato de libidinagem (art.

235, CPM) exige-se que este elemento espacial – **lugar sujeito à Administração Militar** – esteja presente, não se configurando se o fato ocorrer, por exemplo, em uma via pública. Aliás, este crime será extinto caso seja aprovado o Projeto de Lei nº 9.432, de 2017, ainda em tramitação no Congresso Nacional.

Vale a pena reproduzir a **nota de rodapé 84, RENATO, MANUAL, op. cit., 2020, p. 445**: ***"No julgamento da ADPF 291 (Ministro Roberto Barroso, j. 28/10/2015) o Supremo concluiu que a tutela do bem jurídico protegido pelo referido delito deve ser mantida, é dizer, subsiste a punição do referido crime. Porém, as expressões pederastia ou outro – mencionada na rubrica enunciativa referente ao artigo 235 do CPM – e homossexual ou não – contida no aludido dispositivo – não foram recepcionadas pela Constituição. Embora possa ser aplicado a heterossexuais e a homossexuais, homens e mulheres, o crime sob comento teria o viés de promover discriminação em favor dos homossexuais, o que seria inconstitucional, haja vista a violação dos princípios da dignidade humana e da desigualdade, em assim a vedação à discriminação odiosa. Desse modo, a lei não poderia se utilizar de expressões pejorativas e discriminatórias, considerando o reconhecimento do direito à liberdade de orientação sexual como liberdade essencial do indivíduo"***.

Esses critérios classificatórios das alíneas dos incisos II e III, do art. 9º, do CPM, termo usado por **CÉLIO LOBÃO, *in* "COMENTÁRIOS AO CPM", Editora Forense, 2012, vol. 1, Parte Geral, p. 94-95**, não precisam ser acionados nos casos do inciso I do mesmo artigo, quais sejam, nos crimes propriamente militares previstos somente no CPM, praticados exclusivamente por militar (ex.: violência contra superior, art. 157, CPM), nos crimes impropriamente militares praticados por militar não previstos na lei penal comum (ex.: desafio para o duelo, art. 224, CPM) e nos crimes impropriamente militares, praticados por militar definidos de modo diverso na lei penal comum (ex.: perigo de desastre ferroviário, art. 282, *caput*, CPM e art. 260, CP Comum). Repita-se: é indiferente para a tipificação dos delitos militares roteirizados no inciso I a presença de quaisquer das alíneas "a" a "e", do inciso II, do art. 9º, do CPM, sendo autor militar da ativa. O juízo de tipicidade do inciso I independe de qualquer outro requisito para sua caracterização. É preciso apenas que os elementos do tipo penal incriminador, previstos na Parte Especial do Código Castrense, estejam presentes.

O mesmo não acontece com o agente militar da reserva, militar reformado ou civil, visto que os crimes parametrizados pelo inciso III, c/c com os incisos I e II, somente serão considerados militares se for atendido, pelo menos, um dos requisitos das alíneas "a" a "d" do citado inciso III, denotando-se, assim, que os incisos I e II complementam o inciso III, resultando do seu enunciado a concretização de crimes militares aqueles compreendidos nos incisos I e II (**LOBÃO, op. cit., p. 94**).

O jurista **CÍCERO ROBSON COIMBRA NEVES**, em artigo intitulado "**CRIME MILITAR PRATICADO POR MILITARES INATIVOS E POR CIVIS: TEORIAS MONISTA E DUALISTA**", publicado na Revista **DIREITO MILITAR, AMAJME, nº 139, janeiro/fevereiro 2020, p. 16-18**, traz à baila interessante discussão acerca da conexão entre os incisos I e III, do art. 9º, do CPM, no que concerne à prática de crime militar por militar inativo e civil, apontando a existência de duas teorias a respeito: a **monista**, que defende que o civil e os militares inativos apenas podem cometer crime militar por aplicação direta do inciso III, isoladamente, e a **dualista** que sustenta que, além do inciso III, o inciso I deve ser acionado para a caracterização do crime militar. Assim, na monista há uma separação cristalina: o inciso I dirige-se unicamente às condutas praticadas por militares da ativa, enquanto o inciso III tem endereço apenas para os inativos e civis. A expressão "qualquer que seja o agente", embutida no inciso I, para os que se alinham à teoria dualista, refere-se também aos inativos e civis. Portanto, combinação dos incisos I e III do art. 9º. É a posição de **LOBÃO, "COMENTÁRIOS AO CPM", 2012, p. 93,** pois admite que esses autores poderão cometer crime impropriamente militar não previsto na lei penal comum (inciso I, 2ª parte, c/c o inciso III), em crime definido de modo diverso na lei penal comum (inciso I, 1ª parte, c/c o inciso III) e com igual definição na lei penal comum (inciso II, c/c o inciso III).

Diz ainda o jurista acima apontado que a teoria dualista ganhou fôlego com a edição da Lei nº 13.774/2018 que alterou a

Lei nº 8.457/92 – LOJMU – pois no inciso I-B do art. 30 ao definir a competência monocrática do Juiz Federal da JMU cita explicitamente a conjugação dos incisos I e III do art. 9º, o que, para os que defendem esta tese, fica claro que o civil e o inativo poderão cometer crime militar com base no inciso I. Repudia, entretanto, o autor apontado esta teoria dualista, alegando que a alteração foi na LOJMU e não no CPM, referindo-se apenas ao civil e não ao inativo, o que faz com que se perfilhe com a tese monista, admitindo que a única possibilidade de um civil ou de um militar inativo praticar crime militar será por subsunção exclusiva ao inciso III do artigo do CPM e suas alíneas, ou melhor, se por exemplo, um civil que cometa falso testemunho – art. 346 do CPM – perante o juízo militar de uma auditoria da JMU, estará afrontando a Justiça Militar, Poder Judiciário, e não a instituição militar, Poder Executivo, inexistindo a possibilidade de qualquer alínea do inciso III, do art. 9º, do CPM, que subsuma a conduta que não atingiu a "ordem administrativa militar", inserta no Poder Executivo, o que seria crime comum para a teoria monista, por não encontrar subsunção no inciso III e para a dualista haveria crime militar por civil, tanto no inciso III, como no inciso I.

Com a devida vênia, inclinamo-nos pelo acerto da teoria dualista, já que tem que haver a combinação dos incisos I e III no caso de autores militares inativos e civis, tendo em vista que a expressão "**qualquer que seja o agente**", embutida no inciso I é por demais clara.

Na classificação do crime militar, o critério ***ratione legis*** preponderava. Seria crime militar o que a lei considerava como tal. Não definia, apontava, criava tipos que passariam a ser considerados como militares. Fardava delitos que achasse necessários. A CF/88, via seu art. 124, assinou um cheque em branco, permitindo que a lei ordinária fabricasse crime militar. Rigorosamente, todo fato que configurasse ilícito militar deveria ser definido expressamente na Parte Especial do CPM. Agora não mais é assim. Com a promulgação da Lei nº 13.491/2017, qualquer tipo elencado na legislação penal comum será considerado crime militar, desde que constatadas quaisquer das circunstâncias das alíneas dos incisos II e III, do art. 9º, do CPM. Corrigiu-se a inércia, já que a desatualização da legislação penal militar é um verdadeiro convite à corrupção no meio militar (**CARLOS FREDERICO DE OLIVEIRA PEREIRA**, ***"A Lei nº 13.491, de 13 de outubro de 2017, e os crimes hediondos"*****, disponível em http://www.mpm.mp.br/portal/wpcontent/uploads/2017/11/lei13491crimes=hediondos.pdf, acesso em 10.03.2018)**. Segue a mesma interpretação **RENATO BRASILEIRO**, em seu **MANUAL, 2020, JusPodvim, p. 440, nota de rodapé 74**, ao explicitar que com ***"as mudanças produzidas pelo novel diploma normativo, o ideal é concluir que esse critério de classificação dos crimes militares deixou de ter qualquer validade, haja vista que, ante a nova redação com base em razão da matéria – crimes militares – mas também com base na condição penal do acusado, diz que sua competência é* ratione materiae *e* ratione personae"**. Ou melhor, o critério *ratione legis* não mais rege a competência da Justiça Militar, isso é, crimes militares seriam apenas aqueles apontados pelo CPM. A Lei nº 13.491/2017 mudou tudo.

Aliás, **CÉLIO LOBÃO, "DIREITO PENAL MILITAR", Brasília Jurídica, 2006, p. 64,** já enfatizava que a CF/88 ***"não autoriza os desmandos do CPM, verdadeiro diploma legal paralelo ao Código Penal no que se refere aos crimes impropriamente militares, como se existisse no País uma sociedade à parte, tutelada pela lei repressiva castrense, complementando delitos que nenhuma identidade guardam com o objeto da tutela penal militar (a proteção das instituições militares), como é o caso do abandono de incapaz (art. 212 do CPM e art. 133 do CP) e o de violação de correspondência (art. 227 do CPM e art. 151 do CP), dos crimes contra a Justiça Militar e outros".***

Também **LOBÃO,** já agora nos seus **"COMENTÁRIOS AO CPM", vol. 1, Parte Geral, Forense, 2012, p. 28**, ensina a respeito dos crimes de abuso de autoridade e tortura, observação lançada obviamente antes do advento da Lei nº 13.491/2017: ***"Por exemplo, abuso de autoridade e tortura cometidos por militar em qualquer circunstância são crimes comuns, pela ausência de***

previsão na lei penal castrense. O legislador ordinário entendeu que os delitos citados, mesmo cometidos por militar em serviço, não atentam contra as instituições militares federais ou estaduais, segundo o caso (...). Posteriormente, VICO sustentou que a qualidade de militar, por si só, implica um interesse castrense e não existem atos do militar, mesmo de sua vida privada, que não se vinculem a um interesse militar. Como consequência, delitos comuns cometidos por militar deveriam, por esse motivo, ser considerados militares. O entendimento de VICO recebeu críticas procedentes de COLOMBO. Desnecessário dizer que esse entendimento, salvo engano, não prosperou no direito brasileiro".

Em 2017, prosperou, e muito! VICO, em 1932, enxergou longe (**DIRITTO PENALE MILITARE, Ed. Milão, 1932**).

Os crimes da legislação penal comum serão considerados crimes militares desde que configuradas quaisquer das alíneas "a" a "e" do inciso II, quais sejam, se o militar em atividade das Forças Armadas – e também o militar estadual – ***cometer contra militar em atividade, cometer o delito em lugar sob administração militar, quando estiver em serviço ou atuando em razão da função, em comissão de natureza militar ou em formatura, ainda que fora de lugar sob administração militar, em período de manobras ou em exercício, contra o patrimônio sob administração militar ou contra a ordem administrativa militar.***

Assim, os novos crimes militares, elencados no CPM e na legislação penal comum, dependerão para sua existência legal do enquadramento de uma das alíneas referidas e, por certo, a que mais ocorrerá será aquela da alínea "c", do inciso II, do art. 9º, do CPM, qual seja, quando o militar praticar uma conduta criminosa em serviço, caso contrário, não se caracterizará como crime militar. São as hipóteses de tipicidade indireta, necessitando da presença de uma das alíneas e mais os elementos da descrição típica da Parte Especial do CPM e daquelas previstas na legislação penal comum.

Aliás, mais uma das inúmeras divergências na doutrina aflorou a respeito da lei em estudo, Lei nº 13.491/2017, isto é, se esses novos tipos comuns que se agregaram aos dos CPM podem ser tachados de crimes impropriamente militares.

Não deve ser esquecido que as circunstâncias do inciso III do art. 9º do CPM também terão que estar presentes no caso de cometimento de evento típico por militar da reserva, militar reformado ou civil, já que este inciso faz expressa referência ao inciso II, motivo pelo qual não só os crimes militares apenas existentes no CPM ou nele previstos de maneira diversa da legislação penal comum e nos crimes militares tipificados no Código Castrense de maneira idêntica à da legislação penal comum. Isso porque, embora a Lei nº 13.491/2017 tenha alterado somente o inciso II do art. 9º, arrastou como autores de crimes militares, estampados apenas na legislação penal comum, o militar da reserva, o militar reformado e o civil. É a conclusão que se chega ao compararmos as redações das cabeças dos dois incisos. Obviamente que este raciocínio só prevalece para a JMU, pois a Justiça Militar Estadual é incompetente para processar e julgar civis, por vedação expressa do § 4º, do art. 125, da CF/88.

Este olhar também é compartilhado por **ADRIANO ALVES MARREIROS**, em artigo denominado "**CÓDIGO PENAL MILITAR: PERGUNTAS E RESPOSTAS SOBRE A MUDANÇA QUE OCORREU – TRATANDO AGORA DO *CAPUT* DO INCISO II E SUAS CONSEQUÊNCIAS. LEI Nº 13.774/2017 (O VELHO TRUQUE DAS PERGUNTAS E REPOSTAS PARA COMENTAR UMA NOVA LEI)**", publicado em **www.observatoriodajustiçamilitar.com,** acesso em **22/12/2017**, ao afirmar que os civis poderão cometer crimes militares não previstos na Parte Especial do CPM, apesar de não ter havido mudança no seu inciso III, posto que o inciso II mudou de redação, e esta nova redação deve valer para o inciso III, ou melhor, se um civil praticar um crime compreendido na cabeça do inciso II, isto é, previsto no CPM ou na legislação penal, como está na nova redação, e se esse crime se der em alguma hipótese das alíneas "a" a "d", do inciso III, do art. 9º, esse crime será crime militar, qual seja, o civil cometerá crime militar não previsto na Parte Especial do CPM, isto é, previsto na legislação penal comum.

No entanto, a grande novidade que deixou entusiasmada a comunidade jurídica que opera no direito militar, recebida com calorosos aplausos, foi a abrangência da mudança: arrastou – este é o verbo correto para caracterizar esta alteração, aliás, muito em voga nos dias de hoje – um sem-número de delitos incrustrados na legislação penal comum, trazendo-os de roldão para o campo penal militar, desde que comprovada quaisquer das alíneas do inciso II, do art. 9º, do CPM. Verdadeiro tsunami de tipos penais comuns, alguns inimagináveis que passarão a ser crimes militares.

Mais uma vez, acionando **CARLOS FREDERICO,** este jurista, no artigo antes citado, defende, entusiasticamente, o surgimento da Lei nº 13.491/2017, no que tange à abrangência da competência da JMU para os crimes comuns da legislação penal, pois atingiriam a hierarquia e a disciplina militares da mesma forma que os definidos de forma idêntica nos dois sistemas legislativos, quando a situação fática se enquadrar na norma de extensão do referido inciso II. E diz mais o ilustre doutrinador para confirmar essa exegese, ao declarar que a Justiça Militar da União, na verdade, é uma variante da Justiça Federal, e isso fica claro até mesmo na redação do inciso IV, do art. 109, da Constituição Federal, ao tratar da competência material da Justiça Federal, já que em todo crime militar da competência desta Justiça Castrense subjaz um interesse federal.

Achamos que essa grande inovação trazida pela lei citada, nada mais fez que explicitar, claramente, que doravante toda conduta criminosa que ofenda "***bens, serviços e interesses***" das instituições militares federais – Forças Armadas –, quaisquer que sejam seus autores – militar ou civil – e da instituição militar estadual – somente militar – constituirá crime militar.

Ora, as alíneas do inciso II, no tocante à militar da ativa, e aquelas do inciso III, no que se refere ao militar da reserva, reformado e civil, refletem esta ofensa aos bens, serviços ou interesses das instituições militares, bastando que analisemos cada uma delas.

Elenquemos as circunstâncias das alíneas II do art. 9º, que é a grande matriz da novel lei, para podermos cotejá-las com a citada expressão "**bens, serviços e interesses**": ***militar em situação em atividade contra militar em situação em atividade, militar em atividade que cometer o delito em lugar sob administração militar, quando estiver em serviço ou atuando em razão da função, em comissão de natureza militar ou em formatura, ainda que fora de lugar sob administração militar, em período de manobras ou em exercício, contra o patrimônio sob administração militar ou contra a ordem administrativa militar.***

No que tange à competência da JMU, o militar da reserva, o reformado e o civil que cometerem crime contra as instituições militares, tanto nas hipóteses do inciso I, crimes definidos no CPM de modo diverso na lei penal comum ou nele não previstos, qualquer que seja o agente, como naqueles do inciso II, serão crimes militares desde que obedecidos os requisitos das alíneas elencadas no inciso III. Interessante notar que este inciso III deixa bem claro que para tais delitos serem considerados como da competência da JMU terão como alvo a ofensa a bens, serviços e interesses das instituições militares, posto que todo crime cometido contra as instituições militares – expressão embutida na cabeça do inciso referido – obviamente deverá atingir tais valores. Em suma, todas essas condições das alíneas dos incisos II e III e mais os crimes definidos no CPM de maneira diversa na lei penal comum ou nele não previstos – inciso I – atentam contra bens, serviços e interesses das Forças Armadas (JMU) e das Polícias Militares e Corpo de Bombeiros (JME), neste último caso, somente nas hipóteses das alíneas do inciso II, do art. 9º, do CPM, corporificam esta trilogia de valores, agora numa amplitude maior com o advento da Lei nº 13.941/2017, isto é, qualquer crime, seja ele previsto na legislação penal comum, seja ele previsto no CPM, será catalogado como crime de natureza militar desde que fira um bem, serviço ou interesse das instituições militares. **LOBÃO**, em seu "**DIREITO PENAL MILITAR", p. 52**, já assinalou que o objeto da tutela penal militar é a proteção das instituições militares. É dizer: Proteção de quê? Dos bens, serviços e interesses das instituições militares.

Inicialmente, diga-se que os bens, serviços ou interesses das Forças Armadas não entram expressamente na configuração dos crimes militares. Eles são praticados em prejuízo de bens, serviços ou interesses da União, entidade essa que as Forças Armadas integram e que, de há muito, criou uma justiça especializada para sua proteção, por meio do art. 124 da CF/88 ao transferir para a lei a autorização para a formatação de crimes militares. A Lei nº 13.491/2017 é uma prova viva desse fato, como foi anteriormente a Lei nº 9.299/96. O art. 9º, nos seus três incisos, expressa bem essa trilogia competencial.

No entanto, vejamos o que dizem os doutrinadores quando interpretam esta expressão "**bens, serviços ou interesses**" ao analisarem o art. 109, inciso IV, da CF/88, que trata da competência da Justiça Federal.

O jurista **WLADIMIR SOUZA CARVALHO, "COMPETÊNCIA DA JUSTIÇA FEDERAL", 3ª edição, Editora Juruá, 1998, p. 308,** observa o seguinte: ***"Essa tricotomia é de significado simples, se definido por si só, dada a força com que cada termo encerra, embora, às vezes, se entrelacem, visto se confundirem ou serem sinônimos uns dos outros. A infração, atingindo um desses requisitos, vulnera os outros, visto ser difícil delimitar a esfera do bem, do serviço e a do interesse, de forma que um não interfira no outro. O bem é serviço e se constitui em interesse. O serviço é bem e veste o traje do interesse. O interesse é bem e é serviço".***

LEANDRO PAULSEN, em seu excelente livro **"CRIMES FEDERAIS", SaraivaJur, 2017, p. 41**, ressalta que ***"muitas vezes, depararemos com crimes cujo resultado implicará, simultaneamente, prejuízo a bens, serviços e interesses dos entes federais. É certo, ainda, que sempre que um crime é praticado em detrimento de bens e serviços federais afetará um interesse federal. É preciso, porém identificar qual o efeito jurídico que se pode extrair da referência a cada um desses termos, isoladamente considerados. Isso para que se possa verificar, por exemplo, quando embora não haja prejuízo a bens ou serviços, se pode ter a competência federal exclusivamente em razão do interesse federal afetado".***

Bens das Forças Armadas são os bens móveis e imóveis que o Estado coloca sob a administração das entidades militares, já que elas não têm patrimônio próprio, justamente para que possam exercer as suas atribuições, como também aqueles de propriedade de pessoas naturais e jurídicas que, por algum motivo, encontram-se sob a responsabilidade da Administração Militar. **Serviços** prestados pela administração militar federal são aqueles efetuados no exercício de suas competências administrativas. **Interesse** é expressão de uma grande amplitude, mas que causa uma certa confusão ao interpretá-la, daí o alerta de **WLADIMIR CARVALHO, op. cit., p. 308. LEANDRO PAULSEN, op. cit., p. 51**, também chama a atenção ao lecionar que sempre que o crime for cometido em detrimento de bens e serviços da União, o interesse federal estará presente, sendo necessário que se defina seu âmbito próprio de aplicação, possibilitando que haja uma referência segura para sua identificação. É dizer: esta referência segura a que se refere o ilustre jurista, no caso da competência da Justiça Militar, está refletida nas circunstâncias das alíneas dos incisos II e III, do art. 9°, do CPM. No inciso I, os crimes ali balizados na Parte Especial do CPM, já ofendem, por si sós, bens, serviços e interesses das instituições militares.

AURY LOPES JUNIOR, no seu "**DIREITO PROCESSUAL PENAL", Saraiva, 10ª edição, 2013, p. 458**, citado por **LEANDRO PAULSEN, op. cit., p. 51-52**, entende que somente atrai a competência da Justiça Federal o ***"interesse decorrente de lei ou diretamente revelado quando da prática do crime (a partir da efetiva lesão do bem jurídico tutelado)"***, assinalando que ***"os artigos 20 e 21 da Constituição podem constituir elementos sinalizadores da competência da Justiça Federal"***, ressalvando, entretanto, que não existe uma "**aplicação automática**" de tais artigos. Ou melhor, o que **AURY LOPES JUNIOR** afirma, **grosso modo**, é que cada caso é um caso, a ser examinado para que se defina a competência da Justiça Federal. É uma competência totalmente aberta, estampada no inciso IV, do art. 109, da CF/88, quando assinala que o crime será da sua competência se a conduta criminosa for praticada **"em detrimento de bens, serviços ou interesses da União"**, transferindo para os tribunais a análise da hipótese a ser examinada, advindo daí as inúmeras decisões e súmulas a respeito.

A leitura que se deve fazer do art. 124 da CF/88, a nosso ver, é a seguinte ***"A Justiça Militar será competente para processar e julgar as infrações penais cometidas em detrimento de bens, serviços ou interesses das instituições militares"***. Crime militar é nada mais, nada menos que a ofensa a bens, serviços ou interesses das instituições militares, corporificada nos três incisos do art. 9º, do CPM, reforçando este entendimento com o advento da Lei nº 13.491/2017.

Vejamos, a seguir, o que falam alguns juristas a respeito da violação do bem juridicamente tutelado na órbita do Direito Militar. **SILVIO MARTINS TEIXEIRA, "NOVO CÓDIGO DE DIREITO PENAL MILITAR", Livraria Editora Freitas Bastos, 1946, p. 46-47,** um dos mais conceituados autores de obras no campo jurídico-militar, ensinava que ***"são crimes contra as instituições militares: os que afetam a organização das forças armadas do país, e, portanto, suas instituições; os que afetam a administração militar e o patrimônio destinado à finalidade das forças armadas do país, ou os bens sujeitos à administração militar. Além desses há crimes comuns que praticados em certas circunstâncias, afetam a organização, a manutenção, a ordem, a finalidade das forças armadas, passando por isso a ser considerados crimes militares, porque ferem as instituições militares. São os chamados crimes impropriamente militares. É preciso, portanto, que a lei ordinária mencione não só os crimes militares propriamente ditos, como os crimes comuns que passaram a ser militares, indicando as circunstâncias que lhes dão essa característica"***.

Enfatizamos: os crimes propriamente militares e os impropriamente militares ofendem, todos eles, obviamente, bens, serviços ou interesses das instituições militares, concretizados no art. 9º do CPM. Este artigo pilar para concretização do crime militar, para a grande maioria dos estudiosos, apenas explicita, em tese, a ofensa a esta trilogia competencial militar. Os incisos do art. 9º do CPM, com o devido respeito daqueles que pensam em contrário, são nada mais nada menos hipóteses exemplificadoras de possível caracterização do ilícito militar. São elementos que sinalizam, em princípio, a competência da Justiça Militar, mas não necessariamente, devendo-se examinar caso a caso, principalmente em matéria de crimes impropriamente militares. Da mesma forma, e com muito mais cuidado, agora com o leque dos crimes comuns trazidos pela Lei nº 13.491/2017 para a área penal militar. A rigor, nem se precisava desta lei para caracterizar tais delitos como militares. Em outras palavras, qualquer crime, seja ele tipificado no CPM, seja ele tipificado na legislação penal comum, será considerado crime militar se ofender bens, serviços ou interesses das instituições militares. É preciso apontar, com clareza, a ofensa direta a bens, serviços ou interesses das instituições militares para se configurar crime militar.

CÉLIO LOBÃO, op. cit., p. 30, ressalta que *"o próprio COLOMBO expõe que essa é a conceituação do delito essencialmente militar*, fundada no bem ***ou no interesse juridicamente tutelado, válido tanto para o agente militar quanto para o infrator civil, sem prejuízo das denominadas infrações exclusivas do militar, isto é, as que, embora sendo essencialmente militares, só o militar pode cometer, porque constituem, além da lesão de um bem ou interesse militar, a violação de um dever militar que, por esse motivo, somente pode vincular o militar."*** Este mesmo autor, **CÉLIO LOBÃO, op. cit., p. 31,** define crime militar: ***"é a infração penal prevista na Lei Penal Militar que lesiona bens ou interesses vinculados à destinação constitucional das instituições militares, às suas atribuições legais, ao seu funcionamento, à sua própria existência, no aspecto particular da disciplina, da hierarquia, da proteção à autoridade militar, e ao serviço militar. As ofensas definidas na lei repressiva castrense que dizem respeito à***

destinação constitucional, às atribuições legais das instituições castrenses, à sua integridade e normalidade de seu funcionamento, à autoridade militar, ao serviço militar, têm como agentes o civil e o militar, enquanto as que atingem a disciplina e a hierarquia, por constituírem violação do dever castrense, tem o militar como sujeito ativo exclusivo sem, no entanto, esquecer, em todos eles, a observância dos requisitos do art. 9º do CPM". Hoje, os critérios *rationae materiae* e *personae* comandam a caracterização do crime militar.

Por seu turno, **RENATO BRASILEIRO DE LIMA,** em seu **MANUAL, 2020, p. 447**, coloca o dedo na ferida ao mencionar que ***"crime impropriamente militar é a infração penal prevista no Código Penal Militar que, não sendo específica e funcional do soldado, lesiona bens ou interesses militares"***.

Igualmente **CÍCERO NEVES, MANUAL DE DPPM, 2018, p. 554,** assevera, categoricamente, que **"Em conclusão, preferimos partindo da mesma premissa, entender que o Direito Penal Militar é especial em razão do objeto de sua tutela jurídica: sempre a regularidade das instituições militares, seja de forma direta, imediata, seja de forma indireta ou mediata".**

Mas, voltando ao tema abordado anteriormente: **As alíneas dos incisos II e III e os crimes do inciso I, do art. 9º, do CPM, podem ser encaixadas na expressão "bens, serviços ou interesses das Forças Armadas"?**

Exemplifiquemos: o militar da ativa, o militar da reserva, o militar reformado ou o civil que praticar um crime contra o patrimônio militar (alínea "e" do inciso II e alínea "a" do inciso III) não atingirá com a sua conduta um bem das Forças Armadas? E a ordem administrativa militar? Se alguma infração penal for cometida contra ela não atingirá em cheio um interesse militar? E se um civil praticar um crime de natureza culposa contra militar em formatura, ou durante o período de prontidão, vigilância, observação, exploração, exercício, acampamento, acantonamento ou em manobras (art. 9º, III, "c", CPM)?

Para o STF, a resposta é negativa no caso do agente civil que praticar uma conduta culposa. No **HC 81.963/RS, Rel. Min. CELSO DE MELLO, SEGUNDA TURMA, j. 18/6/2002**, "***não se tem por configurada a competência penal da Justiça Militar da União, em tempo de paz, tratando-se de réus civis, se a ação delituosa, a eles atribuída, não afetar, ainda que potencialmente, a integridade, a dignidade, o funcionamento e a respeitabilidade das instituições militares, que constituem, em essência, nos delitos castrenses, os bens jurídicos penalmente tutelados. No delito de lesões corporais culposas, cometido por civil, no contexto de um acidente de trânsito, em plena via pública, a Corte Máxima da Justiça Brasileira, peremptoriamente, decidiu que não configura hipótese tipificadora de crime militar: I – O crime que enseja a competência da Justiça, praticado por civil contra militar na situação inscrita no art. 9°, inciso III, 'c', do CPM, é aquele que é marcado pelo intuito de atingir, de qualquer modo, a Força, no sentido de impedir, frustrar, fazer malograr, desmoralizar ou ofender o militar ou o evento ou situação em que este esteja empenhado. Mero acidente de trânsito, do qual resulta crime de lesões culposas, não apresenta qualquer conotação de crime militar***" (**CC 7.040, Rel. Min. CARLOS VELLOSO**).

A Súmula 298, do STF – ***o legislador ordinário só pode sujeitar civis à Justiça Militar, em tempo de paz, nos crimes contra a segurança externa do País ou as instituições militares*** – em um passado bem longínquo, já apontava que somente seria crime militar o cometido por civil se houver ofensa às instituições militares, isto é, leia-se, aos bens, serviços ou interesses das instituições militares, ofensa essa que deverá ser cabalmente demonstrada, pouco importando se existe ou não previsão expressa nas alíneas do inciso III, do art. 9°, do CPM, o que significa dizer que são desnecessárias para tipificar o crime militar cometido por civil. Consulte-se a respeito **o HC 99.671/DF, SEGUNDA TURMA, Rel. Min. ELLEN GRACE, j. em 24/11/2009**. Também no **RHC 118.030/RS, PRIMEIRA TURMA, Rel. Min. LUIZ FUX, j. 19/8/2014**, citando a Súmula

298, de forma categórica, decidiu-se que a competência da Justiça Militar requer interpretação restritiva e excepcional, no sentido de que o julgamento de civis limita-se apenas àqueles crimes que atentem contra as instituições militares.

Acentue-se o registrado no acórdão em tela – CC 7.040 – e que até os dias atuais serve de paradigma: toda ação delituosa, cometida por civis, para ser considerada crime militar, há que ofender a integridade, dignidade, o funcionamento e a respeitabilidade das instituições militares. Naquela assentada, o Ministro **SEPÚLVEDA PERTENCE** acentuou em seu voto que ***"a noção do crime culposo, em si mesma, é incompatível com a ideia de crime contra as instituições militares, capaz de subtrair o caso do seu juízo natural e entregá-lo à Justiça Militar".*** O que queremos repisar é que as hipóteses do inciso III não são, por si sós, autoaplicáveis, merecendo, assim, uma interpretação acurada sobre o fato ocorrido. Sem a ofensa direta a bens, serviços ou interesses das instituições militares, não há que se falar em delito militar, afastando-se a sua interpretação puramente literal.

Conclui-se, assim, que a competência da JMU, pelo menos no tocante a autor civil, encontrará sérias dificuldades em encaixar-se na expressão "***bens, serviços e interesses das instituições militares federais***", no olhar da Corte Suprema. Aliás, no **RE 122.706**, o Ministro **SEPÚLVEDA PERTENCE**, destacou, de forma cristalina, que a CF/88 não deu um cheque em branco ao legislador para que se definisse como militar qualquer delito, porque praticado por militar. E disse mais o ilustre Ministro **PERTENCE:** "***para que se caracterize crime militar impróprio a interpretação do art. 9º, inciso II, letra "a", do CPM, reclama ao menos, quando se cuida de infração dolosa contra a vida, que haja outros elementos de conexão militar do fato, além da condição funcional do autor e da vítima***". **LOBÃO, op. cit., p. 95**, ao fazer remissão ao emblemático **CC 7.040**, acima apontado, alerta que "***nunca é demais lembrar, mais uma vez, que a classificação de crime militar subordina-se aos***

critérios das alíneas "a" a "d" do inciso III e à excepcionalidade da sujeição do civil à Justiça Militar", o que significa dizer que o civil somente cometerá crime militar se a conduta ofender um **bem, serviço ou interesse da instituição militar federal**, ou, em outras palavras, existe um caráter estrito da jurisdição castrense, especialmente naquelas hipóteses que envolvam civis, em tempo de paz, isto é, há que se examinar se a sua ação ofendeu esta trilogia competencial, de forma clara, transparente, límpida.

COIMBRA NEVES e **STREIFINGER**, em seu "**MANUAL DE DIREITO PENAL MILITAR", Saraiva, 4ª edição, 2014, p. 337-338**, pontuam, com bastante precisão, que o inciso III, do art. 9º, no caso de agente na inatividade ou civil, identifica na expressão "**crimes contra as instituições militares",** expressa na cabeça do referido inciso, um elemento subjetivo especial do tipo, na espécie de delito de intenção, afastando, assim, a possibilidade de cometimento de crime militar culposo para esses agentes na esteira do já decidido pelo **STF** no **HC 99.671/DF**, o que quer significar, salvo melhor juízo, que a ofensa a bens, serviços e interesses das instituições militares exige, na hipótese em exame, que o delito seja cometido a título de dolo. Ou em outras palavras, o civil e o militar inativo só cometerão crimes dolosos, e não os culposos, que ofendam nitidamente bens, serviços ou interesses das instituições militares, o que não ocorrerá com o militar da ativa.

Na **ADPF 289**, ajuizada pela PGR, em agosto de 2013, com o objetivo de dar interpretação conforme a Constituição ao art. 9º, incisos I e II, do CPM, para que, reconhecida a incompetência da JMU para julgar civis em tempos de paz e também para que estes crimes sejam submetidos a julgamento pela Justiça Comum, Federal ou Estadual, nos mesmos termos da decisão proferida pela Corte Interamericana de Direitos Humanos no caso Palamara Iribarne *vs* Chile, sustenta-se que, como depende de ofensa a bens jurídicos tipicamente associados à função de natureza castrense ou a eles conexo, "***qualquer delito cometido por civil para materialização do delito militar em tempo de paz pressupõe ofensa à defesa da pátria, à garantia dos poderes constitucionais, à garantia, por iniciativa destes, da lei e da ordem (art. 142 da Constituição)***", lançando a seguinte indagação: "***Qual o sentido de a Justiça Militar julgar civis em tempo de paz, se o que justifica a jurisdição militar especial é o respeito à hierarquia e à disciplina, e se o agente de crime militar impróprio é civil, desconhecedor da hierarquia e disciplina? Para ir além, como um civil em tempo de paz seria capaz de atentar contra a hierarquia e a disciplina da tropa, se ele nem sequer é militar ou integrar os efetivos das Forças Armadas?***" O julgamento foi pautado para o dia 18/5/2022. Confira-se a atuação de militar da ativa na turbulenta alínea "a", do inciso II, do art. 9º, do CPM, qual seja, militar da ativa contra militar da ativa, ***inter milites***, quando se questiona se ambos deverão estar em serviço para a caracterização do crime militar. No passado, em 1981, o **STF,** por intermédio da sua **PRIMEIRA TURMA**, em hipótese envolvendo briga cometida por um militar da ativa contra sua companheira, não militar, decidiu que "***a administração militar não interfere na privacidade do lar conjugal, máxime no relacionamento do casal***" **(HC 58.883/RJ).**

Já no **CC 7.071**, o **Tribunal Pleno**, em 2003, por maioria, decidiu que, "***mesmo por razões estranhas ao serviço, ainda que fora do recinto militar***", será crime militar o caso de militar em atividade contra militar em atividade, pois atingiria, quase sempre, ***direta ou indiretamente* a disciplina**, que é a base da organização ou das instituições militares, razões que levaram o legislador a adotar o critério ***ratione personae***. Nesta decisão, os votos vencidos ressaltaram que a motivação do crime nada teve a ver com aspecto militar, portanto crime comum. Só pelo fato de os agentes ativo e passivo serem militares da ativa é suficiente para se configurar o crime militar mesmo que a motivação seja estranha aos seus deveres militares? O bem jurídico tutelado seria a disciplina que se exige de todo militar da ativa? Qual o interesse da instituição militar em tal hipótese? Enfim, cada caso é um caso, já dissemos isso antes, repetidas vezes. Não é a aplicação automática das alíneas dos incisos II e III, do art. 9°, do CPM, que acarretará a competência pura e simples da Justiça Militar. Vale a pena consultar a respeito desse enfoque os votos vencidos no **RE 122.706, SEGUNDA TURMA**, Rel. p/o acórdão **Min. CARLOS VELLOSO, j. 21/11/1990**.

Apenas a título de reflexão, de se mencionar que o extinto Tribunal Federal de Recursos, por intermédio da **Súmula 254**, posicionou-se no sentido de que *"Compete à Justiça Federal processar e julgar os delitos praticados por funcionário público federal, no exercício de suas funções e com estas relacionados"*. Assim, não basta ser funcionário público federal para se firmar automaticamente a competência da Justiça Federal. É preciso mais, é preciso analisar se sua conduta tem relação com as suas funções de agente público. O **STF**, no **HC 92.346/SP, SEGUNDA TURMA, Rel. Min. EROS GRAU, j. 9/10/2007**, decidiu que, caso um funcionário público federal pratique um delito de estelionato fora de suas atribuições funcionais e sem prejuízo a bem, serviço ou interesse da União, deverá ser julgado pela Justiça Estadual. No **HC 79.044/RJ, SEGUNDA TURMA, Rel. Min. NELSON JOBIM, DJ 30/06/2000, p. 40**, decidiu-se que a Justiça Federal é competente para julgar Patrulheiro da Polícia Rodoviária Federal que comete homicídio no desempenho de suas funções, ficando evidenciado o interesse da Administração Pública Federal pelo exercício de atividade estatal no momento do crime. Também o **STJ**, **Resp. 1.102.270, QUINTA TURMA, Rel. Min. NAPOLEÃO NUNES MAIA FILHO, j. 23/11/2010, DJe 06/12/2010**, entendeu que ofende diretamente interesse da União Federal, atraindo a competência da Justiça Federal, nos termos do art. 109, inciso IV, da CF/88, a conduta de Policiais Federais que mesmo fora do exercício funcional, mas vestindo a farda, portando o distintivo da corporação, as identidades e as armas e uso de viatura oficial da DPF, praticam crimes contra pessoas alheias à Administração Pública (**RENATO BRASILEIRO DE LIMA, 2020, op. cit., p. 514-515**).

Enfim, podemos chegar aos seguintes parâmetros com relação aos incisos do art. 9º após o advento da Lei nº 13.491/2017:

a) **embora o inciso II com a nova redação da Lei nº 13.491/2017 não explicite os crimes do CPM com definição idêntica na legislação penal comum, a competência da Justiça Militar não sofreu qualquer modificação;**

b) **o inciso II estabelece que os crimes previstos na legislação penal comum, mesmo que inexistentes no CPM, passarão a ser caracterizados como crimes militares;**

c) **nos dois enquadramentos acima como crimes militares – crimes previstos no CPM de idêntica definição no Código Penal Comum e os crimes previstos somente na legislação penal comum – a caracterização de uma das alíneas do inciso II é obrigatória, já que atingirão a hierarquia e a disciplina, ou melhor, bens, serviços ou interesses das instituições militares, sob pena de não se constituir crime militar e sim crime comum;**

d) **o inciso III, do art. 9º, do CPM, também foi modificado por arrasto, já que faz expressa menção ao inciso II, na hipótese de cometimento de crimes militares praticados por militar da reserva, ou reformado, ou por civil, contra as instituições militares;**

e) **o inciso I, do art. 9º, do CPM, não sofreu qualquer modificação pela lei nova, qual seja, os crimes militares do CPM somente nele existentes ou aqueles definidos de maneira diversa da legislação penal comum continuam para sua caracterização baseados apenas nos elementos típicos da Parte Especial.**

Nota-se, assim, que os crimes previstos na legislação penal comum tornar-se-ão crimes militares, desde que uma das circunstâncias constantes das alíneas do inciso II, do art. 9º, do CPM, esteja claramente configurada. Em um linguajar simplório, pode-se dizer que vestiram nesses novos delitos uma farda, trazendo-os para a competência da Justiça Militar. Tornaram-se crimes comuns militarizados. A nova redação do inciso II militarizou o crime comum. O que fez a Lei nº 13.491/2017 foi, praticamente, acrescentar um Título, que seria o IX, ao Livro I, da Parte Especial – Dos Crimes Militares em Tempo de Paz – e que poderia ser, hipoteticamente, denominado de "Dos **Crimes Militares Mistos** "compreendendo os tipos penais estatuídos na legislação penal comum. Nada mais do que isso.

Como já dito, problemas intrincados surgirão em decorrência dos princípios da ultratividade e da retroatividade da lei mais benéfica. Mais adiante, abordaremos esta faceta da aplicabilidade do direito intertemporal.

b) As circunstâncias do art. 9º, inciso II, alíneas "b", "c", "d" e "e", como condição para caracterização dos crimes previstos na legislação penal comum como militares

Os crimes da legislação penal comum serão considerados crimes militares desde que corporificadas quaisquer das alíneas do inciso II, do art. 9º, do CPM, quais sejam, se o militar das Forças Armadas – e o militar estadual – cometer o fato ***em lugar sob administração militar, quando estiver em serviço ou atuando em razão da função, em comissão de natureza militar ou em formatura, ainda que fora de lugar sob administração, em período de manobras ou exercício.***

WLADIMIR ARAS, em **"As novas competências da Justiça Militar após a Lei nº 13.491/2017"**, capturado em 22/1/2018, no site **https://vladimiraras.blog/.../as-novas-competencias-da-justica-militar-apos-a-lei-13-4912017**, ressalta que ***"Além disso, a nova redação do inciso II do art. 9º do CPM atribuiu à JMU e à Justiça Militar dos***

Estados a competência para julgar crimes, agora considerados 'militares', que estão previstos na legislação comum, como tortura, abuso de autoridade, cibercrimes, associação em organização criminosa, formação de milícia privada etc. É ampliado o conceito de 'crime militar' impróprio ou impropriamente militar ou acidentalmente militar para abranger também infrações penais previstas apenas na legislação penal comum, o que antes não ocorria (...). Esta alteração provocará novos e intensos debates sobre o conceito de crimes militares, sobre a repercussão desse dispositivo nas regras de competência e sobre a separação de processos prevista no art. 79, inciso I, do CPP e no art. 102, alínea 'a' do CPPM".

No artigo *"Lei nº 13.491/2017, o júri que não há mais e o que não haverá: uma análise sobre a mudança da natureza comum para militar de certos crimes dolosos contra a vida"*, capturado em **http://genjuridico.com.br/2017/12/04/lei-13-491-2017-uma--analise-sobre-mudanca-naturezacomum-militar-crimes-dolosos-contra-vida,** acesso em 22/1/2018, **ADRIANO ALVES MARREIROS**, Promotor de Justiça Militar, sustenta que *"Art. 9º Consideram-se crimes militares, em tempo de paz: II – os crimes previstos neste Código e os previstos na legislação penal, quando praticados: Essa é a maior das alterações feitas pela Lei analisada. Ela muda muita coisa, pois antes o inciso se restringia aos 'crimes previstos neste código', exigindo a dupla condição de 1) estar previsto na parte especial do CPM e 2) estar de acordo com as condições do artigo 9º (em tempo de paz), para ser crime militar. Agora, crimes do Código Penal comum e da legislação extravagante podem ser considerados crimes militares em tempo de paz. Mas eis a pergunta que – oh, terrível chavão – não quer calar: como saberemos quais crimes prevalecem, quando previsto o mesmo tipo na parte especial do Código Penal Militar e na legislação comum? Em primeiro lugar, é preciso perceber que o legislador não excluiu 'Os crimes previstos neste código': apenas acrescentou, usando a conjunção coordenativa ADITIVA 'E'. Como aditiva, ela faz adições e não subtrações. Assim,*

apesar do que já ouvimos alguns afirmarem, devemos insistir que: a) não foram revogados todos os crimes não abrangidos pelo inciso I do art. 9ª do CPM, ou melhor, b) regra geral é que permanecem em vigor os crimes do CPM quando também existirem na legislação comum. A exceção será os que já estavam revogados, óbvio, e aqueles que não prevalecerão por uma questão de especialidade".

Assim, os chamados crimes impropriamente militares ou acidentalmente militares – alguns juristas afirmam que não são crimes dessa espécie, como se verá adiante – elencados na legislação penal comum dependerão para sua existência legal do enquadramento de uma das alíneas referidas do inciso II e, por certo, a que mais terá incidência será aquela da alínea "c", isto é, quando o militar praticar uma conduta criminosa em serviço, do contrário não se caracterizará como crime militar. Essas alíneas são elementos dos tipos indiretos dos crimes, complementando-os, ou como acentua **ALEXANDRE SARAIVA** em seu "**CÓDIGO PENAL MILITAR COMENTADO", PARTE GERAL, Editora Método, 2ª edição, 2009, p. 45,** as exigências do art. 9° do CPM aderem ao tipo nos crimes impropriamente militares ou acidentalmente militares e que aos olhos de um profano parecem crimes comuns, mas aos aplicadores do direito, destacam-se como adornos distintivos que lhes transfiguram a natureza. Pode-se assim dizer que as circunstâncias indicadas pelas alíneas dos incisos II e III são satélites dos crimes comuns e, se concretizadas, neles se colam, desabrochando então o crime militar.

Há uma divergência nos doutrinadores pioneiros na abordagem da Lei nº 13.491/2017 com relação aos novos tipos penais militares. Poderiam ser classificados como "**crimes impropriamente militares**"? **CÍCERO ROBSON COIMBRA NEVES** afirma em artigo de sua lavra "**INQUIETAÇÕES NA INVESTIGAÇÃO CRIMINAL MILITAR APÓS A ENTRADA EM VIGOR DA LEI N º13.491, DE 13 DE OUTUBRO DE 2017**", publicado na **Revista DIREITO MILITAR, AMAJME, nº 126, setembro/**

dezembro 2017, p. 23-28, que são *"crimes militares extravagantes"* e que por estarem tipificados fora do CPM devem, segundo a teoria clássica, ser classificados como crimes impropriamente militares, tendo em vista que uma condenação com trânsito em julgado possibilitará a indução à reincidência em outro crime comum que seja cometido pelo autor, antes do curso depurador, nos termos do art. 64, do inciso II, do Código Penal Comum.

CARLOS FREDERICO, no artigo antes citado, sustenta que a inovação legislativa criou uma cláusula de permanente atualização da definição de crime militar impróprio, para fazer incorporar no seu alcance a legislação penal como um todo. Já **JORGE CESAR DE ASSIS** pensa diferente quando argumenta que esses novos delitos não são extravagantes, que significa estranho, excêntrico, em que pese a categoria dos mesmos não estar contida no CPM, a ele se ligando por extensão, quando o fato delituoso for cometido por militar e se adequar à uma das hipóteses do inciso II do referido do art. 9º (**CRIME MILITAR & PROCESSO, p. 37-38**). Como era de se esperar, surgiram vários enfoques divergentes, gerando as primeiras inquietações e angústias. Assim caminha o Direito Militar com mais polêmicas decorrentes de uma nova lei, provocando um verdadeiro tsunami de crimes que o invadiu. Toda nova lei que adentra no campo penal militar arrasta consigo um sem-número de polêmicas.

Não deve ser esquecido que tais circunstâncias corporificadas nas alíneas em foco deverão também estar presentes nas hipóteses de cometimento de crime elencado na legislação penal comum por **militar reformado, militar da reserva ou civil**. Por quê? Porque, como já referido anteriormente, o inciso III, do art. 9º, do CPM, faz expressa remissão às alíneas do inciso II do mesmo artigo, motivo pelo qual não só os crimes militares de idêntica definição no CP Comum, como aqueles definidos de maneira diversa na legislação penal comum e os tipificados somente na legislação penal comum poderão ter como autores o militar reformado, o militar da reserva ou o civil, logicamente observadas as alíneas do inciso III. A Lei nº 13.491/2017, embora tenha alterado somente o inciso II do art. 9º, arrastou o inciso III para a nova competência. Obviamente que este entendimento somente é válido para a JMU, visto que a Justiça Militar Estadual não tem competência para processar e julgar civil por prática de crime militar (CF/88, art. 125, § 4º).

c) Os tipos penais da legislação penal comum que serão considerados crimes militares

De pronto, acentue-se, mais uma vez, que os crimes de idêntica definição no CPM e na legislação penal comum – Código Penal Comum e legislação penal especial – continuam sendo crimes militares, pois a expressão "**os crimes previstos neste código**", inserto na cabeça do inciso II, continua inalterada.

No entanto, a grande novidade e que causou perplexidade na comunidade de juristas que trabalha com o Direito Castrense foi a abrangência da alteração, abraçando um sem-número de delitos incrustrados em toda a legislação penal comum, lançando-os para a seara penal militar, desde que comprovada quaisquer das alíneas do inciso II, do art. 9º, do CPM.

Prosseguindo, como poderíamos definir esses novos tipos de crimes militares empurrados goela abaixo para a Justiça Militar? Alguns juristas já os batizaram. ***Crimes militares por extensão***, ou seja, os crimes existentes na legislação penal comum que, episodicamente, constituem-se crimes militares quando preencherem um dos requisitos do inciso II, do art. 9º, do CPM (**RONALDO ROTH, Os delitos militares por extensão e a nova competência da Justiça Militar – Lei 13.491/17, revista DIREITO MILITAR, AMAJME, nº 126, setembro/dezembro 2017, p. 31)**; ***crime militar por equiparação à legislação penal comum*** (**CARLOS FREDERICO, artigo citado)**; ***crimes militares extravagantes***, por estarem tipificados fora do Código Penal Militar, e que devem, segundo a teoria clássica, conhecer a classificação de crimes impropriamente militares para, por exemplo, diante de uma condenação com trânsito em julgado, possibilitar a indução à reincidência em outro crime comum que seja cometido pelo autor, antes do curso do período depurador, nos termos do inciso II, do art. 64, do Código Penal Comum (**CÍCERO ROBSON COIMBRA NEVES, artigo citado**).

Para não fugir à regra, batizarei esta nova categoria de crime militar como "***crimes militares mistos***", termo esse já utilizado num passado longínquo por **JOÃO VIEIRA DE ARÁUJO**, em 1898, no seu "**DIREITO PENAL DO EXÉRCITO E ARMADA", Laemmert & C, 1898, 1ª edição, p. 73; 76; 78**, ao explicitar que seriam "***factos civis sujeitos às leis militares, que o nosso Código Penal Militar compreende sob as epigraphes – Do falso testemunho e da denúncia falsa – Dos crimes contra a segurança da pessoa e vida – Dos crimes contra a propriedade – Dos crimes contra a ordem econômica e administrativa militar da marinha-além de outras disposições esparsas em vários capítulos***". Também **ESMERALDINO BANDEIRA**, em seu "**DIREITO, JUSTIÇA E PROCESSO PENAL MILITAR**", **Livraria Francisco Alves, 1º vol., 2ª edição, 1919, p. 31,** ao fazer referência aos crimes impropriamente ou acidentalmente militares, diz claramente que "***são infracções de caráter mixto, communs em sua natureza, mas commettidas por soldados ou militares em sua objetividade e praticadas por paisanos***". É claro que os citados autores estão se referindo aos tipos penais de cunho civil, digamos assim, incrustados no Código Penal Militar, mais precisamente aos crimes impropriamente militares. Entretanto, nada muda o caráter misto desses novos crimes militares, situados fora do Código Penal Militar. Todos eles, embutidos ou não no Código Substantivo Castrense, são fatos civis que passam a ser crimes militares. Daí o nosso batismo de "***crimes mistos***", por dentro crime comum, por fora crime militar.

Justamente por isso, como falamos anteriormente, esses novos crimes militares, empurrados para dentro da seara militar, nada mais são que crimes comuns que foram definidos pela nova legislação como de natureza militar. Tiveram uma roupagem militar, corporificada nas alíneas do inciso II, do art. 9º, do CPM, transmudando-se em verdadeiros crimes fardados. Repita-se, por dentro, crime comum, por fora, crime militar. E como não poderia deixar de ser em se tratando de uma nova lei atingindo em cheio o Direito Militar, outra polêmica nasceu em relação à configuração ou não de ***"crime militar eleitoral"***, já que o art. 23, inciso XIV, da Lei nº 4.737/65, o chamado Código Eleitoral, prevê que compete ao Tribunal Superior Eleitoral requisitar força federal necessária ao cumprimento da lei, de suas próprias decisões ou das decisões dos Tribunais Regionais. O questionamento que se faz é se um desses militares das Forças Armadas, exercendo essa função, cometer um crime será processado pela Justiça Militar da União ou pela Justiça Eleitoral.

RENATO BRASILEIRO DE LIMA, em seu **"MANUAL DE PROCESSO PENAL", 2020, p. 450-451**, sempre citado, enxergando tal possibilidade, afirma que pelo fato do inciso II, ***in fine***, do art. 9º, do CPM, utilizar a expressão "**crimes previstos na legislação penal"**, não quer significar que todo e qualquer crime previsto na legislação penal será considerado crime militar, ainda que referida competência seja outorgada à outra Justiça por norma constitucional ou por outra lei ordinária, citando o ilustre jurista expressamente o crime de competência da Justiça Eleitoral (art. 121, CF/88), sendo, assim, no seu pensar, indevido o deslocamento da competência para Justiça Militar, já que a Lei nº 13.491/2017 e o CPM hão de ser tratados como normas gerais em relação à competência, sugerindo a seguinte leitura interpretativa do citado inciso II: "**os crimes previstos neste Código e os previstos na legislação penal, *mas desde que não haja previsão constitucional e/ou legal outorgando referida competência à outra Justiça, quando praticados***".

RODRIGO FOUREAUX, no artigo **"Competência para julgar os crimes militares eleitorais",** disponível em **www.**

observatoriodajustica, acesso em 22.03.2018, o jurista que defendeu, de forma pioneira, esta tese, sustenta, em síntese, no sentido de que deve prevalecer a competência da Justiça Militar, em se tratando de crime militar eleitoral, seja porque não há nenhuma ressalva constitucional, seja porque a competência da Justiça Militar para julgar crimes militares é definida na própria Constituição e a competência da Justiça Eleitoral para julgar os crimes eleitorais está prevista em lei ordinária, recepcionada como lei complementar na parte que trata da competência da Justiça Eleitoral, consoante o art. 35 do Código Eleitoral.

Replicando este pensar, **JORGE CESAR DE ASSIS**, em seu valioso livro denominado "**CRIME MILITAR & PROCESSO – Comentários à Lei nº 13.491/2017, Editora Juruá, 2018, p. 41-42; 47; 111**", acentua, preliminarmente, que realmente não existe uma superioridade de uma sobre a outra Justiça – Eleitoral e Militar – pontuando, entretanto, que a Lei nº 13.491/2017 trouxe para o campo penal militar crimes ***"abarcados na Justiça Comum e nunca de outra Justiça Especializada como a Eleitoral"***, assinalando, por derradeiro, que os bens tutelados das duas Justiças Especializadas são inteiramente diversos, a militar, tutelando os valores que são caros para as instituições armadas-Forças Armadas e Forças Auxiliares – estruturadas que são na disciplina e hierarquia, enquanto, por seu turno, a eleitoral tutela os valores que são caros para o exercício pleno da cidadania, umbilicalmente ligados ao pluralismo político, à nacionalidade e suas distinções, à soberania popular, às condições de elegibilidade, etc., não existindo, dessa maneira, qualquer ofensa às instituições militares como elemento determinante para a caracterização do crime militar, já que o processo e julgamento dos crimes eleitorais foi devidamente excepcionado pela CF/88 que teria dado ênfase à sua especialidade, nos termos das ressalvas feitas nos arts. 96, III, 105, I, "c", "h", 108, I, "a" e 109, I e IV.

Aliás, os dois juristas antes citados, **FOUREAUX** e **ASSIS**, debatem sobre essa hipótese cuja probabilidade de ocorrer é real, qual seja, no caso de dano físico na urna eletrônica provocada por militar em serviço, cada um centrando sua tese na ofensa ao bem jurídico provocado pela conduta do militar em serviço. Pensando em alto e bom som sobre o exemplo em tela: se o militar estiver em serviço – art. 9º, inciso II, letra "c", do CPM – sua conduta ao danificar a urna eletrônica, usada na votação em dia de eleições, caracterizará, em tese, o crime eleitoral estatuído no art. 72, inciso III, da Lei nº 9.504, de 30/9/1997, cuja tutela diz respeito a bem jurídico especificamente eleitoral, mas, ao mesmo tempo, o comportamento do militar em serviço na hipótese focada atingirá também um interesse da instituição militar a qual pertence, sendo inadmissível sua ação delituosa. Afinal de contas, com a sua conduta ofendeu um bem jurídico tutelado pelas Forças Armadas, já que estava em serviço, qual seja, um interesse da instituição militar a ela vinculado. Enfim, graus de ofensividades praticamente iguais. Indaga-se: ***Qual o bem juridicamente tutelado que deverá prevalecer? O bem jurídico eleitoral ou o bem jurídico militar, dispostos no mesmo patamar constitucional como Justiças Especializadas?*** Com certeza, já se descortina no horizonte uma batalha hermenêutica entre os arts. 121 (Justiça Eleitoral) e o 124 (JMU) da CF/88 que só o STF poderá proclamar o vencedor.

Relembre-se: todas as duas Justiças-Militar e Eleitoral – são especiais. Na verdade, não há nada na nossa CF/88 que indique a excepcionalidade dos crimes militares, no tocante à legislação eleitoral. A Justiça Eleitoral, no dizer do diploma maior, é especial em relação às outras Justiças, mas silencia a respeito da militar, abrindo uma grande brecha para discussão. Parece-nos, salvo melhor juízo, duas justiças especiais no mesmo nível constitucional, sem prevalência de nenhuma delas. Está lançada, assim, mais uma polêmica trazida pela novel lei. Mas não é só. ***E se um militar do Exército cometer um crime de homicídio contra um civil no dia das eleições ao tentar a subtração de uma urna eletrônica?*** Na forma da nova redação da Lei nº 13.941/2017 ao art. 9º, § 2º, inciso

III, alínea "d", a competência será da Justiça Militar da União, visto que é sabido que as Forças Armadas são sempre empregadas para garantir a segurança do processo eleitoral como indica o art. 23, inciso XIV, do Código Eleitoral, e, assim, se um militar das Forças Armadas cometer um homicídio doloso contra civil na circunstância relatada será processado e julgado pela JMU. Aqui, ao que tudo indica, a ofensa ao bem jurídico tutelado é o da instituição militar e não o da eleitoral. **ASSIS**, no seu novo livro, antes mencionado, não reluta em afirmar que, estando em missão de proteção do local de votação e das autoridades da Justiça Eleitoral e de seus auxiliares, a competência será da JMU, em face do § 2º, inciso III, alínea "d", do art. 9º, do CPM (**CRIME MILITAR & PROCESSO, p. 123**).

Ensina **CÍCERO NEVES, MANUAL DO CPPM, 2018, p. 555**, que focar a análise no bem jurídico aviltado pela conduta constitui não só ferramenta hábil para identificar o crime militar, mas também, à evidência, ferramenta mui importante de definição da competência, geralmente em favor da jurisdição ordinária. E mais adiante, pontua o ilustre jurista (**op. cit., p. 557-558**), que, em relação aos crimes extravagantes – para nós, crimes mistos – ou seja, aqueles que estão fora do CPM, mas que se configuram como crimes militares por terem sido praticados em uma das hipóteses do inciso II, do art. 9º, do CPM, realidade trazida pela Lei nº 13.491/2017, a construção sobre o bem jurídico deve ser a mesma dos casos dos crimes existentes no CPM e na legislação penal comum, entenda-se qualquer que seja o bem jurídico evidentemente protegido pela norma penal comum, ao ingressar nos universos dos crimes militares, sempre haverá a tutela da regularidade das instituições militares, caracterizando uma duplicidade na proteção de bens jurídicos.

Certo é, entretanto, que teremos mais discussões nos tribunais se a competência será da Justiça Militar da União ou da Justiça Eleitoral. E assim, mais um debate se instalará, sobre a possibilidade de instalação de um Tribunal do Júri no âmbito da Justiça Eleitoral ou mesmo da JMU. Mais uma polêmica que se avizinha no horizonte do Direito Militar. Havendo quem defenda que o correto seria a aplicação do art. 3º, alínea "a", do CPPM, e ser utilizado o rito do Júri do CPP Comum nos seus arts. 406 a 497, sendo que na Justiça Militar da União a primeira fase seria perante o Conselho de Justiça (**JOSÉ OSMAR COELHO, CRIME DOLOSO CONTRA A VIDA DE CIVIL, "QUESTÕES CONTROVERTIDAS E SOLUÇÕES QUANTO AO PARÁGRAFO 1º DO ARTIGO 9º, PÓS LEI Nº 13.491/17", www.jus.com.br/artigos/7022, acesso em 30/4/2019**).

No tocante à viabilidade de instalação de um Tribunal do Júri na área eleitoral, de acordo com os ensinamentos de **SUZANA DE CAMARGO GOMES, in "CRIMES ELEITORAIS", 3ª edição, Editora Revista dos Tribunais, 2008, p. 65-66**, em se tratando de conexão de crimes eleitorais e crimes dolosos contra a vida, não há que se cogitar nem mesmo a hipótese da criação de um Tribunal do Júri de natureza eleitoral, posto que não previsto na lei que define a organização dessa instituição, nem tampouco na legislação eleitoral e muito menos que possa o juiz eleitoral realizar a condução e a presidência do processo afeto ao tribunal popular, pois, se assim fosse, estaria sendo desrespeitado o art. 5º, XXXVIII, da CF/88, que determina tenha a instituição do júri a organização que a lei lhe conferir, devendo o julgamento de crimes eleitorais e dolosos contra a vida ser realizado pela Justiça Eleitoral, a menos que caracterizada, em termos constitucionais, a competência funcional de outros órgãos jurisdicionais. Em conclusão, o que a ilustre jurista entende é que, havendo conexão de crimes eleitorais com crimes dolosos contra a vida, a competência será da Justiça Eleitoral, face ser a prevalente, na forma do art. 35, inciso II, do Código Eleitoral, que dispõe que o julgamento dos crimes eleitorais e comuns que lhes forem conexos caberá a essa Justiça Especializada, afastada a competência do Tribunal Popular.

Na seara da JMU, já há uma manifestação favorável, embora em voto de vista vencido, da lavra do **Min. JOSÉ BARROSO FILHO**, no sentido dessa possibilidade, atendendo-se ao disposto nos arts. 406 a 497, do CPP Comum, c/c art. 3°, alínea "a", do CPPM, a ser instituído no âmbito da Justiça Militar da União, por força do disposto no art. 5°, inciso XXXVIII, c/c o art. 124, ambos da CF/88 (**RECURSO EM SENTIDO ESTRITO 144-54.2014.7.01.0101/RJ, Rel. Min. JOSÉ COELHO FERREIRA, j. em 9/6/2016**). Ressalte-se que aderiram ao voto vencido os Ministros **MARIA ELIZABETH GUIMARÃES TEIXEIRA ROCHA** e **ODILSON SAMPAIO BENZI.**

Dessa forma, na esteira do já comentado, inúmeros delitos comuns passarão a ser crimes militares, como, por exemplo, tortura, disparo de arma de fogo, abuso de autoridade (Lei n° 13.869/2019), homicídio culposo ou lesões corporais culposas na direção de veículo automotor, previstos no Código de Trânsito Brasileiro, aborto, infanticídio etc., enfim vários tipos comuns ficarão sob a competência das Justiças Militares da União e dos Estados. Realmente, o legislador caprichou na obra.

Achamos, entretanto, que essa inovação legislativa determinou que toda conduta delituosa que viole os **bens, interesses e serviços das instituições militares**, quaisquer que sejam os agentes, militar ou civil, no caso das Forças Armadas e os da Polícia Militar e do Corpo de Bombeiros, somente o militar da ativa, constituirá crime militar. Resta saber o que seja "***bens, interesses e serviços***". Esta trilogia, sem dúvida, é o pano de fundo do art. 9° do CPM.

d) O DNA da Lei n° 13.491/2017

Norma de conteúdo processual ou material? Ou as duas concomitantemente? Esta é mais uma polêmica que se instaurou na doutrina.

JORGE CESAR DE ASSIS, no artigo antes citado, é de opinião que a lei em exame possui simultaneamente caráter processual e penal: **penal**, quando amplia o leque dos crimes militares, abarcando igualmente os delitos da legislação penal comum quando praticados em condições que o próprio CPM estabelece e **processual** sob dois aspectos, sendo o primeiro, ao prever, no Código Penal Castrense, que os crimes militares praticados contra a vida de civil por militares seriam da competência do Tribunal do Júri e, o segundo, porque em decorrência da nova classificação do crime anteriormente comum para militar, havendo o consequente deslocamento de sua competência para a Justiça Militar, pois será lá que o processo e julgamento deverão ocorrer, podendo-se assim defini-la como uma lei mista, híbrida.

Para **FERNANDO GALVÃO,** no artigo denominado **"Natureza material do dispositivo que amplia o conceito militar e o deslocamento dos inquéritos e processos em curso na Justiça Comum para a Justiça Militar",** disponível no site **www.observatoriodajusticamilitar,** acesso em 10.04.2018, a norma alterada pela Lei nº 13.491/2017 é de natureza material que, sequencialmente produz efeitos secundários de cunho processual, dependendo este efeito da concretização do aspecto material da norma, qual seja, a caracterização do crime militar, especialmente, no que concerne ao momento da conduta praticada antes da entrada em vigor da nova lei, o que poderá acarretar a incidência do princípio da retroatividade da lei penal mais benéfica (art. 2º, § 1º, CPM), na hipótese de prática de crime comum que será transformado em militar, devendo ser consideradas as duas leis, anterior e posterior, separadamente, para se apurar qual a mais favorável ao infrator, tudo nos termos do art. 2º, § 1º, do Código Substantivo Castrense.

RONALDO ROTH, no artigo antes referido, enfatiza que a lei tem dupla natureza jurídica, pois, de um lado trata de aspecto penal ao ampliar o rol de crimes militares com os tipos penais da lei penal comum (crimes militares por extensão) e, de outro lado, cuida de aspecto processual ao conferir à JMU a competência para conhecer de crimes dolosos contra civil, bem como ampliando a competência da JMU e da JME para conhecer os ditos crimes militares por extensão, operando-se então o que a doutrina denomina o fenômeno da heterotopia que ocorreria quando embora o conteúdo da norma confira-lhe uma determinada natureza, encontra-se ela veiculada em diploma de natureza distinta.

RENATO BRASILEIRO DE LIMA, 2020, op. cit., p. 453, é de opinião que a Lei nº 13.491/2017 é uma norma de caráter heterotópica, isto é, apesar de seu conteúdo conferir-lhe uma determinada natureza, encontra-se ela prevista em diploma de natureza distinta, e que, no caso, a novel lei deve ter aplicação imediata aos processos em andamento, salvo se já houver sentença relativa ao mérito, hipótese em que o processo deve seguir na jurisdição em que ela foi prolatada, ressalvada a hipótese de supressão do tribunal que deveria julgar o recurso, tudo nos termos do art. 43 do CPC, subsidiariamente aplicável ao processo penal militar.

No **RE 260.404/MG, Rel. Min. MOREIRA ALVES, DJU 21/11/2003**, decisão essa já mencionada anteriormente ao abordarmos a Lei nº 9.299/96, o **PLENO** do **STF** proclamou que esta lei possui natureza material e processual, aquela consubstanciada no conteúdo militar dos crimes dolosos contra a vida de civil, remetendo o seu julgamento à Justiça Comum, em plena sintonia com a norma constitucional.

Em nosso pensar, a Lei nº 13.491/2017 fixa a competência da JMU nos crimes militares dolosos contra a vida de civil – natureza processual – e cria novos injustos militares ao estabelecer que os tipos da legislação penal comum para serem considerados como tais, deverão ter como agregados as hipóteses das alíneas do inciso II, do art. 9º, do CPM-natureza penal. São aqueles crimes que chamamos de **mistos**, isto é, crimes comuns de natureza militar. Por fora crimes militares, mas por dentro crimes comuns. São crimes comuns fardados nos termos das alíneas do inciso II, do art. 9º, do CPM. Enfim, a Lei nº 13.491/2017 realmente apresenta em seu bojo aspectos de natureza processual e penal. Embora importantes, o que interessa diz respeito a sua aplicabilidade e as consequências que dela derivam.

e) Os efeitos penais e processuais da aplicabilidade da Lei nº 13.491/2017

Quando uma lei é sancionada e publicada pelo Poder Executivo, ela começará a gerar os seus efeitos no dia por ela indicado ou no prazo de 45 dias após a publicação, conforme estabelece o art. 1º da Lei de Introdução às Normas do Direito Brasileiro (DL nº 4.657, de 4/9/1942), passando, assim, a reger os fatos que surgiram durante a sua vigência, representada no princípio ***TEMPUS REGIT ACTUM***. Entre a sua vigência e a sua revogação situa-se a sua eficácia, não alcançando os fatos ocorridos antes ou depois dos limites temporais, isto é, não retroage e nem tem ultratividade. É justamente o princípio antes mencionado que pontua, qual seja, a aplicação da lei vigente à época do fato.

Poderá ocorrer, entretanto, que um crime que teve seu início sob a vigência de uma lei tenha sua consumação concretizada sob a de outra, devendo a sentença condenatória ser lançada quando outra estiver vigente que comine pena mais severa ou benéfica no que concerne à primeira. Dois princípios fundamentais regem os conflitos de direito intertemporal: ***1) o da irretroatividade da lei mais severa; 2) o da retroatividade da lei mais benéfica, podendo-se simplificar e reduzi-los a um só: o da retroatividade da lei mais benigna.*** No entanto, uma lei pode ser aplicada inobstante tenha cessada sua vigência. Basta que seja mais benéfica em relação a uma lei posterior, o que se dá o nome de ***ultratividade***, qual seja, a lei tem eficácia mesmo depois do término da sua vigência. Pode-se dizer, assim, que a lei mais benéfica (***lex mitior***) prevalece sobre a mais severa, tendo sua vigência além da sua revogação ou retroagindo ao tempo em que não vigia. Ela é ***ultrativa*** e ***retroativa***, isto é, ela possui ***extra-atividade***. Já a lei mais severa (***lex gravior***) é ***irretroativa***, não possuindo eficácia além do momento da sua revogação. Não **retroage** e nem é ***ultrativa***. Pura aplicação do princípio da não ***extra-atividade*** da ***lex gravior***.

O § 1º, do art. 2º, do CPM, segue, como não poderia deixar de ser, o petrificado no art. 5º, inciso XL, da CF/88: ***"a lei penal não retroagirá, salvo para beneficiar o réu"***. Em outras palavras, a lei mais benigna favorecerá o réu em qualquer situação, seja durante o processo, seja durante a execução da pena, sem se deter mesmo diante de sentença condenatória irrecorrível. Veja-se a força desse princípio de um Estado Democrático de Direito. Nem a sentença condenatória irrecorrível escapará desse poder demolidor a que todo cidadão tem direito: a lei nova que, de qualquer forma, o beneficie atingirá em cheio aquilo que contra ele o Estado decidiu.

Feito este introito doutrinário, resta saber quais são as hipóteses que poderão surgir com o advento da Lei nº 13.491/2017. Quatro hipóteses, a nosso ver, poderão se concretizar no caso de sucessão de leis penais no tempo:

1ª) ***A nova lei incrimina fato que a lei anterior tratava como lícito (novatio legis incriminadora):*** só poderá ter validade para os fatos praticados a partir de sua entrada em vigor. A lei penal nova que incrimina novos fatos não alcança fatos anteriores, não retroagindo.

2ª) ***A nova lei deixa de considerar ilícito fato incriminado pela lei anterior (abolitio criminis)***: se a nova lei não considera mais ilícito determinado comportamento humano, não há como sancionar tal conduta, mesmo que praticada antes da vigência da novel lei. Em outras palavras, a nova lei que desincrimina fatos anteriores, retroage apagando aquele fato criminoso.

3ª) ***A nova lei, mantendo a ilicitude do fato, de qualquer forma, agrava a situação do agente (novatio legis in pejus):*** a lei nova agrava a situação do agente e obviamente não retroagirá, pois o indivíduo adquire o direito de não receber tratamento mais grave ou oneroso do que o estabelecido pela lei vigente à época do fato.

4ª) ***A lei nova, sem apagar o caráter ilícito do fato, de qualquer forma, beneficia o agente (novatio legis in mellius)***: é o estabelecido no § 1º, do art. 2º, do CPM, qual seja, a retroatividade da lei posterior justifica-se pelos benefícios que propicia ao indivíduo, ainda que irrecorrivelmente condenado, isto é, a lei posterior que, de qualquer forma, beneficia o agente, retroage.

Todas as situações antes elencadas podem se resumir nas duas regras seguintes: a lei penal-lei nova – de qualquer forma, mais severa não retroage em caso algum. A lei nova, suprimindo ou atenuando a pena, ou a que, embora não eliminando nem tornando mais branda a punição, beneficiará de qualquer outro modo o agente, retroagindo para alcançar todos os fatos anteriores, mesmo os definitivamente julgados.

Caberá, então, ao juiz examinar qual das leis em conflito é realmente mais benigna e, por conseguinte, aplicá-la conforme estatui o § 2º, do art. 2º, do CPM, ao definir qual a mais favorável, devendo as leis posterior e anterior ser consideradas separadamente, cada uma no conjunto de suas normas aplicáveis ao fato. Este § 2º, do art. 2º, do CPM, diversamente do CP Comum, veda expressamente a combinação de leis para extrair pelo seu arcabouço individual, qual a mais favorável ao réu. É um tema polêmico como ressalta **GUILHERME NUCCI, CPM COMENTADO, Editora Forense, 2ª edição, 2014, p. 15**, elencando juristas renomados que defendem as duas teses a respeito da possibilidade ou não de combinação de leis. No STF, não se admite tal combinação, já que o § 2º, do art. 2º, do CPM, serve de norte interpretativo para o aplicador do ordenamento penal como um todo (**HC 95.495/MG, PRIMEIRA TURMA, Rel. MIN. LUIZ FUX, j. 21/05/2013**). Enfim, a doutrina majoritária veda esta mesclagem de leis para favorecer o réu.

Tendo em vista o que foi dito antes, basta agora cotejar a lei nova – Lei nº 13.491/2017 – com o CPM, com o CP Comum e com a legislação penal especial para visualizar o dispositivo legal aplicável. Nada mais, nada menos que enquadrar as hipóteses descritas anteriormente nesta sucessão de leis.

FERNANDO GALVÃO entende no artigo anteriormente mencionado, que ***"diante do concurso aparente de normas incriminadoras, perante o qual se pretenda apurar qual das disposições é mais favorável ao indiciado/réu, pode-se observar as seguintes premissas: 1) atendidas as condições especificadas nas alíneas do inciso II do art. 9º do CPM, o concurso se estabelece entre tipos definidores de crimes militares (não se trata de concurso entre crime comum e crime militar); 2) os crimes previstos de maneira idêntica no CPM e na legislação penal comum com idêntica pena, não sofrem qualquer inovação e permanece a previsão do CPM; 3) os novos crimes militares revogam os antigos crimes militares com os quais são incompatíveis; 4) para os processos em andamento, somente haverá retroatividade quando a nova previsão for mais benéfica".***

CARLOS FREDERICO DE OLIVEIRA PEREIRA assevera no seu artigo muito bem elaborado e já citado por inúmeras vezes por seu pioneirismo quando do advento da Lei nº 13.491/2017, que ***"ao trazer para o âmbito do CPM os crimes comuns quando a situação fática se enquadrar na norma de extensão do artigo 9º, II, do CPM, com a Lei nº 13.491/17 aconteceram as seguintes situações: foram introduzidos novos tipos, ou nada se inovou frente a tipos com redação idêntica na legislação militar, ou ainda tornou mais grave a resposta penal para crimes do CPM com definição***

idêntica aos previstos na lei penal comum, ou mesmo atenuou-se a resposta penal para essa hipótese. Em cada situação dessa vislumbra-se reflexos de sucessão de leis no tempo e aplicação imediata da competência castrense."

As situações que porventura poderão surgir como consequência do advento da Lei nº 13.491/2017 nada mais são que a pura aplicabilidade dos princípios da ultratividade ou da retroatividade da lei mais benéfica. Mas qual o marco legal para verificarmos esta aplicabilidade? Logicamente que em virtude de estarmos diante de uma sucessão de leis, há que se observar: ***a) a data da vigência da Lei nº 13 491/2017; b) a data da vigência do CP Comum; c) as datas das alterações das leis especiais.***

Como dissemos anteriormente, cada hipótese deverá ser examinada detidamente pelo magistrado para se chegar a uma solução que não fira os direitos do autor do fato criminoso.

CARLOS FREDERICO expôs com maestria todas as implicações da Lei nº 13.491/2017, levando em consideração a comparação dos crimes militares com aqueles previstos na legislação penal comum conforme reproduzimos no quadro abaixo.

COMPARAÇÃO ENTRE O CPM E OS CRIMES COMUNS	TIPO DE CRIME	SOLUÇÃO JURÍDICA
1) Crimes comuns inexistentes no CPM	Crime de assédio sexual que um autor militar ou civil esteja respondendo na Justiça Comum, enquadrado nas alíneas do inciso II do art. 9º do CPM	O magistrado da Justiça Comum deverá declinar da sua competência para a Justiça Castrense

2) Crimes de definição idêntica no CPM e na legislação penal comum	Crime de calúnia cometido por militar da ativa, art. 214, CPM, de 1969, e art. 138, do CP Comum, de 1941, sem ter sofrido qualquer alteração	Prevalência do art. 214 do CPM, que é de 1969 OBS.: o novo tipo penal, introduzido como crime militar pela Lei nº 13.491/2017, nos crimes contra a honra, já que não previsto no CPM: injúria praticada com utilização de elementos referentes à raça, cor, etnia, religião, origem ou à condição de pessoa idosa portadora de deficiência (art. 140, § 3º, CP Comum). Inexistente a *novatio legis* no caso de introdução de novos tipos penais comuns, deve-se verificar a data da entrada em vigor do CPM, do CP Comum e de suas alterações ou da vigência de leis penais especiais. Portanto, houve novo tipo penal após 1969 e será crime militar a partir da vigência da Lei nº 13.491/2017.
3) Crimes de definição idêntica no CPM e na legislação penal comum, mas com penas mais graves	tipo penal comum mais grave (*Lex gravior*) do que a do seu correlato no CPM	Não poderá retroagir para alcançar aquele tipo penal castrense cuja pena é mais leve do que a do seu correlato na legislação penal comum

Correto, corretíssimo **CARLOS FREDERICO**, igualmente no artigo referido, ao esclarecer que existindo alteração da pena, ou, de qualquer forma, modificar a resposta penal, tornando o tipo mais grave ou não após 1969, deve-se então recorrer-se aos princípios da ultratividade ou retroatividade da lei mais benéfica, seja do tipo previsto no CPM ou da legislação penal comum, embora as hipóteses todas de modificação observadas sejam da lei penal comum. E continua o articulista ao alegar que, havendo alteração do preceito incriminador, fatalmente haverá revogação do tipo semelhante no CPM, devendo, mais uma vez, a situação ser vista dentro do quadro de retroatividade ou ultratividade da lei mais benéfica em relação aos fatos que possam sofrer a influência dos dois sistemas legislativos penais.

Em suma, o que definirá, por exemplo, com relação à existência da lei mais grave, oriunda da legislação penal comum, será a data da vigência da Lei nº 13.491/2017 ou a data da vigência do CPM de 1969 e a do CP Comum de 1941 e suas possíveis alterações, nos exatos termos do § 1º, do art. 2º, da Lei de Introdução às Normas do Direito Brasileiro (DL nº 4.657, de 4/9/1942) que dispõe que uma lei posterior revoga a anterior quando expressamente o declare, quando com ela incompatível ou quando regule inteiramente a matéria de que tratava a lei anterior.

Ora, a inclusão no elenco penal militar de novos tipos da legislação penal comum poderá se concretizar de forma idêntica aos tipos penais militares ou por mudança total nos elementos dos tipos em relação aos do Código Castrense. Os tipos penais militares de 1969, os tipos penais comuns de 1941 e suas possíveis alterações, introduzidos no rol dos crimes militares, são aqueles que deverão ser analisados para a aplicabilidade dos princípios da ultratividade da lei mais benéfica ou da retroatividade.

Vejamos ainda o que comenta **CARLOS FREDERICO** no caso em tela: ***"A aplicação da lex gravior originária da legislação penal comum para crimes com definição idêntica ao CPM pode suscitar dois marcos temporais: ou a partir da vigência da Lei nº 13.491/17, ou a data da vigência da alteração que agravou a situação do agente do delito. No caso dos crimes sexuais, no segundo entendimento, seria a partir da vigência da Lei nº 12.015, de 7 de agosto de 2009. Parece mais lógico considerar-se como marco temporal de incidência do sistema mais grave partir da vigência da Lei nº 13.491/17, muito embora não se tenha descontinuidade típica, além da clara carga processual que possui o artigo 9º do CPM. Nesses***

casos, o processo sofrerá declinação de competência, mas, eventualmente, estando o réu sendo processado por crime mais grave acontecido durante a vigência do tipo correspondente no CPM, a declinação de competência implicará em prevalência da lei mais benéfica. É que os dois sistemas vigiam simultaneamente em relação aos crimes com definição idêntica antes da edição da Lei nº 13.491/17".

Outro aspecto importante a respeito desse tema relaciona-se àqueles processos em andamento na Justiça Comum por crimes comuns cometidos por militares, não tipificados no CPM e que se transformaram em crimes militares devido à incidência das alíneas do inciso II, do art. 9º do citado diploma legal castrense. São tipos penais que trazem consigo determinados institutos punitivos detalhados na legislação penal comum. Por exemplo, o crime de abuso de autoridade, que era previsto na revogada Lei nº 4.898/65, através do seu art. 6º, sujeitava o seu autor à sanção administrativa, civil e penal, sendo que a sanção penal previa multa, detenção de dez dias a seis meses, perda de cargo e inabilitação para o exercício de qualquer função pública pelo prazo de até três anos. Indagava-se: **todo este arsenal de sanções seria aplicado pela Justiça Militar, seja ela Federal, seja ela Estadual?** Era uma dúvida que existia entre os doutrinadores.

Para aplicação da *lex mitior* pelo Juiz de Direito do Juízo Militar ou pelos Conselhos de Justiça, fazendo jus o agente aos benefícios a que teria direito, ou melhor, o princípio da irretroatividade da lei penal mais gravosa estaria sendo cumprido rigorosamente. Confira-se o que decidiu o **STJ** através do **CC 161.898/MG, Rel. Ministro SEBASTIÃO REIS JUNIOR, j. 13/02/2019,** DJe de 20/2/2019, onde se estabeleceu que é possível a aplicação imediata da Lei nº 13.491/2017, que ampliou a competência da Justiça Militar, possuindo conteúdo híbrido (lei processual material) aos fatos perpetrados antes do seu advento mediante observância da legislação penal (seja ela militar ou comum)mais benéfica ao tempo do crime (**RENATO BRASILEIRO DE LIMA, 2020, p. 454, nota de rodapé 100).**

O arrastão dos novos crimes da legislação penal comum para o seio do CPM, provocado pela Lei nº 13.491/2017 – art. 9º, II, CPM – sem dúvida nenhuma trouxe complicações para a aplicabilidade ou não das normas da sua Parte Geral com consequências importantes.

O DNA da Lei nº 13.491/2017, no entendimento da maioria dos juristas, tem natureza híbrida, dúplice, isto é, uma faceta penal e outra processual penal, naquela, ampliando, de forma considerável, o elenco de crimes militares, importando tipos penais previstos na legislação penal comum e, nesta, fixando a competência absoluta da Justiça Militar, fazendo com que os feitos tramitando na Justiça Comum sejam deslocados de forma imediata, salvo se já houver sentença de mérito, hipótese em que caberá ao Tribunal da jurisdição em que foi prolatada decidir o recurso.

Diga-se que não há que se falar em ***perpetuatio jurisdictionis,*** vez que a competência da Justiça Militar é absoluta e não relativa. A CF/88 é muito clara a respeito.

Este deslocamento imediato dos processos em tramitação na Justiça Comum, cujos crimes foram transformados em crimes militares, já é matéria pacificada nos tribunais (**consulte-se STJ Resp. 1.675.636/RJ, Min. RIBEIRO DANTAS, j. em 20/3/2019; Resp. 1.659.937/RJ, Rel. Min. RIBEIRO DANTAS, j. em 20/3/2018**).

Chegamos, então, ao ponto crucial da questão. Nos crimes cometidos anteriormente à Lei nº 13.491/2017, e agora entramos no campo penal, há que se aplicar o art. 5º, inciso XI, do Diploma Constitucional, determinando que a lei mais benéfica retroaja quando for para beneficiar o réu, regra repetida no art. 2º, parágrafo único, do CP, e no art. 2º, § 1º, do CPM, como também a lei mais benéfica goza de ultratividade, aplicando-se aos fatos ocorridos na sua vigência. Já falamos sobre o tema anteriormente.

Aqui, já enxergamos problemas sérios de confronto entre as normas do CPM e as normas da legislação penal comum, isto é, se uma exclui a outra, ou mesmo se ambas devem prevalecer.

Resta acentuar que a indagação que se faz é relativa aos casos em andamento, sejam inquéritos policiais, sejam processos, quando do advento da nova lei nova. Devem ser transferidos, de imediato, para a Justiça Militar e, em caso negativo, qual a norma que seria aplicável, tendo em vista os problemas de direito intertemporal antes referidos?

Na esteira do excelente artigo da juíza federal da JMU **MARIANA QUEIROZ AQUINO CAMPOS**, denominado **"A LEI Nº 13.491/2017: INOVAÇÕES E DESAFIOS"**, publicado na **Revista do STM, vol. 28, nº 1, julho/dezembro 2018, p. 77-87,** existem três posições doutrinárias, citando **LUIZ EDUARDO SANTOS CABETTE, in "*Crimes militares e a Lei nº 13.491/17 em relação ao direito intertemporal.* Disponível em: https://eduardocabette.jusbrasil.com.br/artigos/527509737/crimes-militares-e-a-lei–13491-17-em-relacao-ao-direito-intertemporal",** ***a saber: "a) divisão da norma em duas partes – Aplica-se a parte processual de imediato, e a parte penal somente pode ser aplicada aos crimes cometidos após a entrada da lei em vigor. Haveria a alteração da competência e, na Justiça Castrense, seria aplicada a norma penal mais benéfica, de acordo com o Código Penal Militar e a Legislação Penal em geral (posição defendida por Renato Brasileiro, embora com a argumentação de que haveria uma norma heterotópica e não mista ou híbrida, e Ronaldo Roth); b) Aplicação por inteiro da norma – A norma não pode ser cindida. Deveria ser aplicada por inteiro a todos os casos, anteriores e posteriores, pois que no cômputo geral a alteração de competência seria mais benéfica; c) A norma não pode ser dividida, mas também não pode ser aplicada aos casos anteriores à sua vigência sempre que contiver matéria penal prejudicial que deva prevalecer quanto à aplicação da norma no tempo (posição de Fernando Galvão e Cabette)".***

No artigo denominado **"A LEI Nº 13.491/2017 E SUA INFLUÊNCIA NA PARTE GERAL DO CPM E NAS PENAS"**, da lavra do Juiz Federal da JMU **LUIZ OCTÁVIO RABELO NETO,** publicado na **Revista do STM, vol. 27, nº 2. janeiro/2018 a junho/2018, p. 35-57**, de leitura obrigatória, o seu autor sustenta que *"embora indesejável e vedado legalmente (art. 2º, § 2º, CPM), haverá casos transitórios em que serão aplicáveis, por imposição constitucional, as normas do CPM e, concomitantemente, normas penais favoráveis ao acusado constantes na legislação comum, sendo a única forma de atender à Constituição no que tange à competência absoluta da JM para julgar o caso e, ao mesmo tempo, não prejudicar o acusado com a aplicação de uma norma superveniente mais gravosa existente na legislação castrense e, para fatos posteriores a 16/10/2017, vale o que consta na Parte Geral do CPM, porque é lei especial, não importando que seja lei mais gravosa ou mais benéfica, ressalvada a existência de norma geral prevista em lei penal extravagante".*

Em suma, conclui **RABELO NETO** que *"sempre repensando a garantia constitucional da irretroatividade da lei penal quando a Lei nº 13.491/2017 for mais gravosa, ficou assentado que a JM passou a ser competente para apreciar os fatos enquadrados como crimes militares extravagantes, ainda quando cometidos em data anterior à vigência da lei. Ademais, com a citada lei, novas normas gerais (previstas em leis especiais) foram incorporadas ao direito militar e, quando essas leis especiais forem omissas, aplicam-se aos crimes militares extravagantes as normas da Parte Geral do CPM. A Lei nº 13.491/2017 também repercutiu nas penas classicamente impostas pela Justiça Militar, uma vez que implicou na possibilidade de aplicação da pena de multa e penas restritivas de direitos, desde que previstas no preceito secundário da norma penal incriminadora, bem como quando a lei penal especial regulamente a possibilidade de substituição de pena privativa de liberdade por pena restritiva de direito".*

ADRIANO ALVES-MARREIROS, Promotor da Justiça Militar da União, em artigo denominado "**CÓDIGO PENAL MILITAR: PERGUNTAS E RESPOSTAS SOBRE A MUDANÇA**

QUE OCORREU – TRATANDO AGORA DO *CAPUT* DO INCISO II E SUAS CONSEQUÊNCIAS. LEI Nº 13.491/2017(O VELHO TRUQUE DAS PERGUNTAS E RESPOSTAS PARA COMENTAR UMA NOVA LEI)", publicado em **www.observatoriodajustiçamilitar.com,** em 13/11/2017, ensina que *"O conceito de crime militar é um assunto de direito material. Natureza de crime militar não deve ser confundida com competência. No entanto, como regra geral, ser crime militar implica ser julgado por uma justiça militar (31). Assim, acaba tendo, quase sempre, consequência processual. Por tal motivo a questão da aplicação da Lei nº 13.491/2017, aos crimes anteriores à sua vigência, isto é, a consequência, deve ser analisada de forma híbrida: 1. Deve prevalecer, obviamente, o princípio penal de que a lei não pode retroagir para prejudicar e 2. O princípio processual do* **tempus regit actum** *deve ser mitigado de forma a que institutos processuais que prejudiquem o réu ou indiciado não possam prevalecer (vejam, por exemplo, que o artigo 90-A da Lei nº 9.099 veda a aplicação desta já justiça militar, o que pode prejudicar, já que é uma norma processual que acaba tendo consequência penal). A mudança é de direito material (penal), pode ter, em regra, consequência processual, e essa consequência processual pode afetar mais uma vez o aspecto penal (a exemplo do 90-A da Lei nº 9.099). Caso se analise aquele caso e se vislumbre que a mudança para a Justiça Militar poderia causar prejuízo de qualquer espécie que seja: vedação de aplicação dos institutos da Lei nº 9.099, incompatibilidade da substituição por multa ou por uma pena restritiva de direitos, o crime ser de ação penal privada e outras incompatíveis com o Direito penal Militar ou com o Processo Penal Militar e, assim, incompatíveis com as próprias justiças militares, entendemos que o adequado seria manter o caso – na fase que estiver, inclusive pré-processual – na própria justiça comum (não militar): porque, além dessa incompatibilidade que mostramos, até mesmo a mudança de uma Justiça para outra, tempo de tramitação, falta de estrutura, de recursos ou de agilidade das justiças militares para lidar com*

esses institutos incompatíveis e até as possíveis idas e vindas constituiriam prejuízo para o réu, ferindo a duração razoável do processo, o Princípio da Eficiência, e causariam grande insegurança jurídica. Não se alegue que uma possível prescrição decorrente dessa demora causada poderia ser alegada como um argumento pró-réu (ou indiciado) porque não pode a Lei e o operador ético do Direito terem por objetivo a extinção da punibilidade, a não resolução do mérito: seria indigno deles, seria um objetivo contrário à Justiça, ao Direito e à Sociedade. Assim, nesses casos, deve ser aplicada a lei comum na justiça comum competente. Nos casos em que a diferença for apenas o quantum de uma pena compatível com a Justiça Militar, ou quiçá algum instituto que beneficie o réu/indiciado e não seja incompatível com a Justiça Militar, entendemos que a mudança de natureza do crime, de comum para militar, vai determinar de imediato – **tempus regit actum** ***– também a mudança de competência para a justiça militar competente, se não existir foro por prerrogativa, obviamente".***

RENATO BRASILEIRO DE LIMA, op. cit., 2020, p. 454, ao sustentar que, se um crime praticado por um militar em serviço previsto na legislação penal, outrora considerado crime comum, estava em tramitação perante a Justiça Comum (Estadual ou Federal), a entrada em vigor da Lei nº 13.491/2017 deverá provocar a imediata remessa do feito à Justiça Militar da União (ou da Estadual), sem prejuízo da observância do princípio da irretroatividade da *lex gravior* (ou ultratividade da lei penal mais benéfica), citando como exemplo, o crime de abuso de autoridade da revogada Lei nº 4.898/65 – que tinha pena privativa de liberdade de seis meses (art. 6º, § 3º, "b"), e que antes do advento da Lei nº 13.491/2017 o regime seria de menor potencial ofensivo, o que faria com que o autor gozasse de inúmeros benefícios da Lei nº 9.099/95 (transação penal, suspensão condicional do processo, etc.), substituição da pena privativa de liberdade por restritiva de direitos na eventualidade de uma condenação, etc., e agora, no pensar do jurista em foco, com a transformação em crime militar, o tratamento dispensado pelo Direito Castrense lhe é bem mais gravoso, chegando à conclusão que, em face da inaplicabilidade da Lei dos Juizados aos crimes militares (Lei nº 9.099/95, art. 90-A), tendo em vista a obrigatoriedade de aplicação da ***lex mitior*** pelo magistrado militar (juiz singular militar e Conselhos de Justiça), o mais acertado seria que o agente fosse julgado pela Justiça Militar, fazendo jus a todos os benefícios do direito material antes mencionados, respeitando-se, assim, o princípio da irretroatividade da lei penal mais gravosa. Repita-se: hoje a Lei nº 4.898/65 foi expressamente revogada pela Lei nº 13.869/2019.

Para **JORGE CESAR DE ASSIS, op. cit., p. 60-62**, torna-se extremamente difícil ignorar institutos específicos da lei penal comum em relação à lei penal militar, ou da lei processual penal comum para o processo castrense, aplicando uma menos-valia para aquilo que não for originariamente castrense, acentuando ainda que a própria natureza castiça, que sempre se deu ao princípio da especialidade do Direito Militar, restou mitigada pela criação dessa nova espécie de crime militar por extensão, devendo ser adotado o entendimento simplista que a expressão "lei especial" do art. 12 do CP Comum se refere ao Direito Penal Comum, como, por exemplo, as leis sobre abuso de autoridade, tortura, etc., não se dirigindo, em princípio, ao Direito Penal Militar, que é um ramo do direito especial por excelência, embora princípios do Direito Penal Comum possam ser aplicados no campo penal militar, ainda que sem lacuna na norma, por uma questão de política criminal (crime continuado, etc.), enfim, deverão ser observados os institutos penais e processos penais específicos que acompanham o delito comum, transformado em crime militar com o advento da Lei nº 13.491/2017.

Da mesma forma, o crime de tortura – Lei nº 9.455/1997 – onde se prevê aumento da pena de 1/6 até 1/3, se o crime é cometido por agente público, se o crime é cometido contra criança, gestante, portador de deficiência, adolescente ou maior de 60 anos e se o crime é perpetrado mediante sequestro (art. 1º, § 4º, incisos I, II e II), a perda do cargo, função ou emprego público (art. 1º, § 5º) ou posto, patente ou graduação, sendo que, se oficial, somente o STM poderá concretizar este efeito nos termos do art. 142, § 3º, inciso VI, da CF/88.

Citando ainda **MARIANA CAMPOS**, no artigo antes referido, existem duas correntes a respeito deste tema: ***"a) O traslado não é só do crime, e sim de seus institutos correlatos, que deverão ser observados pela Justiça Militar, restando mitigado o princípio da especialidade. Assim, a parte geral do CP deverá ser aplicada aos crimes nele tipificados, e, se o crime for previsto em legislação extravagante, será aplicada a parte geral do CP quando tal legislação não dispuser de modo diverso (posição defendida por Jorge César de Assis e Rodrigo Foureaux); b) Traslada-se apenas o crime militar por extensão, incidindo a parte geral do CPM naquilo que for compatível, tendo em vista ser vedada a combinação de leis (posição de Ronaldo Roth)".***

E assim, caminha o Direito Militar. Realmente, soa por demais estranho, causando perplexidade, que a Lei nº 13.491/2017 traga em seu bojo consequências de toda a ordem, possibilitando um deslocamento de vários tipos penais comuns, cada um com suas características penais e complementos punitivos diferenciados, inexistentes no CPM. Como dissemos anteriormente, um novo Título foi, hipoteticamente, incorporado ao CPM que poderíamos chamar de "**DOS CRIMES MILITARES MISTOS**".

Assinale-se que o STM já decidiu recentemente que, com o surgimento da Lei nº 13.491/2017, nada se modificou, continuando o CPM a gozar de especialidade, seja pela competência atribuída pela CF/88 à Justiça Militar da União para processo e julgamento de delitos militares, seja pelos bens jurídicos específicos por ele tutelados e ainda que a nova lei tenha alargado as hipóteses de crime militar, permanece a necessidade de tutela aos mesmos bens jurídicos e a obrigatoriedade de enquadramento no art. 9º (**EMBARGOS DE DECLARAÇÃO 7000121-23.2017.7.0000, Rel. Min. MARCUS VINICIUS OLIVEIRA DOS SANTOS, j. 13/3/2018**). ***O simples advento da nova lei não tem o condão de alterar o entendimento consolidado desta Corte Castrense sobre a não aplicabilidade das penas alternativas previstas na lei Antidrogas (Lei nº 11.343/06), ou do Princípio da Insignificância, eis que incompatíveis com valores que norteiam a realidade do combate às drogas em ambiente militar, cujo porte e uso malferem a segurança e a integridade física intramuros e coloca em risco a higidez e a operacionalidade da tropa, necessários ao atendimento das suas obrigações constitucionais*** (**EMBARGOS DE DECLARAÇÃO 7000.118-68.2017.7.00.0000, Rel. Min. LÚCIO MÁRIO DE BARROS GOES, j. 20/3/2018**). *EMBARGOS DE DECLARAÇÃO. EFEITOS MODIFICATIVOS IMPLÍCITOS. CONHECIMENTO. EXCEPCIONALIDADE. APARENTES DEFEITOS DO ACÓRDÃO HOSTILIZADO. ALEGAÇÃO INCONSISTENTE. SUPERVENIÊNCIA DA LEI Nº 13.491/2017.* NOVATIO LEGIS IN MELLIUS. *INADEQUAÇÃO. ALTERAÇÃO DOS PARÂMETROS ESPECIALIZANTES DO CPM NO TOCANTE AO TEMA ENTORPECENTE. PRETENSÃO INFUNDADA. INAPLICAÇÃO DO ART. 28 DA LEI Nº 11.343/2006. ENTENDIMENTO CONSOLIDADO NO TRIBUNAL. PERMANÊNCIA. DESNECESSIDADE DE PRONUNCIAMENTO JURISDICIONAL DE CARÁTER INTEGRATIVO RETIFICADOR. REJEIÇÃO DOS ACLARATÓRIOS. DECISÃO UNÂNIME.* ***1. Os Declaratórios com efeitos modificativos fogem ao seu âmbito próprio quando têm, no bojo, sob o disfarce de superveniência de novatio legis in mellius, a insurgência do Recorrente com o resultado do julgamento. Nessas circunstâncias, suscetível a sua inadmissão, de plano, pelo Relator. Todavia, ressaltando os aspectos concernentes à economia e à celeridade processuais e, sobretudo, à pujança do Princípio da Ampla Defesa, com os seus consectários,*** *mormente diante da inovação argumentativa apresentada, a questão formal relativa ao conhecimento do Recurso tende a se ver superada, mediante o esmaecimento dos rigores de âmbito instrumental passíveis de incidência. 2. Em sua essência, o escopo dos Aclaratórios está jungido a expurgar do "Decisum" as suas imperfeições sem, contudo, modificá-lo substancialmente. Assim, uma vez operado o aperfeiçoamento do conteúdo do julgado, sobrevém a aptidão para que produza, com inafastável eficiência, os seus efeitos jurídicos. 3. Pontuais alterações no art. 9º do CPM foram promovidas com a promulgação da Lei nº 13.491/2017, alargando o espectro definidor de crime militar em tempo de paz. Assim, uma vez perpetradas condutas antijurídicas, embora tipificadas em diplomas legais distintos da Lei Penal Militar, desde que se amoldem à nova redação do inciso II do art. 9º do citado Codex, encontrar-se-ão sujeitas à Jurisdição Castrense. Nesse prisma, a mens legis é incompatível com a compreensão de haver sido conferido, àquela Lei, o atributo de novatio legis in mellius com o condão de abolir qualquer tipificação estabelecida na Parte Especial do CPM. 4. O CPM é dotado de caráter especial. É o instrumento legal de consolidação das tipificações stricto sensu dos delitos militares, como corolário do texto constitucional que estabelece a competência da Justiça Militar da União – JMU. No escopo da Legislação Penal Militar, encontra-se a tutela dos valores e dos bens jurídicos, cuja salvaguarda proporciona o bom funcionamento das instituições castrenses, sobretudo no resguardo dos princípios da hierarquia e da disciplina. 5. O art. 290 do CPM, ao definir as condutas integrantes de seu núcleo típico, institui, também, o elemento especializante da prática delitiva em contexto, com a delimitação territorial relativa à prática do ilícito, condicionando-o a "local sujeito à administração militar". Por isso, considerando os critérios que perfazem a definição típica em tela, os quais fazem sobressair o seu caráter especial, tal dispositivo tem prevalência, no âmbito da JMU, sobre o estabelecido no art. 28 da Lei nº 11.343/2006. 6. Inocorrendo qualquer defeito no Acórdão hostilizado*

merecedor de correção e/ou alteração para que proporcione a adequada compreensão de seu conteúdo, o pronunciamento jurisdicional de caráter integrativo-retificador é desnecessário. 7. Embargos de Declaração rejeitados. Decisão unânime *(EMBARGOS DE DECLARAÇÃO 7000083-11.2017.7.00.0000, Rel. Min. MARCO ANTONIO DE FARIAS, j. 4/4/2018).*

E se um militar da ativa que praticou um crime contra o patrimônio sob administração militar, antes do advento da Lei nº 13.491/2017, estiver sendo processado na Justiça Comum por um crime previsto na Lei de Licitações?

No **CONFLITO DE COMPETÊNCIA Nº 160.902**, **Rel. Min. LAURITA VAZ**, a **TERCEIRA SEÇÃO** do **STJ**, em **12/12/2018**, decidiu, por unanimidade, que os autos devem ser remetidos à Justiça Militar conforme se constata da ementa abaixo transcrita:

"CONFLITO NEGATIVO DE COMPETÊNCIA. PENAL E PROCESSUAL PENAL. CRIME CONTRA A LEI DE LICITAÇÕES PRATICADO POR MILITAR EM SITUAÇÃO DE ATIVIDADE CONTRA PATRIMÔNIO SOB A ADMINISTRAÇÃO MILITAR. SUPERVENIÊNCIA DA LEI Nº 13.491/2017. AMPLIAÇÃO DA COMPETÊNCIA DA JUSTIÇA CASTRENSE. APLICAÇÃO DA LEI NO TEMPO. PRINCÍPIO DO TEMPUS REGIT ACTUM*. SENTENÇA DE MÉRITO NÃO PROFERIDA. NÃO APLICAÇÃO DO PRINCÍPIO DA* PERPETUATIO JURISDICTIONIS. CONFLITO CONHECIDO PARA DECLARAR COMPETENTE O JUÍZO SUSCITANTE. ***1. Hipótese em que a controvérsia apresentada se cinge à definição do Juízo competente para processar e julgar crime praticado, em tese, por militar em situação de atividade contra patrimônio sob a administração militar antes do advento da Lei nº 13.491/2017. 2. A Lei nº 13.491/2017 promoveu alteração na própria definição de crime militar, o que permite identificar a natureza material do regramento, mas também ampliou, por via reflexa, de***

modo substancial, a competência da Justiça Militar, o que constitui matéria de natureza processual. É importante registrar que, como a lei pode ter caráter híbrido em temas relativos ao aspecto penal, a aplicação para fatos praticados antes de sua vigência somente será cabível em benefício do réu, conforme o disposto no art. 2º, § 1º, do Código Penal Militar e no art. 5º, inciso XL, da Constituição da República. Por sua vez, no que concerne às questões de índole puramente processual – hipótese dos autos –, o novo regramento terá aplicação imediata, em observância ao princípio do tempus regit actum. 3. Tratando-se de competência absoluta em razão da matéria e considerando que ainda não foi proferida sentença de mérito, não se aplica a regra da perpetuação da jurisdição, prevista no art. 43 do Código de Processo Civil, aplicada subsidiariamente ao processo penal, de modo que os autos devem ser remetidos para a Justiça Militar".

f) Projeto de Lei nº 9.432/2017

O PL em epígrafe, ainda tramitando no Congresso Nacional, que altera dispositivos do CPM, pretendia criar novos tipos penais, como, assédio sexual, ameaça, aborto, novas modalidades de estelionato, crimes licitatórios, dentre outros, ficando prejudicada a iniciativa com o advento da Lei 13.491/2017 que modificou a competência da Justiça Militar da União, já que pelo disposto no inciso II, do art. 9º, do CPM, a conduta praticada pelo agente, para configurar crime militar, pode estar prevista no CPM ou na legislação penal comum. A própria "Justificativa "do PL em tela já admitiu a desnecessidade de novos tipos penais no CPM. Acentuou-se, entretanto, que este projeto aborda outras modificações de suma importância ao citado Codex.

2ª modificação:* *Ampliação da competência da Justiça Militar da União para processar e julgar militares das Forças Armadas.

REDAÇÃO ANTERIOR	REDAÇÃO VIGENTE DA LEI Nº 13.491/2017
Art. 9º Consideram-se crimes militares em tempo de paz: I - OMISSIS II - OMISSIS III - OMISSIS Parágrafo único. Os crimes de que trata este artigo, quando dolosos contra a vida e cometidos contra civil, serão da competência da justiça comum, salvo quando praticados no contexto de ação militar realizada na forma do artigo 303 da Lei nº 7.565/1986 - Código Brasileiro de Aeronáutica (redação das leis números 9.299/1996 e 12.432/2011)	Art. 9º Consideram-se crimes militares em tempos de paz: I - OMISSIS II - OMISSIS III - OMISSIS § 1º Os crimes de que trata este artigo, quando dolosos contra a vida e cometidos por militares contra civil, serão da competência do Tribunal do Júri. § 2º Os crimes de que trata este artigo, quando dolosos contra a vida e cometidos por militares das Forças Armadas contra civil, serão da competência da Justiça Militar da União, se praticados no contexto: I - do cumprimento de atribuições que lhes forem estabelecidas pelo Presidente da República ou pelo Ministro de Estado da Defesa; II - de ação que envolva a segurança de instituição militar ou de missão militar, mesmo que não beligerante; ou III - de atividade de natureza militar, de operação de paz, de garantia da lei e da ordem ou de atribuição subsidiária, realizadas em conformidade com o disposto no art. 142 da Constituição Federal e na forma dos seguintes diplomas legais: *a)* Lei nº 7.565, de 19 de dezembro de 1986 - Código Brasileiro de Aeronáutica; *b)* Lei Complementar nº 97, de 9 de junho de 1999; *c)* Decreto-Lei 1.002, de 21 de outubro de 1969 - Código de Processo Penal Militar; e *d)* Lei nº 4.737, de 15 de julho de 1965 - Código Eleitoral.

a) Crimes dolosos contra a vida de civil cometidos por militares das Forças Armadas (§ 1º)

Este § 1º não trouxe nenhuma novidade. Como deve ser procedida a sua leitura? Foi uma espécie de ratificação da Lei nº

9.299/96, já que o crime doloso cometido contra a vida de civil por militar das Forças Armadas, enquadrado numa das hipóteses do art. 9º do CPM, é um crime militar que será julgado pelo Tribunal do Júri – essa a grande novidade, pois a Lei nº 9.299/96 se referia à Justiça Comum – desde que fora dos casos do § 2º do citado artigo, o que, por certo, não afastará nova discussão sobre a sua inconstitucionalidade como ocorreu com o antigo parágrafo único do art. 9º em face do art. 124 da CF/88, como lembra acertadamente **CÍCERO NEVES,** no artigo antes citado.

O § 1º está imbricado com o § 2º, já que se um militar federal praticar um crime doloso contra a vida de civil, fora das hipóteses previstas neste último parágrafo (§ 2º), qual seja, não estiver atuando sob o manto de atribuições legais e constitucionais das Forças Armadas ali elencadas, a competência será do Tribunal do Júri. Logicamente, como já explicitamos anteriormente, este § 1º será, provavelmente, repudiado pelo STM da mesma forma com o que aconteceu com a Lei nº 9.299/96, declarada inconstitucional por aquela Corte, por meio de controle difuso de constitucionalidade (**AC 1997.01.006449/RJ, Rel. Min. ALDO DA SILVA FAGUNDES, j. 17/3/98**). Portanto, o tema continuará em aberto, pelo menos, até o pronunciamento da Corte Suprema Militar.

Importante que se ressalte a advertência de **ROTH,** no artigo antes citado**, p. 31-32**, ao esclarecer que, na medida em que o legislador fixou a competência da JMU para os crimes dolosos contra a vida de civil, a Lei nº 13.491/2017 passou a considerar que todos os delitos de competência do Júri (art. 5º, XVIII, alínea "d", CF/88), previstos no Capítulo I do Título I do Código Penal Comum (homicídio doloso – art. 121, induzimento, instigação ao suicídio – art. 122, infanticídio – art. 123, aborto nas diversas formas – arts. 124/126), serão considerados crimes militares, logicamente desde que, e somente se, tais crimes forem praticados no contexto das atribuições militares previstas no § 2º, do art. 9º, do CPM, caso contrário serão crimes comuns.

É dizer: as atribuições constitucionais e legais das Forças Armadas, listadas no § 2°, causarão a competência da JMU e não a do Tribunal do Júri.

Atente-se para outro detalhe: um induzimento, instigação ao suicídio (art. 122, CP Comum), crime não previsto no Código Castrense, se enquadrado na alínea "a", do inciso II, do art. 9°, *inter milites,* não será da competência do Júri e sim da JMU, vez que, por força da nova redação do inciso II, que abarca agora também os crimes previstos na legislação comum, será crime militar. Outro exemplo: aborto praticado por gestante militar, art. 124, CP Comum, em Hospital Militar, continuará a ser um crime comum, em face do § 1°, tendo em vista que não praticado nos termos do estatuído no § 2°, isto é, não foi perpetrado no contexto das atribuições legais e constitucionais das Forças Armadas. Agora, médico militar que pratica aborto em gestante militar, seja no hospital militar, seja em um hospital particular, responderá perante à Justiça Militar da União por crime militar, com base no art. 9°, inciso II, alínea "a", CPM.

Em resumo, o crime doloso cometido contra a vida de civil por militar das Forças Armadas será da competência da JMU se perpetrado naquelas situações elencadas no § 2° e não da competência do Tribunal do Júri. Fora dessas situações, a competência será do Tribunal Popular, da mesma forma que disciplinava o antigo Parágrafo único da Lei n° 9.299/96, declarado inconstitucional pelo STM, por meio de controle difuso de constitucionalidade (**AC 1997.01.006449/RJ, Rel. Min. ALDO DA SILVA FAGUNDES, j. 17/3/98**), como já referido anteriormente.

b) Crimes dolosos contra a vida de civil praticados por militares das Forças Armadas nas situações elencadas no § 2°

Com o surgimento da Lei n° 13.491, de 13 de outubro de 2017, a Justiça Militar da União passou a ter competência para processar e julgar os crimes dolosos cometidos contra a vida de civil por membros das Forças Armadas, se praticados no contexto: **I) do cumprimento de atribuições que lhes forem estabelecidas pelo Presidente da República ou pelo Ministro de Estado da Defesa; II) de ação que envolva a segurança de instituição militar ou de missão militar, mesmo que beligerante; III) de atividade militar, de operação de paz, de garantia da lei e da ordem ou de atribuição subsidiária, realizadas em conformidade com o disposto no artigo 142 da CF/88 e na forma da Lei nº 7.565, de 19 de dezembro de 1986, Código Brasileiro de Aeronáutica, Lei Complementar nº 97, de 9 de junho de 1999, Decreto-lei nº 1.002, de 21 de outubro de 1969, CPPM, e Lei nº 4.737, de 15 de julho de 1965, Código Eleitoral**. Vejamos, superficialmente, cada uma dessas situações.

I) do cumprimento de atribuições que lhes forem estabelecidas pelo Presidente da República ou pelo Ministro de Estado da Defesa;

Nesta hipótese, encontramos aquelas funções que não são as principais das Forças Armadas, mas que a elas são outorgadas pelas autoridades listadas, de finalidade meramente assistencial, como, por exemplo, auxílio às populações vitimadas por catástrofes – enchentes, secas etc. – construções de estradas, assistência médica às populações carentes etc., enfim, de natureza paramilitar. Consulte-se a respeito o Decreto nº 895/93 onde são legitimadas as Forças Armadas para prestação de atividades de defesa civil.

II) de ação que envolva a segurança de instituição militar ou de missão militar, mesmo que beligerante;

O caso deste inciso II não deixa a menor dúvida que todo crime doloso cometido por militar das Forças Armadas que diga respeito à segurança de instituição militar ou missão militar será da competência da Justiça Militar da União, como, por exemplo, uma sentinela que mata um civil que tentava penetrar na organização militar por local não permitido.

III) **de atividade militar, de operação de paz, de garantia da lei e da ordem ou de atribuição subsidiária, realizadas em conformidade com o disposto no art. 142 da CF/88 e na forma da Lei nº 7.565, de 19 de dezembro de 1986, Código Brasileiro de Aeronáutica, Lei Complementar nº 97, de 9 de junho de 1999, Decreto-lei nº 1.002, de 21 de outubro de 1969, CPPM, e Lei nº 4.737, de 15 de julho de 1965, Código Eleitoral.**

a) **Lei nº 7.565, de 19 de dezembro de 1986, Código Brasileiro de Aeronáutica:** é a chamada Lei de abate que já foi examinada anteriormente.

b) **Lei Complementar nº 97, de 9 de junho de 1999:** esta lei diz respeito às normas gerais para a organização, o preparo e o emprego das Forças Armadas, sendo o caso mais comum a garantia da lei e da ordem-GLO. Também já lançamos comentários anteriormente a respeito dessa lei complementar e para lá remetemos o leitor.

c) **Decreto-lei nº 1.002, de 21 de outubro de 1969, CPPM:** o exemplo mais claro é de um Encarregado de IPM cometer um crime doloso contra a vida de um civil no cumprimento do seu papel de presidente da investigação. Será processado perante à Justiça Militar. Da mesma forma, um oficial pertencente à Corregedoria da Polícia Judiciária da PM do Estado do Rio de Janeiro ao efetuar diligências investigatórias.

d) **Lei nº 4.737, de 15 de julho de 1965, Código Eleitoral**: é sabido que as Forças Armadas são sempre empregadas para garantir a segurança do processo eleitoral como indica o art. 23, inciso XIV, do Código Eleitoral. Assim, se um militar das Forças Armadas cometer um homicídio doloso contra civil que tenta subtrair uma urna eletrônica será processado e julgado pela JMU. Remetemos o leitor para os comentários referidos anteriormente a respeito da possibilidade da concretização de crime militar eleitoral.

c) Iniciativas judiciais adotadas contra a Lei nº 13.491/2017

c.1) ADI 5.804

Em **26/10/2017**, a Associação dos Delegados de Polícia do Brasil – ADEPOL ingressou com a **ADI 5.804**, distribuída ao **Ministro GILMAR MENDES**, por prevenção à **ADI 4.164/DF**, em 26/10/2017, impugnando o § 1º, do art. 9º, do CPM, introduzido pela Lei nº 13.491/2017, sendo indeferida a medida cautelar requerida, mantendo vigente tal dispositivo, tendo sido deferida a intervenção da Associação dos Delegados de Polícia de São Paulo – ADPESP como ***amicus curiae*** e, em 1º/12/2017, aberta vista para manifestação da Procuradoria Geral da República. Também foram admitidos como ***amici curiae*** a Associação dos Magistrados das Justiças Militares Estaduais – AMAJME, o Ministério Público Militar, a Associação Nacional do Ministério Público Militar – ANMPM, a Associação dos Oficiais da Polícia Militar do Estado de São Paulo – AOPM, a Federação Nacional das Entidades de Oficiais Militares Estatais – FENEME, a Defenda PM – Associação dos Oficiais Militares do Estado de São Paulo em defesa da Polícia Militar. Em 28/8/2018, a PGR manifestou-se pela procedência, sendo em 16/12/2020 os autos conclusos ao Relator. Assinale-se que a **ADI 4.164** objetivava o § 2º, do art. 82, do CPPM, que atribuía à Polícia Judiciária Militar a investigação de crimes dolosos contra a vida de civil praticado por militar no âmbito da Justiça Estadual, e que não foi conhecida a final.

c.2) ADI 5.901

Já na **ADI 5.901**, intentada em **26/02/2018**, o Partido Socialismo e Liberdade – PSOL, questionou o § 2º, do art. 9º do CPM, criado pela Lei nº 13.941/2017, sob o argumento de que a referida lei deixa de preservar a autoridade do Júri (cláusula pétrea), rompe as regras de julgamento penal imparcial (ausência de justiça), fere o princípio da igualdade perante a lei (privilégio de uma categoria ou seguimento social em detrimento da coletividade), relativiza o devido processo legal, e, por fim, colide com as normas internacionais de direitos humanos.

Em **1º/6/2018**, a Procuradora-geral da República enviou manifestação ao Supremo Tribunal Federal (STF) para que seja declarada a inconstitucionalidade de dispositivo incluído no Código Penal Militar. Trata-se do art. 9º da Lei nº 13.491/2017, que desloca para a Justiça Militar da União a competência para julgar os crimes dolosos contra a vida praticados por militares das Forças Armadas nos casos em que as vítimas são civis. O assunto, como falado anteriormente, é objeto de Ação Direta de Inconstitucionalidade (ADI) proposta pelo Partido Socialismo e Liberdade (PSOL). No documento, a PGR ressalta que a norma amplia de forma permanente e substancial a competência da Justiça Militar, ao mesmo tempo em que reduz as atribuições constitucionalmente reservadas ao Tribunal do Júri. O entendimento é que a alteração legislativa contraria diversos preceitos constitucionais e viola tratados de direitos humanos dos quais o Brasil é signatário.

De acordo com o parecer, tanto a Constituição Federal (CF) quanto os tratados, restringem a jurisdição penal militar ao julgamento de crimes envolvendo violação à hierarquia, disciplina militar ou outros valores tipicamente castrenses. ***"Qualquer tentativa de ampliação da competência da Justiça Militar da União que desconsidere tal essência será indevida e inconstitucional, porque rompe a lógica da especialidade que a justifica",*** frisou a PGR, completando que ampliar a atuação da Justiça traz impactos sobre a organização constitucional de órgãos do Judiciário e, de modo mais grave, resulta na mitigação da garantia constitucional do Júri.

Em outro trecho do documento, a PGR ressalta o princípio da igualdade como mais um indicativo da inconstitucionalidade do dispositivo, acentuando que, a mesma lógica, que expressamente impôs a competência do Tribunal do Júri para os crimes dolosos contra a vida praticados por militares dos estados contra civis, deve ser aplicada aos militares federais. A Procuradora-geral enfatiza ainda que o tratamento diferenciado – sem fundamento constitucional – institui uma espécie de "foro privilegiado" em razão da natureza do cargo do agente e não do caráter militar da função exercida. ***"O caráter da atividade define-se pelo que ela de fato é, e não por quem a exerce, sendo ofensivo ao princípio republicano garantir privilégio de foro nessa situação, em que ausente motivação constitucional ou de qualquer outra ordem para tanto"***, destacou a PGR em sua manifestação.

No parecer em tela, a PGR também destacou que as vítimas de ação militar têm direito à investigação pronta e justa, por órgão independente e imparcial, fatores que devem ser considerados fundamentais para evitar a impunidade e para que seja assegurado o devido processo legal para todos os envolvidos, concluindo, por fim, que a premissa, que inclui o julgamento justo conduzido pelo juiz natural, está prevista na Constituição, no Pacto Internacional de Direitos Civis e Políticos e na Convenção Americana de Direitos Humanos.

A PGR requereu também o aditamento da ADI para que seja considerado inconstitucional o dispositivo que transferiu para a Justiça Militar a competência para julgar acusados de crimes contra a vida praticados por militares da Aeronáutica durante ações específicas. Neste caso, a exceção foi incorporada ao Código Penal Militar pela Lei nº 12.432, aprovada em 2011, pelo Congresso Nacional e novamente recriada na alínea "a", do § 2º, do art. 9º, do CPM, pela Lei nº 13.491/2017. A ementa do referido parecer é a seguinte:

"AÇÃO DIRETA DE INCONSTITUCIONALIDADE. LEI N. 13.491/17. ALTERAÇÃO DO ART. 9º, § 2º, DO CÓDIGO PENAL MILITAR. TRANSFERÊNCIA PARA A COMPETÊNCIA DA JUSTIÇA MILITAR DA UNIÃO DO JULGAMENTO DE CRIMES DOLOSOS CONTRA A VIDA COMETIDOS POR MILITAR DAS FORÇAS ARMADAS CONTRA CIVIL, NAS HIPÓTESES RELACIONADAS.

DERROGAÇÃO INCONSTITUCIONAL DA COMPETÊNCIA DO TRIBUNAL DO JÚRI. GARANTIA INDIVIDUAL. INFLUÊNCIA SOBRE A DEFINIÇÃO DE CRIME MILITAR, PARA FINS DE FIXAÇÃO DA JURISDIÇÃO MILITAR. PERSPECTIVA DA VÍTIMA: DIREITO À INVESTIGAÇÃO PRONTA E JUSTA, POR ÓRGÃO INDEPENDENTE E IMPARCIAL. DISTINÇÃO INDEVIDA E INJUSTIFICADA ENTRE POLICIAIS MILITARES ESTADUAIS E FEDERAIS. CONSIDERAÇÃO DO PRINCÍPIO DA PROIBIÇÃO DO RETROCESSO. PEDIDO DE ADITAMENTO DA INICIAL PARA INCLUSÃO DE LEGISLAÇÃO PRETÉRITA QUE PADECE DO MESMO VÍCIO. PARECER PELO CONHECIMENTO DA AÇÃO E PELA PROCEDÊNCIA DOS PEDIDOS. ***1. É inconstitucional a derrogação da competência do tribunal do júri para o julgamento de crimes dolosos contra a vida, considerada norma protetiva de direito fundamental do acusado, insuscetível de supressão por ato normativo infraconstitucional. 2. A delegação ao legislador ordinário da definição do que seja crime militar não dá margem à fixação arbitrária de jurisdição militar fora do âmbito de crimes tipicamente militares, com reflexo sobre a organização constitucional de competências e, de modo mais grave, com mitigação da garantia constitucional do júri. 3. A mesma lógica que expressamente impôs a competência do tribunal do júri para os crimes dolosos contra a vida praticados por militares dos Estados contra civis deve ser transposta aos militares federais, sob pena de afronta injustificada ao princípio da igualdade. O caráter da atividade define-se pelo que ela de fato é, e não por quem a exerce, sendo ofensivo também ao princípio republicano garantir a especialidade de foro em situação em que ausente motivação constitucional ou de qualquer outra ordem para tanto. 4. Do ponto de vista da realização de justiça às vítimas da ação militar, a independência dos órgãos de investigação é fator fundamental para que se evite a impunidade e seja realizado o devido processo legal para todos os envolvidos. 5. As alterações normativas pretéritas referentes à jurisdição militar fizeram avançar para patamar legislativo consentâneo com a***

nova ordem constitucional e internacional que não pode ser desfeito sem grave desrespeito à proibição do retrocesso. 6. É cabível o aditamento da inicial da ação para inclusão de legislação que padece do mesmo vício de inconstitucionalidade da impugnada, para evitar o efeito repristinatório do ato revogado, quando requerido por pessoa legitimada ao ajuizamento de nova ADI, em respeito aos princípios da economia e da celeridade processuais. 7. Parecer pelo conhecimento da ação e pela procedência dos pedidos, com requerimento de aditamento da inicial para inclusão, no pedido de declaração de inconstitucionalidade, do parágrafo único do art. 9º do CPM, com a redação que lhe conferiu a Lei n. 12.432/2011."

Em 29/6/2018, o Instituto Brasileiro de Ciências Criminais – IBCCrim foi admitido para intervir no feito como ***amicus curiae***. No mesmo passo, a – Associação de Juízes do Rio Grande do Sul – AJURIS, o Ministério Público Militar e a Defensoria Pública do Estado do Rio de Janeiro.

d) Decisões judiciais sobre a Lei nº 13.491/2017

d.1) STM

"EMBARGOS DE DECLARAÇÃO OPOSTOS PELA DEFESA. LEI Nº 13.491/17. INOCORRÊNCIA DE NOVATIO LEGIS IN MELLIUS. ESPECIALIDADE DO CPM. INAPLICABILIDADE DO ART. 28 DA LEI Nº 11.343/06. RECURSO CONHECIDO E REJEITADO. UNÂNIME. ***A Lei nº 13.491/17 alterou o conceito de crime militar, passando a ser de competência desta Justiça Especializada delitos que mesmo não tipificados na parte especial no CPM enquadrem-se nas alíneas do inciso II do seu art. 9º. O CPM continua a gozar de especialidade, seja pela competência atribuída pela Constituição Federal de 1988 à Justiça Militar da União para processo e julgamento de delitos militares, seja pelos bens jurídicos específicos por ele tutelados. Ainda que a Lei nº 13.491/17 tenha alargado as hipóteses de crime militar, permanece a necessidade de tutela aos mesmos bens jurídicos e a***

obrigatoriedade de enquadramento no art. 9º do CPM. A expressão "em local sujeito à administração militar", constitutiva do tipo penal do art. 290 do CPM, é o elemento especializante da norma penal, tornando o referido tipo norma especial em relação ao art. 28 da Lei nº 11.343/06. O crime de drogas, praticado no interior das Organizações Militares, lesiona os interesses e valores basilares das FFAA, razão de ser da Justiça Militar especializada, tendo como base primordial os princípios de Hierarquia e Disciplina Militar, e subsume-se somente ao inciso I do art. 9º do CPM. O delito perpetrado pelo Réu configura ofensa ao art. 290 do CPM e enquadra-se no inciso I do art. 9º ambos do CPM, em nada afetado pela alteração legislativa da Lei nº 13.491/17. Embargos rejeitados à unanimidade" (EMBARGOS DE DECLARAÇÃO Nº 7000121-23.2017.7.00.0000, Rel. Ministro MARCUS VINICIUS OLIVEIRA DOS SANTOS, j. 13/03/2018).

O simples advento da nova lei não tem o condão de alterar o entendimento consolidado desta Corte Castrense sobre a não aplicabilidade das penas alternativas previstas na lei Antidrogas (Lei nº 11.343/06), ou do Princípio da Insignificância, eis que incompatíveis com valores que norteiam a realidade do combate às drogas em ambiente militar, cujo porte e uso malferem a segurança e a integridade física intramuros e coloca em risco a higidez e a operacionalidade da tropa, necessários ao atendimento das suas obrigações constitucionais (EMBARGOS DE DECLARAÇÃO 7000.118-68.2017.7.00.0000, Rel. Min. LÚCIO MÁRIO DE BARROS GOES, j. 20/3/2018).

"EMBARGOS DE DECLARAÇÃO. EFEITOS MODIFICATIVOS IMPLÍCITOS. CONHECIMENTO. EXCEPCIONALIDADE. APARENTES DEFEITOS DO ACÓRDÃO HOSTILIZADO. ALEGAÇÃO INCONSISTENTE. SUPERVENIÊNCIA DA LEI Nº 13.491/2017. NOVATIO LEGIS IN MELLIUS. *INADEQUAÇÃO. ALTERAÇÃO DOS PARÂMETROS ESPECIALIZANTES DO CPM NO TOCANTE AO TEMA ENTORPECENTE. PRETENSÃO INFUNDADA. INAPLICAÇÃO DO ART. 28 DA LEI Nº 11.343/2006.*

ENTENDIMENTO CONSOLIDADO NO TRIBUNAL. PERMANÊNCIA. DESNECESSIDADE DE PRONUNCIAMENTO JURISDICIONAL DE CARÁTER INTEGRATIVO RETIFICADOR. REJEIÇÃO DOS DECLARATÓRIOS. DECISÃO UNÂNIME. 1. Os Declaratórios com efeitos modificativos fogem ao seu âmbito próprio quando têm, no bojo, sob o disfarce de superveniência de novatio legis in mellius, a insurgência do Recorrente com o resultado do julgamento. Nessas circunstâncias, suscetível a sua inadmissão, de plano, pelo Relator. Todavia, ressaltando os aspectos concernentes à economia e à celeridade processuais e, sobretudo, à pujança do Princípio da Ampla Defesa, com os seus consectários, mormente diante da inovação argumentativa apresentada, a questão formal relativa ao conhecimento do Recurso tende a se ver superada, mediante o esmaecimento dos rigores de âmbito instrumental passíveis de incidência. 2. Em sua essência, o escopo dos Declaratórios está jungido a expurgar do "Decisum" as suas imperfeições sem, contudo, modificá-lo substancialmente. Assim, uma vez operado o aperfeiçoamento do conteúdo do julgado, sobrevém a aptidão para que produza, com inafastável eficiência, os seus efeitos jurídicos. 3. Pontuais alterações no art. 9º do CPM foram promovidas com a promulgação da Lei nº 13.491/2017, alargando o espectro definidor de crime militar em tempo de paz. Assim, uma vez perpetradas condutas antijurídicas, embora tipificadas em diplomas legais distintos da Lei Penal Militar, desde que se amoldem à nova redação do inciso II do art. 9º do citado Codex, encontrar-se-ão sujeitas à Jurisdição Castrense. Nesse prisma, a mens legis é incompatível com a compreensão de haver sido conferido, àquela Lei, o atributo de novatio legis in mellius com o condão de abolir qualquer tipificação estabelecida na Parte Especial do CPM. 4. O CPM é dotado de caráter especial. É o instrumento legal de consolidação das tipificações stricto sensu dos delitos militares, como corolário do texto constitucional que estabelece a competência da Justiça Militar da União – JMU. No escopo da Legislação Penal Militar, encontra-se a tutela dos valores e dos bens jurídicos, cuja salvaguarda proporciona o bom funcionamento das instituições castrenses, sobretudo no resguardo dos princípios da hierarquia e da disciplina. 5. O art. 290 do CPM, ao definir as condutas integrantes de seu núcleo típico, institui, também, o elemento especializante da prática delitiva em contexto, com a delimitação territorial relativa à prática do ilícito, condicionando-o a "local sujeito à administração militar". Por isso, considerando os critérios que perfazem a definição típica em tela, os quais fazem sobressair o seu caráter especial, tal dispositivo tem prevalência, no âmbito da JMU, sobre o estabelecido no art. 28 da Lei nº 11.343/2006. 6. Inocorrendo qualquer defeito no Acórdão hostilizado merecedor de correção e/ou alteração para que proporcione a adequada compreensão de seu conteúdo, o pronunciamento jurisdicional de caráter integrativo-retificador é desnecessário. 7. Embargos de Declaração rejeitados. Decisão unânime" (EMBARGOS DE DECLARAÇÃO Nº 7000083-11.2017.7.00.0000, Rel. Ministro MARCO ANTÔNIO DE FARIAS, j. 4/4/2018).

APELAÇÃO. DEFENSORIA PÚBLICA DA UNIÃO. TRÁFICO, POSSE OU USO DE SUBSTÂNCIA ENTORPECENTE. CONDENAÇÃO EM PRIMEIRA INSTÂNCIA. QUEBRA DA CADEIA DE CUSTÓDIA. AUSÊNCIA DE COMPROVAÇÃO DA MATERIALIDADE. NÃO ACOLHIMENTO. REVOGAÇÃO DO ART. 290 DO CÓDIGO PENAL MILITAR. CONVENÇÕES DE NOVA IORQUE E DE VIENA. NÃO ACOLHIMENTO. ATIPICIDADE DA CONDUTA. ART. 290 DO CÓDIGO PENAL MILITAR. NORMA PENAL EM BRANCO. COMPLEMENTAÇÃO. PORTARIA Nº 344/ANVISA. NÃO ACOLHIMENTO. PRINCÍPIO DA INSIGNIFICÂNCIA. NÃO APLICAÇÃO. LEI Nº 11.343/2006. INAPLICABILIDADE. PRECEDENTES. LEI Nº 13.491/2017. ESPECIALIDADE DA LEI DE DROGAS. NÃO ACOLHIMENTO. SUSPENSÃO CONDICIONAL DO PROCESSO. LEI Nº 9.099/95. INAPLICABILIDADE NO ÂMBITO DA JUSTIÇA MILITAR DA UNIÃO. AUTORIA, MATERIALIDADE E CULPABILIDADE COMPROVADAS. RECURSO NÃO PROVIDO. MANUTENÇÃO DA SENTENÇA. UNANIMIDADE. A alegação de ausência de materialidade delitiva pela quebra da cadeia de custódia não se sustenta quando os elementos probatórios carreados ao longo da instrução criminal conduzem à certeza de que o material apreendido em poder do Acusado foi o mesmo submetido a exame pericial. Para a configuração do delito de tráfico, posse ou uso de substância entorpecente em local sujeito a Administração Militar basta que se evidencie uma das figuras nucleares do tipo penal. Embora incorporadas ao ordenamento jurídico pátrio, as Convenções de Nova Iorque e de Viena não detêm envergadura constitucional, além de não impor qualquer vedação à criminalização da posse de droga para uso próprio. Consoante a jurisprudência do Superior Tribunal Militar, respaldada pelo Excelso Pretório, o dispositivo contido no art. 290 do Código Penal Militar é compatível com a ordem constitucional vigente, tendo sido por ela recepcionado. O conteúdo da norma descrita no art. 290 do Código Penal Militar revela que se trata de norma penal em branco, necessitando de legislação específica que defina quais substâncias serão consideradas entorpecentes, psicotrópicas, precursoras etc. para fins de tipificação. Em consequência, para a comprovação da materialidade delitiva será necessário que o Exame Pericial resulte na indicação de que o material apreendido em poder do Acusado contenha substância proscrita especificada na Portaria nº 344/98 da ANVISA. O Princípio da Insignificância incide quando presentes, cumulativamente, as seguintes condições objetivas: "(i) mínima ofensividade da conduta do agente, (II) nenhuma periculosidade social da ação, (III) grau reduzido de reprovabilidade do comportamento, e (IV) inexpressividade da lesão jurídica provocada". No contexto da conduta de tráfico, posse ou uso de substância entorpecente em local sujeito à Administração Militar, os citados requisitos devem ser analisados sob o prisma da preservação dos princípios da hierarquia e da disciplina militares. A posse de substância entorpecente em ambiente militar, além de absolutamente reprovável, possui elevado grau de ofensividade e periculosidade, representando grave violação ao bem jurídico tutelado pela norma penal descrita no art. 290 do CPM. Embora se reconheça o caráter subsidiário do Direito Penal, o Princípio da Insignificância não é aplicável aos crimes que envolvem a posse de entorpecente em ambiente militar, tendo em vista a relevância penal do delito em comento no âmbito desta Justiça Especializada. A Lei nº 11.343/2006 não revogou nem promoveu alteração na redação do art. 290 do CPM. O Princípio da Especialidade impede a aplicação da Lei nº 11.343/2006 no âmbito desta Justiça Castrense, uma vez que o art. 290 do Código Penal Militar é o regramento específico para a conduta de tráfico, posse ou uso de substância entorpecente, praticada em área sujeita à Administração Militar. Conforme a dicção do inciso II do artigo 9º do CPM, já com a nova redação introduzida pela Lei nº 13.491/2017, em primeira análise, os crimes comuns, cujos agentes sejam aqueles elencados no citado dispositivo e sejam cometidos no contexto ali descrito, embora previstos na legislação penal, passam a integrar o rol de crimes militares, circunstância que delimita a competência desta Justiça Especializada para o processamento e o julgamento do feito, nos termos do comando constitucional insculpido no art. 124. Porém, as alterações produzidas pela novel legislação não modificam o caráter especial do Código Penal Militar, ampliando, apenas, o rol de condutas consideradas crimes militares, de sorte que os regramentos ali inseridos, bem como as sanções estabelecidas pela Norma Repressiva Castrense não foram revogadas nem derrogadas. A situação fática narrada na Peça Pórtico está delimitada pelo inciso I do artigo 9º do Estatuto Repressivo Castrense, circunstância que identifica o perfeito enquadramento da conduta do Acusado no tipo penal descrito no art. 290 do Código Penal Militar. Ou seja, a expressão em "(...) local sujeito à administração militar (...)" contida na norma penal incriminadora delimita a especialidade do tipo previsto no art. 290 do referido diploma Castrense em relação à Lei antidrogas aprovada pela Lei nº 11.343/2006, tornando-a inaplicável ao caso concreto. A Lei nº 9.099/95 é inaplicável à Justiça Militar da União, por expressa disposição contida no art. 90-A do referido Diploma. Comprovadas a autoria, a materialidade e a culpabilidade, impõe-se a manutenção da condenação do agente. Negado provimento ao Apelo defensivo. Unanimidade (APELAÇÃO 70000205-87.2018.7.00.0000, Rel. Min. CLEONILSON NICÁCIO SILVA, j. 2/8/2018).

d.2) STJ

"PROCESSUAL PENAL. RECURSO ORDINÁRIO EM HABEAS CORPUS. COMPETÊNCIA. INSERÇÃO DE DADOS FALSOS EM MULTAS DE TRÂNSITO LAVRADAS POR POLICIAL MILITAR. CONDUTA QUE NÃO SE AMOLDA AO ART. 9º, II, ALÍNEA "C", DO CÓDIGO PENAL MILITAR E NEM AO ART. 312 DO CPM (FALSIDADE IDEOLÓGICA). COMPETÊNCIA DA JUSTIÇA COMUM ESTADUAL. 1. A competência da Justiça Militar para julgamento de delitos praticados por militares contra civis tem por fundamento tanto o art. 125, § 4º, da CF quanto o art. 9º, II, "c" e "d", do Código Penal Militar (Decreto-Lei n. 1001/1969). Essa situação não se alterou substancialmente com o advento da Lei nº 13.491, de 13/10/2017, que deu nova redação ao inciso II do artigo 9º do Código Penal Militar. Embora a Lei nº 13.491/2017 tenha ampliado a competência da Justiça militar, passando a deslocar para a Justiça Castrense qualquer crime previsto na Legislação Penal Comum (Código Penal e Leis Esparsas) desde que praticado por militar em serviço, ou no exercício da função, a alínea "c" do inciso II do art. 9º do CPM continua a exigir que a função desempenhada pelo agente militar tenha natureza militar. 2. A função de controle, fiscalização e cobrança de multas impostas em decorrência de infração de trânsito não é afeta nem às atividades típicas dos militares que compõem os quadros das Forças Armadas, tampouco às atividades típicas dos Policiais Militares. O poder de fiscalização de trânsito urbano atribuído à Polícia Militar deriva de delegação efetuada pelo Departamento Nacional de Trânsito – DETRAN, com fundamento em autorização contida nos artigos 23, III, e 25 do Código de Trânsito Brasileiro, que permitem a órgãos e entidades executivos do Sistema Nacional de Trânsito a faculdade de celebrar convênios delegando atividades a si atribuídas pelo CTB 3. Ao lavrar autos de infração de trânsito contendo informações inverídicas, o Policial Militar, estando ou não de folga, atua em razão da função, mas desempenha atividade que não possui natureza militar, não se podendo, portanto, caracterizar a conduta como delito de competência da Justiça

Castrense, mas, sim, da Justiça Comum Estadual. 4. A conduta também não se amolda ao delito descrito no art. 312 do CPM, já que o tipo penal em questão exige que o fato atente contra a administração ou o serviço militar, no entanto o ente prejudicado pela inserção de dados falsos em multa de trânsito, no caso concreto, foi o GDF. 5. Recurso ordinário provido, para reconhecer a competência da Justiça Comum para processar e julgar a ação penal" (RECURSO EM HABEAS CORPUS 93.425/DF, QUINTA TURMA, Rel. Min. REYNALDO SOARES DA FONSECA, j. 15/5/2018).

"PENAL E PROCESSO PENAL. CONFLITO NEGATIVO DE COMPETÊNCIA. JUSTIÇA MILITAR X JUSTIÇA ESTADUAL. INQUÉRITO POLICIAL. HOMICÍDIO PRATICADO POR POLICIAL MILITAR CONTRA CIVIL EM HORÁRIO DE SERVIÇO. INDÍCIOS QUE APONTAM PARA O DOLO DO POLICIAL MILITAR. COMPETÊNCIA DA JUSTIÇA COMUM ESTADUAL. 1. Nos termos do art. 125, § 4º, da CF/88, do art. 9º, parágrafo único, do Código Penal Militar (Decreto-Lei n. 1001/1969) e do art. 82, "caput" e § 2º, do Código de Processo Penal Militar, é competente a justiça comum para apurar o crime de homicídio praticado por policial militar em serviço contra civil. Essa situação não se alterou com o advento da Lei nº 13.491, de 13/10/2017, que se limitou a dar nova redação ao antigo parágrafo único do art. 9º do CPM, para nele incluir dois parágrafos, prevendo o § 1º que "Os crimes de que trata este artigo, quando dolosos contra a vida e cometidos por militares contra civil, serão da competência do Tribunal do Júri". 2. De se entender, portanto, que permanece válido o entendimento jurisprudencial até então prevalente nesta Corte no sentido de reconhecer a competência da Justiça Comum Estadual e do Tribunal do Júri para o julgamento de homicídio doloso praticado por militar em serviço contra civil. Precedentes: CC 144.919/SP, Rel. Ministro FELIX FISCHER, TERCEIRA SEÇÃO, julgado em 22/06/2016, DJe 01/07/2016; CC 145.660/SP, Rel. Ministro ROGERIO SCHIETTI CRUZ, TERCEIRA SEÇÃO, julgado em 11/05/2016, REP DJe 19/05/2016, DJe 17/05/2016; CC 129.497/MG, Rel. Ministro

ERICSON MARANHO (Desembargador convocado do TJ/SP), TERCEIRA SEÇÃO, julgado em 08/10/2014, DJe 16/10/2014; HC 173.873/PE, Rel. Ministra LAURITA VAZ, QUINTA TURMA, julgado em 20/09/2012, DJe 26/09/2012; CC 113.020/RS, Rel. Ministro OG FERNANDES, TERCEIRA SEÇÃO 3. Situação em que, muito embora os investigados alegassem ter agido em legítima defesa, as imagens de vídeo coletadas pela Polícia Civil demonstram a deliberada intenção do policial de derrubar o civil da motocicleta, de chutá-lo quando deitado no solo e de desferir um tiro mortal, sem que o civil esboce qualquer reação nesse ínterim. Reforçam essa conclusão a necropsia que detectou tiro "de diante para trás e de cima para baixo" e a constatação, pela perícia, de que não havia arma diversa da dos policiais no local dos fatos. 4. Havendo nítidos indícios de que o homicídio foi cometido com dolo, é de se reconhecer a competência da Justiça Comum estadual para o processamento e julgamento tanto do Inquérito Policial quanto da eventual ação penal dele originada. 5. Conflito conhecido, para declarar a competência do Juízo de Direito da 1ª Vara Criminal da Comarca de Viamão/RS, o Suscitado, para dar continuidade à condução do Inquérito Policial" (CONFLITO DE COMPETÊNCIA 158.084/RS, TERCEIRA SEÇÃO, REL. Min. REYNALDO SOARES DA FONSECA, j. 23/5/2018).

A COMPETÊNCIA MONOCRÁTICA DO JUIZ FEDERAL DA JUSTIÇA MILITAR DA UNIÃO PARA PROCESSAR E JULGAR CIVIL PELA PRÁTICA DE CRIME MILITAR, DE ACORDO COM A LEI Nº 13.774, DE 19 DE DEZEMBRO DE 2018

A) POSICIONAMENTO DO TEMA ANTES DO ADVENTO DA LEI Nº 13.774/2018

I) Posicionamentos da doutrina

JORGE CESAR DE ASSIS, no artigo "**PROCESSO E JULGAMENTO DE CIVIS PELO JUIZ MONOCRÁTICO NA JUSTIÇA MILITAR**", publicado no livro "**DIREITO MILITAR EM MOVIMENTO", Juruá Editora, 2015, p. 117-129,** era de opinião que a Lei nº 8.457/92 – LOJMU – por intermédio do seu art. 30, não concedeu tal poder ao Juiz-Auditor, alegando tratar-se de um verdadeiro sequestro competencial, uma verdadeira usurpação de competência pelo magistrado togado além de caracterizar um suicídio jurisdicional, já que, por ser um integrante do Conselho de Justiça, deixar de convocá-lo ou afastá-lo depois de convocado, significaria que a Auditoria deixou de ter um órgão legalmente competente para processar e julgar crimes militares.

Por seu turno, **LUIZ FELIPE CARVALHO SILVA,** no artigo de sua lavra denominado "**UMA PERSPECTIVA ATUAL DA COMPETÊNCIA DA JUSTIÇA MILITAR DA UNIÃO PARA JULGAMENTO DE CIVIS**", publicado na **REVISTA DO MINISTÉRIO PÚBLICO MILITAR DA UNIÃO, nº 24, novembro/2014, p. 161-188**, entendia que o julgamento de civis poderia, por meio de uma atualização legislativa, e não por intermédio de construções judiciais nababescas, ser realizado de maneira monocrática pelo então Juiz-Auditor, escapando do escabinato que apenas tem razão de existência quanto à análise dos princípios militares exclusivos na afetação de um caso concreto, pois o magistrado togado é o mais preparado para o julgamento.

Já **LENDEL FERNANDES,** no artigo intitulado **"A INCONVENIÊNCIA DO JULGAMENTO DOS CRIMES MILITARES PELO ESCABINATO NA JUSTIÇA MILITAR",** ***in*** **REVISTA DO MPM, nº 21, abril/2010, p. 211-247,** defendia a competência funcional do Colegiado Militar apenas para julgamento dos crimes militares próprios, já que nos impróprios a conotação que se deve dar aos fatos é essencialmente jurídica e técnica, visto que os bens juridicamente tutelados de forma principal são de ordem não militar (vida, integridade física, liberdade sexual, patrimônio público e até mesmo o patrimônio privado), e apenas acessoriamente tutela-se a hierarquia e a disciplina, estando o então Juiz-Auditor dotado de todos os conhecimentos necessários ao deslinde motivado do feito, pois ausente o caráter funcional do delito, restando-lhe, monocraticamente, ***de lege ferenda,*** decidir em conformidade com a dogmática jurídica, sendo que a eventual quebra da hierarquia ou disciplina militar deverá ser considerada para fins da dosimetria da pena.

II) Posicionamentos dos tribunais

1) STM

a) Posicionamento contrário à competência monocrática do Juiz-Auditor

No STM, a temática foi abordada nas **APELAÇÕES 0000113-46.2010.7.01.0401, Rel. Min. JOSÉ AMÉRICO DOS SANTOS,** julgada em **19/12/2004, 89-90.2012.7.04.0004, Rel. Min. JOSÉ AMÉRICO DOS SANTOS,** julgada em **11/12/2014, CORREIÇÃO PARCIAL 0000165-12.2014.7.01.0301/RJ, Rel. Min. MARCUS**

VINICIUS OLIVEIRA DOS SANTOS, julgada em **16/9/2014 e no MANDADO DE SEGURANÇA 104-14.2014.7.0000/RJ, Rel. Min. LUIS CARLOS GOMES MATTOS,** julgado em **18/12/2014.**

Em todos esses julgados, por maioria de votos, a Corte Máxima Castrense inclinou-se no sentido de que a decisão proferida por Juiz-Auditor, afastando a competência do Conselho Permanente de Justiça para julgar civis pela prática de crime militar e, monocraticamente, julgá-los, usurpa aquela legalmente atribuída ao Colegiado Castrense, já que os dispositivos que orientam a organização do escabinato, constantes da Lei nº 8.457/92 (LOJMU), encontram-se hígidos e que só poderão ser modificados pelos meios constitucionalmente previstos, não havendo, portanto, legislação alguma que autorize o Juiz-Auditor a julgar singularmente qualquer acusado pela prática de crime, seja civil ou militar. Ocorre que, como dito anteriormente, tais julgamentos vencedores não foram seguidos por todos os Ministros do STM, ficando alguns vencidos em suas teses, como se verá a seguir.

b) Posicionamento favorável à competência monocrática do Juiz-Auditor

Em longo voto vencido **no MANDADO DE SEGURANÇA 104-14.2014.7.00.0000/RJ** antes referido, o Min. **ARTUR VIDIGAL**, em síntese, alegou: *"**1) que a finalidade dos Conselhos de Justiça, integrados por militares, objetiva julgar apenas militares, já que integrado por juízes militares leigos que estão familiarizados com as inúmeras particularidades que envolvem a vida na caserna, o que não ocorre quando julgam civis que não estão sujeitos à hierarquia e à disciplina, ainda que cometam crimes militares que afetem bens ou interesses das instituições militares, sendo desnecessário, assim, o conhecimento da vida militar para a exata elucidação dos fatos; 2) que os referidos Conselhos de Justiça não podem ser considerados o juízo natural dos civis acusados de delitos militares, em virtude do disposto no inciso LIII do artigo 5º da Lei Maior (a garantia de que ninguém*** *será processado nem sentenciado senão pela autoridade competente), já que autoridade competente não é necessariamente aquela que a lei prevê e sim a que derive de fontes constitucionais, não podendo o legislador ordinário, a pretexto de tornar esse princípio operacional, desviar-se dos postulados da isonomia, da razoabilidade e da dignidade da pessoa humana, constituindo flagrante afronta a tais preceitos constitucionais o fato de, nos crimes de competência da Justiça Militar da União, os civis serem julgados por quem está inserido numa realidade completamente diferente da sua, em contrariedade ao que ocorre com os integrantes da carreira militar; 3) que os juízes militares, embora leigos em matéria militar, julgam de acordo com a lei e com a prova dos autos, devendo motivar seu posicionamento, participam da instrução processual e são autorizados a formular perguntas ao acusado, ao ofendido e às testemunhas, por intermédio do juiz togado, da decisão quanto às medidas cautelares, podendo a conjugação de cada voto determinar a prisão do acusado, ainda que com o voto vencido do Juiz-Auditor, e, finalmente, aplicam à pena, fixando sua própria dosimetria da pena, o que acaba por tornar incontornável a ausência de compatibilidade entre a experiência que se espera que esses julgadores tragam para o Colegiado e a realidade na qual estão inseridos os civis; 4) que aos juízes militares não assistem as mesmas garantias e impedimentos próprios dos magistrados togados, desprovidos das prerrogativas constitucionais, o que implicaria violação à isonomia em relação aos civis sujeitos à jurisdição penal não militar, já que esses magistrados militares, definitivamente, não constituem o juízo natural constitucionalmente estabelecido para o jurisdicionado civil; 5) que existe a possibilidade do STM, por meio de interpretação, adequar a LOJMU aos preceitos constitucionais, sem que haja redução de texto, isto é, sem declarar a inconstitucionalidade de algum dispositivo da citada legislação, bastando que, dentre as possíveis interpretações da lei, se adote como correta aquela que mais se amolde à CF/88, qual seja, a de que civis acusados do cometimento de delitos militares no âmbito federal devam ser processados e julgados em primeira instância pelo Juiz-Auditor, monocraticamente".*

Na nossa **LOJMU ANOTADA**, editada em **2013**, **EDIPRO, p. 28-31**, já chamávamos a atenção para os juízes militares, juízes sem toga, no sentido de que não gozariam das prerrogativas do magistrado togado, sendo estranho que detenham em suas mãos um significativo poder decisório, simplesmente a eles concedido por meio de um sorteio.

2) STF

Há forte tendência na Corte Máxima de Justiça no sentido da supressão da competência da Justiça Militar da União para processar e julgar civis que pratiquem crimes, na modalidade culposa, contra bens e interesses afetos às instituições militares. Vejamos. No **HABEAS CORPUS 81.963/RS, SEGUNDA TURMA, Rel. MIN. CELSO DE MELLO,** julgado em **18/6/2002**, decidiu-se que não se tem por configurada a competência penal da Justiça Militar da União, em tempo de paz, tratando-se de réus civis, se a ação delituosa, a eles atribuída, não afetar, ainda que potencialmente, a integridade, a dignidade, o funcionamento e a respeitabilidade das instituições militares, que constituem, em essência, nos delitos castrenses, os bens jurídicos penalmente tutelados, afrontando o princípio do juiz natural. Tratava-se, na hipótese da análise do citado remédio heroico, de colisão de um veículo civil com uma motocicleta militar, causando lesões corporais culposas no seu condutor (militar da ativa), tendo o ilustre Relator admitido, entretanto, que a Justiça Militar da União possui, excepcionalmente, jurisdição penal sobre civis, quer em tempo de paz, quer em tempo de guerra, com escora no decidido no **CONFLITO DE COMPETÊNCIA 7.040/RS, PLENÁRIO, Rel. MIN. CARLOS VELLOSO,** julgado em **26/9/1996**, que proclamou a competência da Justiça Castrense por crime militar, praticado por civil contra militar na situação insculpida no art. 9º, inciso III, alínea "c", do CPM, tendo em vista que é marcado pelo intuito de atingir, de qualquer modo, a Força, com o objetivo de impedir, frustrar, fazer malograr, desmoralizar ou ofender o militar ou o evento ou situação em que este esteja empenhado.

Vê-se, assim, que este exemplo, apenas referido para fins de registro histórico, não serve para o questionamento em tela – competência monocrática do então Juiz-Auditor – muito pelo contrário é válido para atestar a competência da JMU para processar e julgar civis, isto é, não ingressa no ponto ora em exame.

Na **MEDIDA CAUTELAR EM HABEAS CORPUS 109.544/BA**, da relatoria do **Min. CELSO DE MELLO, SEGUNDA TURMA** do **STF**, em **9/8/2011**, mais uma vez, admitiu-se que a JMU possui, excepcionalmente, em tema de delitos castrenses, jurisdição penal sobre civis, quer em tempo de paz, quer em tempo de guerra, embora afirmando que, no campo do direito comparado, há tendência que se registra, modernamente, em sistemas normativos estrangeiros, visando à extinção (pura e simples) de tribunais militares em tempo de paz, ou, então, da exclusão de civis da jurisdição penal militar. Nota-se, dessa forma, repita-se, uma forte inclinação para suprimir a competência da JMU para processar e julgar civis seja nos crimes culposos, seja nos dolosos. É dizer: a JMU só deverá julgar seus militares pelo cometimento de crimes estatuídos nos incisos I e II, afastando-se o inciso III do mesmo artigo.

No mesmo diapasão, o **HABEAS CORPUS 113.423/SP, PRIMEIRA TURMA, Rel. Min. ROSA WEBER,** julgado em **5/2/2013**, ao proclamar que a competência da Justiça Militar, embora não se restrinja aos integrantes das Forças Armadas, deve ser interpretada restritivamente quanto ao julgamento de civil em tempos de paz por seu caráter anômalo. O cerne da questão ora em debate surgiu no **HABEAS CORPUS 112.848/RJ**, impetrado pela Defensoria Pública da União, e protocolado em 24/12/2012, objetivando reconhecer a incompetência da JMU para processar e julgar civil acusado dos delitos de resistência, lesão leve e ameaça, supostamente cometidos durante operação de garantia da lei e da ordem, questionando o impetrante, com base no art. 95, incisos I a III, da CF/88, e no art. 8° da Convenção

Americana de Direitos Humanos (**PACTO DE SÃO JOSÉ DA COSTA RICA**), a constitucionalidade dos arts. 16 a 26 da Lei 8.457/92, LOJMU, que determinam que os Conselhos Permanentes de Justiça tenham em sua composição militares desprovidos de jurisdição independente e imparcial, tendo o seu Relator **Min. RICARDO LEWANDOWSKI** votado pela concessão da ordem, por não considerar a atividade de policiamento ostensivo função de natureza militar, ocasião em que o **Min. GILMAR MENDES** proferiu voto-vista, sugerindo que fosse dada interpretação conforme a Constituição Federal, sem redução de texto, às antigas redações dos arts. 16 e 26 da Lei nº 8.457/92, de modo a concluir que o civil deverá ser julgado monocraticamente pelo juiz togado e não mais por um Conselho de Justiça, decidindo a Turma, por unanimidade de votos, afetar ao Plenário o julgamento do feito (**INFORMATIVO STF nº 736**). Ocorre que em 29/9/2020, por decisão monocrática, o HC foi julgado prejudicado, por ter o pedido perdido objeto, porquanto a extinção da pena se deu em 2015, e, em face, do art. 64, II, do Código Penal, faleceria interesse de agir do paciente.

Importante que se assinale a visão da Procuradoria-Geral da República no HC em tela – **112.848** – ao verberar que, embora não se negue o caráter anômalo da jurisdição penal castrense, notadamente em tempo de paz, como se nota nas decisões **HC 81.963, REL. Min. CELSO DE MELLO, HC 86.216/MG, REL. MIN. AYRES BRITTO, HC 105.348/RS, REL. MIN. AYRES BRITTO, CC 7.040/RS, REL. MIN. CARLOS VELLOSO**, a hipótese do remédio heroico configuraria uma daquelas situações excepcionais em que permitida à submissão de civil ao foro militar conforme previsão do art. 9º, inciso III, letra "c", do CPM, sendo a orientação da Corte Máxima de Justiça, a teor do voto do **Min. EROS GRAU** no **HC 84.735/PR (DJ de 3/6/2005**) e no **HC 108.459/CE, Rel. MIN. RICARDO LEWANDOWSKI (DJ de 23/11/2011).**

Acresce notar que alguns magistrados togados da JMU abraçaram o entendimento de que os civis não deveriam ser processados e julgados por Colegiado Militar e sim monocraticamente, ainda que praticassem crimes militares, excetuados os casos de concurso de agentes envolvendo acusado militar, bem assim crimes praticados no âmbito de operações de garantia da lei e da ordem, não estando jungidos à hierarquia e à disciplina militares e, assim, inexistindo motivo para que fossem julgados por oficiais das Forças Armadas. Consulte-se igualmente **HC 106.671, MEDIDA CAUTELAR EM HC 109.544, HC 112.936, HC 113.423, HC 115.671 e HC 113.128** que decidiram pela incompetência da JMU para julgar civis.

III) Iniciativas sobre a temática

1) Iniciativas judiciais

a) Arguição de Descumprimento de Preceito Fundamental nº 289

Em 15/8/2013, no STF, ingressou-se com a **ARGUIÇÃO DE DESCUMPRIMENTO DE PRECEITO FUNDAMENTAL nº 289** de autoria do Procurador-Geral da República, pleiteando seja dada interpretação conforme a Constituição ao art. 9º, incisos I e II, do Decreto-lei nº 1001 (Código Penal Militar), com eficácia *erga omnes* e efeito vinculante, para que se reconheça a incompetência da Justiça Militar da União para julgar civis em tempo de paz, objetivando que estes crimes sejam submetidos a julgamento pela Justiça Comum, federal ou estadual, já que não estão sujeitos à hierarquia e à disciplina, fazendo com que os Tribunais Militares não sejam o seu juízo natural conforme tendência no plano internacional de proteção aos direitos humanos. Nesta ação foram admitidos na qualidade de ***amici curiae*** pelo Ministro Relator **GILMAR MENDES**, a associação civil "TORTURA NUNCA MAIS", o Ministério Público Militar da União e a Defensoria Pública da União.

O ingresso do MPM no feito nesta qualidade foi repelido pelo Procurador-Geral da República, tendo o Ministro Relator **GILMAR MENDES**, ao deferir o pedido, escorado o seu entendimento na prerrogativa deste ramo do MP de defender sua própria autonomia, mesmo contra o posicionamento do Procurador-Geral da República, bem como no raciocínio de que a posição de *amicus curiae* não se confunde com a posição de parte, conferindo sua admissibilidade ao processo um colorido diferenciado, emprestando-lhe um caráter pluralista e aberto, fundamental para o reconhecimento de direitos e a realização de garantias constitucionais em um Estado Democrático de Direito. No mesmo passo, foi indeferido em 15/5/2020 o requerimento da Confederação de Tiro e Caça do Brasil (CTCB) para ingresso como *amicus curiae*. Em 26/10/2021, o Relator deferiu o ingresso como *amici curiae* do GAETs – Grupo de Atuação Estratégica das Defensorias Estaduais e Distrital nos Tribunais Superiores, da Conectas dos Direitos Humanos Dom Paulo Evaristo Arns (Comissão Arns), do Coletivo Papo Reto, do Instituto de Defesa da População Negra (IDPN) e do Instituto de Defesa do Direito de Defesa – Márcio Thomaz Bastos (IDDD). O julgamento foi pautado para 18/5/2022.

b) Ação Direta de Inconstitucionalidade 5.032

Foi ajuizada pela Procuradoria-Geral da República, através do então Procurador-Geral da República **ROBERTO MONTEIRO GURGEL SANTOS**, contra a regra prevista na Lei Complementar nº 97/99, na redação dada pelas Leis Complementares 117/2004 e 136/2010, que insere na competência da Justiça Militar da União o julgamento de crimes cometidos no exercício das atribuições subsidiárias das Forças Armadas, em operações para garantia da lei e da ordem e de combate ao crime, como as ocupações de favelas no Rio de Janeiro, sustentando que as alterações no parágrafo 7º, do art. 15, da Lei nº 97/99, ampliaram demasiadamente a competência da Justiça Militar, violando o art. 5º, *caput*, da CF/88 ao estabelecer foro privilegiado sem que o crime tenha relação com funções tipicamente militares e contrariando também a Carta Magna nos arts. 5º, inciso LIII e 124 ao classificar de crime militar delito comum, o que desvirtuaria o sistema constitucional de competências. Foram admitidos como *"amici curiae"* o Ministério Público Militar da União, a associação civil "Tortura Nunca Mais" e a Defensoria Pública da União na qualidade de terceira interessada. Posteriormente, o então Procurador-Geral da República **RODRIGO JANOT** se posicionou contrariamente à ADI, pugnando pela sua improcedência. No entanto, com o advento da Lei nº 13.491, de 13/10/2017, como falado anteriormente, a JMU passa a ser competente para processar e julgar os militares das Forças Armadas que cometerem crime doloso contra a vida de civil nas situações especificadas. Enfim, o último andamento dessa ADI registra que o relator **Min. MARCO AURÉLIO** julgou improcedente o pedido por considerar as atividades de garantia da lei e da ordem, embora subsidiárias, atividades de natureza essencialmente militar, haja vista se destinarem à proteção da soberania nacional, mesmo que em tempos de paz. O **Min. EDSON FACHIN** julgou procedente o pedido, já que a Constituição Federal teria optado por quadro normativo consoante com uma jurisdição restritiva em relação ao alcance da respectiva competência jurisdicional, devendo apenas os crimes militares próprios serem alcançados pela jurisdição militar, não cabendo ao legislador ordinário ou ao intérprete ampliarem a competência da Justiça Militar. Em 16/10/2020, os autos foram conclusos ao Relator.

c) Recurso Ordinário em Habeas Corpus nº 142.608/SP

Também no RHC nº 142.608/SP, interposto por civil contra acórdão do Superior Tribunal Militar que denegou writ originário, mantendo o curso de ação penal militar, será julgado a inconstitucionalidade de se submeter civis em tempo de paz à Justiça Militar, tendo o julgamento também sido pautado para o dia 18/5/2022 para julgamento conjunto com a ADPF 289.

B) O ADVENTO DA LEI Nº 13.774, DE 19 DE DEZEMBRO DE 2018

Em 5/6/2014, o STM apresentou proposta à Câmara dos Deputados, fazendo alterações profundas na Lei nº 8.457/92 – LOJMU – surgindo assim a Lei º 13.774, de 19 de dezembro de 2018. Vejamos as principais modificações oriundas da novel lei, de forma sintética.

a) **Deslocamento da competência do julgamento de civis que cometam crime militar para o Juiz Federal da Justiça Militar, inclusive em concurso com militar, acrescentando, para tal finalidade, o inciso I-B ao art. 30 da Lei 8.457/92 – LOJMU.**

Sobre esta competência da JMU para julgar civis, alguns juristas antes do advento da Lei 13.774/2018, como se comentou anteriormente, sustentavam que seria, no mínimo, estranho sujeitá-los a julgamento perante órgãos híbridos como são os Conselhos de Justiça, integrados por um juiz togado civil e quatro militares da ativa, já que eles – civis – não estão sujeitos à hierarquia e à disciplina militares e que, no caso dos Conselhos Permanentes de Justiça, a função dos quatro juízes militares era temporária, o que, à evidência, maculava o princípio do juiz natural e as garantias da independência e da imparcialidade.

Em 2013, no nosso livro **LOJMU ANOTADA, p. 28-35**, repita-se, tocamos, de forma inédita, neste tema da constitucionalidade dos "Conselhos de Justiça" ao indagarmos: "***Estende-se ao Juiz Militar, oficial das Forças Armadas, integrante do Conselho de Justiça, as prerrogativas constitucionais conferidas ao Juiz-Auditor? Possui o Juiz Militar, integrante do Conselho de Justiça, o juiz sem toga, foro por prerrogativa de função idêntico ao Juiz Auditor, juiz togado, no caso de cometimento de crime comum?***". Referíamos, naquela oportunidade, justamente ao princípio do juiz natural, princípio este agora abordado para justificar a impossibilidade de civis serem julgados por juízes militares.

De se notar que esta competência do juízo monocrático da JMU já existe em tempo de guerra para processar e julgar civis e praças, nos termos do prescrito no art. 97, inciso II, da LOJMU, fato esse que também abordamos em nossa **LOMU ANOTADA, p. 308**, quando apontamos que *"**Observa-se que a competência do juiz-auditor, para o tempo de guerra, muito se assemelha com o Conselho Permanente para o tempo de paz, já que este também, a teor do art. 27, inciso II, da lei ora comentada, é competente para processar e julgar praças e civis**"*.

Em artigo denominado **"LEI Nº 13.774/18 E A INCOMPETÊNCIA ABSOLUTA DO JUÍZO MONOCRÁTICO PARA EX-MILITARES", www.observatoriodajustiçamilitar,** acesso em 30/4/2019, **CÍCERO NEVES** chama atenção para a hipótese de o autor, no momento do delito, possuir a condição de militar (da ativa ou inativo) e, no curso da persecução criminal perder essa condição, não devendo o Juiz Federal da JMU avocar o processo para si e sim dar andamento ao processo perante o escabinato, asseverando que o órgão jurisdicional competente para processar e julgar o caso, a partir do recebimento da denúncia, foi o colegiado, o escabinato, cabendo apenas a ele, a partir de então, nos exatos termos do inciso V, do art. 28, da Lei nº 8.457/92, "**decidir as questões de direito e de fato suscitadas durante instrução criminal ou julgamento**", o que violaria o princípio do juiz natural. E, por fim, ressalta o jurista que *"**admitir que a perda da condição de militar mude automaticamente a competência do juízo monocrático, é permitir que o acusado escolha, em momento que lhe aprouver, o órgão de julgamento, ferindo o princípio constitucional em comento, possibilitando suprimir do escabinato a apreciação de importantes fatos**"*.

No mesmo passo, **ADRIANO ALVES-MARREIROS,** no artigo denominado **"LEI Nº 13.774/2018, OS CONSELHOS E JUÍZO MONOCRÁTICO NA JUSTIÇA MILITAR DA UNIÃO: UMA ANÁLISE VISANDO A EVITAR QUE A MÚSICA SE TORNE RUÍDO. OU PIOR", www.observatoriodajustiçamilitar.info,** acesso em 30/4/2019, também assinala que a nova lei foi expressa ao remeter a definição da competência do juízo monocrático para o tempo do crime, porque a vinculou aos incisos I e III, do art. 9º, do CPM, dispositivos aplicados justamente no tempo do crime, para saber se o crime é militar ou não, bastando-se que se atente ao art. 30, I-B, incluído pela Lei nº 13.774/18, ou seja, o Juiz Federal da Justiça Militar só atuará monocraticamente nos casos em que um dos autores ou partícipes já fosse civil ao tempo do crime, que é quando incide o art. 9º do CPM, escolhido pelo legislador como critério para essa distinção entre juízo monocrático e escabinato e que o Conselho é que teria que declinar ou não da competência.

O Juiz Federal da JMU **LUIZ OTÁVIO RABELO NETO** caminha na mesma direção, ao esclarecer que, se já instalado o Conselho, este deve decidir pela sua incompetência, remetendo os autos dos processos em curso ao Juiz Federal da Justiça Militar, não cabendo simplesmente ao magistrado assumir a causa por mero despacho, processar e julgar o feito, usurpando a competência do órgão judicial até então competente (**A REFORMA DA JUSTIÇA MILITAR DA UNIÃO: COMENTÁRIOS À LEI Nº 13.774, DE 19 DE DEZEMBRO DE 2018, www.jus.com.br, acesso em 30/4/2018**).

Anote-se que a **CÂMARA DE COORDENAÇÃO E REVISÃO DO MINISTÉRIO PÚBLICO MILITAR**, através do **ENUNCIADO Nº 19-CCR/MPM**, de 12/2/2019, manifestou-se, dessa forma: ***"Para aferimento da competência dos Conselhos de Justiça e do Juiz Federal da Justiça Militar, órgão judiciais da 1ª Instância da Justiça Militar da União, nos termos do art. 27 e art. 30 da LOJM (Lei nº 8.457, de 04/09/1992, com a redação dada pela Lei nº 13.774, de 19 de dezembro de 2018) deve ser considerada a condição do agente (civil ou militar), no momento do fato, não alterando esta competência a posterior modificação de tal condição".***

O STM já firmou posição, por maioria, no sentido de que as alterações operadas pela Lei nº 13.774/2018 na LOJMU não incidem sobre os civis que tenham praticado o delito ao tempo em que eram militares em situação de atividade, sujeitos à hierarquia e à disciplina, declarando a competência dos Conselhos de Justiça para o processamento e julgamento do feito, conforme se vê a seguir:

"EMENTA: RECURSO EM SENTIDO ESTRITO. POSSE DE ENTORPECENTE EM LUGAR SUJEITO À ADMINISTRAÇÃO MILITAR. LEI Nº 13.774/2018. LICENCIAMENTO DO ACUSADO APÓS A PRÁTICA DO SUPOSTO DELITO. PROCESSAMENTO E JULGAMENTO DO FEITO. COMPETÊNCIA DO ESCABINATO DE PRIMEIRO GRAU. DECISÃO MONOCRÁTICA. JUIZ NATURAL E SEGURANÇA JURÍDICA. DIREITOS FUNDAMENTAIS. CONTRARIEDADE. NULIDADE ABSOLUTA. PREQUESTIONAMENTO. INOBSERVÂNCIA DE PRINCÍPIOS CONSTITUCIONAIS. PROVIMENTO. DECISÃO POR UNANIMIDADE. A superveniência da Lei nº 13.774/2018 não impõe o deslocamento automático, em favor do juiz singular, da competência para o processamento e o julgamento de ex-militar, que, após a prática do crime militar, perde a qualidade de militar da ativa, passando à condição de civil. **In casu,** *a denúncia informa que o crime militar foi consumado enquanto o Acusado ostentava a condição de militar da ativa e estava sujeito aos princípios constitucionais da hierarquia e da disciplina, consagrados no* **caput** *do art. 142 da Carta Política de 1988. Assim, ao "(...) DEIXAR DE CONVOCAR o Conselho Permanente de Justiça, passando a atuar (...) de forma MONOCRÁTICA (...)", sob a alegação da entrada em vigor da Lei nº 13.774/2018 e do licenciamento do Acusado das fileiras das Forças Armadas, o magistrado civil invadiu a competência privativa do escabinato de primeira instância, revelando-se tal decisão eivada de nulidade insanável. Por fim, no tocante ao prequestionamento, a decisão recorrida ofendeu os dispositivos constantes dos incisos XXXVII, LIII e LIV do art. 5º da Constituição Federal de 1988. Provido o recurso ministerial. Decisão por unanimidade"* **(RECURSO EM SENTIDO ESTRITO 7000353-642019.00.000, Rel. Min. ÁLVARO LUIZ PINTO, j. 29/5/2019).**

EMENTA: RECURSO EM SENTIDO ESTRITO. MPM. ARTS. 146 E 398 DO CPPM. REJEIÇÃO DE ARGUIÇÃO DE INCOMPETÊNCIA DA JMU. APF. APURAÇÃO DE CRIMES DE INJÚRIA E DESACATO A MILITAR. FATOS OCORRIDOS FORA DE LOCAL SOB ADMINISTRAÇÃO MILITAR. LESÃO AO BEM JURÍDICO ESPECÍFICO DAS INSTITUIÇÕES MILITARES. SUBSUNÇÃO DOS FATOS À NORMA CONTIDA NO ART. 9º, III, "D", DO CPPM. RECURSO NÃO PROVIDO. DECISÃO UNÂNIME. ***1. Consoante o disposto na alínea "d" do inciso III do art. 9º do Código Penal Militar, para a configuração de crime tipificado pela Lei Penal castrense, em caso de cometimento de delito fora de local sob administração militar, exige-se que o ofendido esteja em função de natureza militar. 2. Dentre as ações necessárias para o cumprimento de sua missão constitucional primeira, as Forças Armadas desenvolvem dois tipos de atuação: a atividade fim e a atividade meio. Negar a incidência do Direito Penal Militar tão somente porque o delito, objeto da ação penal, diz respeito a uma atividade administrativa significa, ipso facto, negar a proteção desse ramo especializado do Direito à própria atividade fim das Forças Armadas. 3. A função de natureza militar não se restringe ao treinamento para guerra ou às manobras militares, tem sentido mais amplo, abrangendo atividades que dão subsídio ao desempenho das demais funções militares. 4. A competência para o julgamento dos crimes militares definidos em Lei advém do mandamento constitucional previsto no art. 124 da Constituição Federal de 1988. Com efeito, o artigo 122 da Carta Maior define quais são os órgãos que compõem a Justiça Militar, sendo estes o Juiz Natural competente para o julgamento dos crimes militares. Outrossim, apreciar crime militar como se comum fosse, além de implicar ofensa ao Princípio da Legalidade, significaria, por via direta, ofender o Princípio do Juiz Natural. Precedentes do STM. 5. A competência penal da Justiça Militar da União não se limita, apenas, aos integrantes das Forças Armadas. É aferível, objetivamente, a partir da subsunção do comportamento do agente – de qualquer agente, mesmo o civil, ainda que em tempo de paz – ao preceito primário incriminador consubstanciado*** *nos tipos penais definidos em Lei. Precedentes do STF. 6. A atual jurisprudência desta Corte, dado o atual panorama legislativo advindo da Lei nº 13.774/2018, que alterou dispositivos da Lei de Organização da JMU – 8457/92, é no sentido da prevalência do princípio do* tempus comissi delicti, *que assegura a garantia de o Acusado civil ser processado e julgado por um juiz togado (Juiz Federal da Justiça Militar), legalmente revestido das garantias constitucionais, desde que ostente essa condição no momento da prática da conduta delitiva. 7. Recurso conhecido e não provido. Decisão unânime* (RECURSO EM SENTIDO ESTRITO 7000539-87.2019.7.00.0000, Rel. Min. CARLOS AUGUSTO DE SOUZA, j. 28/5/2019).

EMENTA: RECURSO EM SENTIDO ESTRITO. MPM. DESCONSTITUIÇÃO DA DECISÃO MONOCRÁTICA QUE TORNOU SEM EFEITO A CONVOCAÇÃO DO CONSELHO ESPECIAL DE JUSTIÇA, POR INCOMPETÊNCIA DO ESCABINATO, EM FACE DA PUBLICAÇÃO DA LEI Nº 13.774/2018. RECURSO PROVIDO. DECISÃO CASSADA EM FACE DA PRORROGAÇÃO DA COMPETÊNCIA COM O ENCERRAMENTO DA INSTRUÇÃO CRIMINAL. I. Decisão do Juiz Federal da Justiça Militar da União que afasta a convocação do Conselho Especial de Justiça, passando a atuar de forma monocrática, em virtude de o Acusado ter passado à condição de civil, tendo em vista a alteração da Lei de Organização da Justiça Militar pela Lei nº 13.774/2018. II. Em que pese a alteração do status do réu, o qual passou à condição de civil, a competência deve ser prorrogada, pois o despacho de desconstituição do escabinato foi exarado após o encerramento da instrução processual, não sendo mais possível o deslocamento da competência do citado colegiado para o juiz togado. A Decisão de deslocamento de competência interna corporis *entre o escabinato e o juiz togado e vice-versa não pode se dar a qualquer tempo e deve ser cassada, pois, segundo o precedente da Suprema Corte, no julgamento da AP n º 937, 'a definição do encerramento da instrução como marco para a prorrogação da competência privilegia, em maior extensão, o*

princípio da identidade física do juiz, ao valorizar o contato do magistrado julgador com as provas produzidas na ação penal'. Recurso em Sentido Estrito provido. Decisão unânime" **(RECURSO EM SENTIDO ESTRITO 7000469-70.2019.7.00.0000, Rel. Min. JOSE COELHO FERREIRA, j. 15/5/2019).**

Registre-se que o Ministério Público Militar arguiu, de forma inédita, perante o Superior Tribunal Militar, **Incidente de Resolução de Demandas Repetitivas (IRDR)** para firmar a tese jurídica da manutenção da competência do Conselho Permanente de Justiça para processar e julgar civis que à época do cometimento do delito ostentavam a condição de militar, buscando a suspensão do julgamento de todos os feitos em trâmite na Justiça Militar da União que envolvam essa temática, bem como o acolhimento da tese jurídica com efeito vinculante pela Corte Castrense, resguardando a segurança jurídica e o princípio da isonomia.

O referido **IRDR** teve como feito principal o **Recurso em Sentido Estrito 7000144-95.2019.7.00.0000,** tramitado no STM, interposto nos autos da Ação Penal Militar **7000050-64.2018.7.03.0303,** da 3ª Auditoria da 3ª CJM. Na denúncia, o MPM imputa a prática do delito de tráfico, posse ou uso de entorpecente em ambiente militar, previsto no art. 290 do Código Penal Militar, a pessoa que, no momento do cometimento do crime, ostentava a condição de militar da ativa.

Na visão do MPM, o que importa para fixar a competência monocrática é o momento em que o crime for cometido. Sendo civil, nesta oportunidade, fixa-se a competência monocrática; sendo militar, estabelece-se a competência do escabinato. Assim, com base na Lei nº 13.774/2018, se houver o licenciamento do réu no curso do processo, defende-se que o Conselho Permanente de Justiça continua detendo a competência para o seu julgamento.

Contudo, os Juízes Federais da Justiça Militar,que entendem de modo contrário à tese ministerial, deixam de convocar o Conselho Permanente de Justiça e seguem atuando de forma monocrática no feito. Para o MPM, esse entendimento fere o princípio do juiz natural ou legal e é oposto ao que determina a Lei nº 13.774/2018.

Disciplinado na lei processual civil, o Incidente de Resolução de Demandas Repetitivas (IRDR) é cabível quando há, simultaneamente, efetiva repetição de processos que discutam controvérsia sobre a mesma questão unicamente de direito e risco de ofensa à isonomia e à segurança jurídica, conforme se extrai do art. 976 do Código de Processo Civil.

Em sessão do dia 16/5/2019, o Superior Tribunal Militar admitiu o referido Incidente de Resolução de Demandas Repetitivas (**IRDR 7000425-51.2019.7.00.0000**), arguido pelo procurador-geral de Justiça Militar, por 14 votos, incluindo o voto do presidente e vencido o Ministro **JOSÉ COELHO FERREIRA**. O incidente foi admitido nos termos do voto do relator, Ministro **PÉRICLES AURÉLIO LIMA DE QUEIROZ**, que destacou que o Incidente de Resolução de Demandas Repetitivas é procedimento previsto no Código de Processo Civil de 2015 (art. 976 e seguintes), com o objetivo de firmar tese jurídica a ser uniformemente aplicada a determinada matéria até então controvertida, e que, sendo julgado procedente, vinculará as decisões do próprio Superior Tribunal Militar e dos Órgãos Julgadores de primeiro grau, no sentido de que os ex-militares que cometerem crimes ainda na condição de militar continuem sendo processados pelos Conselhos de Justiça após se desligarem da Força. Como solução jurídica, o procurador-geral de Justiça Militar pediu que esse entendimento se tornasse consenso em toda a Justiça Militar, o que seria possível por meio do Incidente de Resolução de Demandas Repetitivas (IRDR). Embora o IRDR não esteja previsto no Código de Processo Penal Militar (CPPM), nem no Regimento Interno do STM, o Plenário decidiu ser possível a aplicação do instituto na JMU com base no art. 976, incisos I e II, do Código de Processo Civil (CPC).

Assentou, ainda, nos termos da inaugural, que, apesar da previsão no CPC, a doutrina e a jurisprudência são pacíficas pela possibilidade do ajuizamento do IRDR no âmbito do processo penal e que é perfeitamente cabível o Instituto perante o Superior Tribunal Militar, sob a competência do Plenário, órgão responsável pela uniformização da jurisprudência da Corte Castrense.

No caso concreto, o ministro **PÉRICLES QUEIROZ** indicou que os pressupostos para a admissibilidade do **IRDR** estavam presentes, já que se pretende discutir divergência acerca do órgão de 1º grau competente para o julgamento de civis que ostentavam a condição de militar da ativa à época do cometimento do delito castrense, em função da inserção do inciso I-B no art. 30 da Lei nº 8.457/92 – Lei de Organização Judiciária Militar da União – pela Lei nº 13.774/2018, assim como foi constatada a existência de vários feitos no próprio Tribunal que tratam do tema, estando evidente o risco de ofensa à isonomia, pela fixação de juízos diversos, monocrático e colegiado (escabinato), para o processamento de réus na mesma situação jurídica, com possibilidade de mácula à segurança jurídica.

Durante o julgamento, o procurador-geral de Justiça Militar, autor da petição, fundamentou alguns pontos do estudo da matéria em discussão. Ele esclareceu que o objetivo da Lei nº 13.774/2018, que transferiu a competência do julgamento de civis para o juiz monocrático, foi evitar que o civil (puro) se submetesse a um Conselho composto majoritariamente por juízes militares, fato que só se justifica no caso do militar que está sujeito às regras de hierarquia e disciplina. O procurador-geral lembrou ainda que o embasamento para a tese é que "**é o tempo que rege o ato**", ou seja, deve-se considerar a situação da pessoa – se é militar ou não – à época do crime. Se ao tempo do cometimento do delito o militar está em atividade militar, ele está sujeito ao escabinato (Conselho). O procurador lembrou que a não convocação do Conselho, nesse caso, feria o princípio do juiz natural e também põe em xeque a validade do escabinato em qualquer situação envolvendo o julgamento de militares.

Antes de proferir o voto de mérito sobre a matéria, o relator, ministro **PÉRICLES AURÉLIO LIMA DE QUEIROZ,** enfatizou que o **Incidente de Resolução de Demandas Repetitivas (IRDR)** é uma das principais inovações do Código de Processo Civil de 2015, referente à uniformização da jurisprudência nos Tribunais. Destacou também que o IRDR objetiva concentrar em uma só causa o julgamento de determinada tese jurídica, a qual, julgado procedente o pedido, deverá ser adotada no âmbito de toda a competência territorial subordinada. Com isso, o instituto possibilita a concretização do princípio da segurança jurídica e a garantia da duração razoável dos processos, pela fixação do precedente aos órgãos inferiores. O ministro discorreu também sobre a competência dos Conselhos de Justiça (ou Conselhos de Guerra) para o julgamento dos crimes militares ao longo da história mundial. O magistrado acentuou como valores peculiares às Forças Armadas a submissão de seus integrantes aos pilares da hierarquia e da disciplina. O relator afirmou ainda que, desde a entrada em vigor da Lei 13.774/2018, consagrou-se a competência do Juiz Federal da Justiça Militar julgar, de forma monocrática, os civis que cometam crimes militares. Porém, passaram a ser proferidas diversas decisões de juízes da primeira instância no sentido de avocarem a competência singular para o julgamento de feitos em que o acusado, embora supostamente tenha cometido o crime na qualidade de militar da ativa, foi posteriormente excluído das fileiras das Forças Armadas.

E continuou: ***"Não é correto afirmar que um princípio, lesionado no momento do cometimento do crime, deixa de ser sacrificado após a alteração da situação jurídica do réu. (...) Por tal motivo é que afirmamos que a condição de militar da ativa, para efeitos de definição do órgão competente da Justiça Castrense de 1º grau, deve ser aferida no momento da prática do delito".*** O magistrado destacou também que ***"mesmo que não mais ostente a qualidade de militar, os licenciados, desincorporados ou desligados permanecem com deveres que os classificam numa posição sui generis: não podem ser considerados***

integrantes das Forças Armadas na forma do art. 3º da Lei nº 6.880/1980, mas também não são civis na genuína acepção do termo, diante da capacidade de mobilização". Também foi rejeitada a tese levantada pela OAB-DF segunda a qual deveria ser aplicar à matéria o mesmo tratamento dado à hipótese do militar que comete um crime na condição de oficial de patente inferior e no decorrer do processo é promovido a general. Nesse caso, o militar passa a ser julgado pelo STM. O relator afirmou que não é possível a analogia: se o oficial-general permanecesse sob julgamento do Conselho, ele seria julgado por um coronel, o que fere os princípios da hierarquia e da disciplina. Continuando o seu voto, o magistrado lembrou que a mudança do órgão julgador vai contra o princípio do juiz natural extraído dos incisos XXXVII e LIII, do art. 5º, da Constituição Federal, que dispõe que "não haverá juízo ou tribunal de exceção" e que "ninguém será processado nem sentenciado senão pela autoridade competente". Pontuou, ainda, o Ministro Relator: ***"Portanto, quando a Constituição dispõe a inexistência de juízo de exceção, significa afirmar que o órgão competente para o julgamento deve ser definido antes da prática do fato típico".***

Ele citou a hipótese de o réu ser licenciado e reintegrado mais de uma vez no curso do processo: a alteração do juízo competente a cada modificação da sua situação jurídica iria ferir ***"não só o postulado destacado, como o princípio da duração razoável e da economia processual".*** Ao final de seu voto, o ministro relator rejeitou a hipótese de equiparar a condição do ex-militar à condição de civil, conforme a alteração incluída no art. 30 da Lei nº 8.457/92, no seu inciso I-B. ***"Significa dizer que se o acusado ostentava a condição de civil no momento da prática do fato típico, com a entrada em vigor da Lei nº 13.774/2018, a competência para julgamento automaticamente é designada ao Juiz Federal da Justiça Militar de forma monocrática. Todavia, caso seja militar à data do crime e, a posteriori, é excluído das fileiras castrenses, prevalece sua situação jurídica referente ao tempo da ação/omissão punível"***, concluiu.

Em decisão unânime, o Superior Tribunal Militar (STM) decidiu, no dia 22/8/2019, que os ex-militares que respondem a processo na Justiça Militar da União (JMU) continuam submetidos aos Conselhos de Justiça na primeira instância. Como se sabe, os Conselhos de Justiça são formados por quatro oficiais das Forças Armadas que atuam como juízes militares ao lado de um juiz de carreira (civil concursado). O entendimento do STM rejeitou a possibilidade de militares que se desligaram das Forças Armadas receberem o mesmo tratamento dado aos civis após a sanção da Lei nº 13.774/2018, ou seja, serem julgados apenas pelo Juiz Federal da Justiça Militar. Como já falado anteriormente, a Lei 13.774/2018 determinou que os civis que cometam crime militar devem ser processados e julgados apenas pelo Juiz Federal da Justiça Militar e não mais pelos Conselhos de Justiça. No entanto, repita-se, alguns magistrados da primeira instância da Justiça Militar Federal passaram a entender que a mesma regra deveria ser aplicada aos militares que, após cometerem crime militar, foram licenciados da Força e deveriam, por essa razão, receber o mesmo tratamento dos civis.

Com base no voto do relator, o Plenário do STM decidiu pela procedência do Incidente de Resolução de Demandas Repetitivas (IRDR) e estabeleceu a seguinte tese jurídica, que deverá ser imediatamente aplicada aos feitos em curso no 1º e no 2º grau da Justiça Militar da União: ***"Compete aos Conselhos Especial e Permanente de Justiça o julgamento de civis que praticaram crimes militares na condição de militares das Forças Armadas. A tese aplicada deverá ser imediatamente aplicada aos feitos em curso nos primeiro e segundo grau da Justiça Militar da União. Nos processos em trâmite no STM, caberá aos ministros relatores, liminarmente, e de forma monocrática, a) caso a pretensão contrarie o entendimento firmado pela corte, julgar pelo desprovimento e b) caso a solução for contrária à decisão do IRDR, dá provimento, depois de facultada as contrarrazões".***

No artigo intitulado "**O INCIDENTE DE RESOLUÇÃO DE DEMANDAS REPETITIVAS nº 7000425-51.2019.7.00.0000**

E A COMPREENSÃO EXATA DE QUEM É O CIVIL SUJEITO À JURISDIÇÃO MONOCRÁTICA DO JUIZ FEDERAL DA JUSTIÇA MILITAR", publicado na Revista **DIREITO MILITAR, ano XXII, n. 137, setembro/outubro. 2019, p. 6-8, JORGE CESAR DE ASSIS** acentua que mais um imbróglio surgiu por conta do termo civil, gerando controvérsias entre os operadores e aplicadores do Direito Militar, indagando quem seria esse tal civil, aquele que cometeu o crime militar nesta condição pessoal ou abarcaria também o civil, ex-militar, que na condição de integrante das Forças Armadas teria cometido o delito militar.

É dizer: uma situação é um civil que comete um crime militar e outra é um militar das Forças Armadas que praticou um crime militar como militar, mas que se transforma em um civil, ex-militar, qual seja, foi excluído das fileiras castrenses. Para facilitar o entendimento, poderíamos resumir tais situações: **civil** (ontem) – **militar** (hoje) – *era civil e passou a condição de militar* – e **militar** (ontem) – **civil** (hoje), era militar e passou a condição de civil.

No tocante à segunda hipótese, ***militar-civil***, a decisão no **IRDR** acima referido é bem clara: adoção do princípio *tempus regit actum,* isto é a competência deve ser fixada na data do fato.

ASSIS, no artigo antes citado, joga para discussão o inverso: a figura de um tipo especial de civil, aquele que somente na qualidade de paisano pode cometer um crime militar, o insubmisso. Para isso, finca seu entendimento na tese defendida pelo Promotor da Justiça Militar de BAGÉ/RS, **SOEL ARPINI,** para quem aquele civil que agora é militar, ex-civil, porque para ser processado necessita da condição de militar, se insere dentro da jurisdição monocrática do Juiz Federal da Justiça Militar. É a primeira hipótese resumida anteriormente: ontem, ***civil,*** hoje, ***militar.*** E arremata o ilustre jurista com base exatamente na tese decidida no referido **IRDR** que não há como ignorar que o processo e o julgamento do agente da insubmissão correrão de forma monocrática perante o magistrado togado, e nunca mais perante o Conselho de Justiça.

Alinhamo-nos com o defendido por **ASSIS**, encaixando-se o ***civil-militar*** na citada tese do **IRDR,** já que o binômio ***data do fato criminoso e condição pessoal do agente*** norteará a fixação da competência: ***militar-civil***, competência do Conselho de Justiça, ***civil-militar***, competência do Juiz Federal da Justiça Militar. Aliás, o **Ministro PÉRICLES QUEIROZ**, no seu voto, equacionou, de forma certeira, na hipótese de **civil-militar** ao dizer: "***Significa dizer que se o acusado ostentava a condição de civil no momento da prática do fato típico, com a entrada em vigor da Lei nº 13.774/2018, a competência para julgamento automaticamente é designada ao Juiz Federal da Justiça Militar de forma monocrática. Todavia, caso seja militar à data do crime e, a posteriori, é excluído das fileiras castrenses, prevalece sua situação jurídica referente ao tempo da ação/omissão punível".*** Portanto, pode-se dizer claramente que, no caso do insubmisso, o STM entende que a competência é do Juiz Federal da Justiça Militar.

Hoje, o **IRDR** é regulado nos arts. 157 a 159 do Regimento Interno do STM. E, por fim, em 6/12/2019, o STM editou a **Súmula nº 17**: "**Compete aos Conselhos Especial e Permanente de Justiça processar e julgar acusados que, em tese, praticarem crimes militares na condição de militares das Forças Armadas".**

Um outro problema foi trazido pelo Juiz Federal da JMU **RICARDO VERGUEIRO FIGUEIREDO** em artigo denominado "**SESSÃO DE JULGAMENTO EM CASOS QUE ENVOLVEM CIVIS**", publicado na **Revista da AMAJME, nº 133, janeiro/fevereiro 2019, p. 12-14**, quando indaga se haveria necessidade de designação de Sessão de Julgamento para a sustentação oral das partes. No pensar do referido magistrado togado militar, seria desnecessária a designação de Sessão de Julgamento, já que o mérito da demanda não será mais enfrentado pelo Conselho de Justiça, e sim, singularmente, pelo Juiz Federal da Justiça Militar, embora ressalte que em respeito ao princípio da ampla defesa, antes de conceder vista às partes para os fins do art. 428 do CPPM, o julgador deveria manifestar-se expressamente sobre o seu entendimento, qual seja, da desnecessidade de designação de data para Sessão de Julgamento, e caso haja pronunciamento de uma das partes ou de ambas no sentido da sua necessidade, ou ele, Juiz Federal, indeferirá o pleito quando do saneamento do processo (art. 430 do CPPM), determinando que os autos sejam conclusos para a prolação da sentença, ou então designará data para a realização da citada Sessão de Julgamento, onde julgará amplamente a demanda após os debates orais das partes. Outra hipótese levantada pelo autor do artigo em tela seria aquela em que as partes já apresentaram as suas Alegações Escritas, tendo o juiz desfeito o Conselho Permanente de Justiça e proferido sentença penal condenatória – hipótese examinada no **HC 93.076/RJ, Rel. Min. CELSO DE MELLO,** em **26/8/2008**, pelo **STF**, que o indeferiu sob o argumento de que os debates orais eram direcionados aos membros do Conselho, membros esses que poderiam ser substituídos quando do julgamento por várias causas, o que tornava relevante os debates orais para que pudessem se inteirar da causa, tendo o rito processual passado a assemelhar-se àquele traçado nos arts. 394 a 405 e 498 a 502 do CPP Comum – e que para o articulista em tela o melhor seria que as partes se manifestassem quanto à necessidade de designação da Sessão de Julgamento.

b) **Nova competência do Juiz Federal da Justiça Militar da União para o julgamento de habeas corpus, habeas data e mandado de segurança referente à matéria criminal, impetrado contra ato de autoridade militar, com exceção dos atos praticados pelos oficiais-generais, que continuariam a ser da competência do STM.**

WLADIMIR ARAS, em **"AS MUDANÇAS NA LEI ORGÂNICA DA JUSTIÇA MILITAR DA UNIÃO", www.wladimiraras.com.br**, alega que em virtude dos oficiais-generais das Forças Armadas possuírem foro por prerrogativa de função no STM, deve-se observar a restrição de foro especial decorrente do precedente adotado pelo **STF** na **AP 937/RJ QO, Pleno, Rel. Min. LUIZ ROBERTO BARROSO, j. 3/05/2018,** entendendo que nos crimes impróprios cometidos por tais oficiais-generais a competência não será mais do STM, devendo ser julgados em primeira instância, já que somente se submetem à Corte Máxima Militar quando cometerem crimes próprios, isto é, ***propter officium***, enquanto estiverem no exercício do cargo ou mandato, qual seja, o foro por prerrogativa de função aplica-se apenas aos crimes cometidos durante o exercício do cargo ***e relacionados às funções desempenhadas*** na esteira do decidido pelo STF.

Rebelam-se **JORGE CESAR DE ASSIS** e **MARIANA QUEIROZ AQUINO CAMPOS, COMENTÁRIOS À LOJMU, 2019, p. 41**, ao argumentarem que "***não existe fundamento jurídico para sustentar tal previsão, agora transformada em lei, que tem o condão de subtrair do Juiz Federal da Justiça Militar a competência para apreciar a legalidade da prisão (de ordem administrativa ou penal), que tenha sido decretada por oficial-general, ou da negativa de registro ou banco de dados de organizações militares; ou da negativa de retificação desses mesmos dados quando o interessado não prefira fazê-lo por processo sigiloso, judicial e administrativo***". E arrematam, com precisão e lucidez, os ilustres juristas que "***sempre é bom lembrar que o juiz de primeiro grau da Justiça Federal ordinária detém esta competência de apreciação de pedido de habeas corpus inclusive quando o ato provenha de oficial-general, não sendo crível aceitar-se a imposição de uma* capitis deminutio *ao magistrado de primeiro grau da Justiça Militar da União em detrimento de seus colegas da Justiça Federal. O mesmo se diga em relação ao habeas data***".

c) **Mudança de denominação do então Juiz-Auditor para Juiz Federal da Justiça Militar, cabendo-lhe também a Presidência dos Conselhos de Justiça.**

Esta era uma antiga aspiração dos então juízes-auditores que, algumas vezes, eram confundidos com Auditores Fiscais e Auditores de Tribunais de Contas, sem qualquer competência jurisdicional.

d) **A chefia da Corregedoria da Justiça Militar da União passa a ser ocupada pelo Vice-Presidente do STM.**

Também não tinha cabimento que a Corregedoria da JMU fosse ocupada por um Juiz-Auditor, escolhido pelo STM. Este tema foi abordado na nossa **LOJMU ANOTADA, p. 23**, de forma inédita, em 2013, no item "**A titularidade da Corregedoria Geral da Justiça Militar da União**", onde fizemos severa crítica à titularidade da Corregedoria da JMU, ***in verbis***: "***De difícil entendimento a razão pela qual a titularidade da Corregedoria Geral da Justiça Militar, até a presente data, ser ocupada por um Juiz-Auditor de primeiro grau, já que nos outros Tribunais Superiores – TST, STJ e TSE – esta função é exercida por um dos Ministros daqueles tribunais***". Em 2018, a nossa crítica tornou-se realidade.

e) **Revogação expressa da alínea "c", do inciso I, do art. 14, da Lei nº 8.457/92, que admitia a interposição de Correição Parcial pelo Juiz-Auditor Corregedor contra a decisão judicial de arquivamento por falta de indícios de autoria e de crime.**

Este tema será abordado no capítulo denominado **"A CORREIÇÃO PARCIAL NO PROCESSO PENAL MILITAR"**, explanado mais adiante.

f) **Acréscimo de uma alínea "g" ao § 3º, do art. 27, da lei alterada, no sentido de excluir os capelães militares do sorteio de oficiais para composição dos Conselhos de Justiça.**

g) **Inserção de parágrafo único no art. 27, da Lei nº 8.457/92, estabelecendo que os crimes cometidos fora do território nacional sejam julgados pelos Conselhos de Justiça sediados nas auditorias da JMU na capital federal.**

Como assinala **ARAS**, no artigo antes citado, ***"com o incremento das Forças Armadas brasileiras em ações humanitárias ou de pacificação, realizados no exterior, sob os auspícios da ONU, a exemplo do MINUSTAH, no Haiti, torna-se relevante regular com mais precisão tais situações"***.

HIPÓTESES DE ADMISSIBILIDADE DE CONCESSÃO DA LIBERDADE PROVISÓRIA NO PROCESSO PENAL MILITAR

O indiciado ou acusado livrar-se-á solto, a teor do art. 270 do CPPM, no caso de infração a que não for cominada pena privativa de liberdade. Refere-se o dispositivo às hipóteses de crimes previstos no CPM, punidos com pena de ***suspensão do exercício do posto, graduação, cargo ou função e reforma (CPM, art. 55, letras "f" e "g")*** que são os seguintes: rigor excessivo (art. 174), retenção indevida (art. 197), omissão de eficiência da força (art. 198), omissão de socorro (art. 201), exercício de comércio por oficial (art. 204), dano culposo na modalidade simples praticado por oficial (art. 266), inobservância de lei, regulamento ou instrução, se o fato foi praticado por negligência (art. 324).

Poderá o acusado livrar-se solto também conforme prevê o parágrafo único do mesmo dispositivo legal, qual seja, art. 270 do CPPM: **a) no caso de infração culposa (art. 270, parágrafo único, letra "a", CPPM),** salvo se compreendida entre as previstas no Livro I, Título I, da Parte Especial, do Código Penal Militar que são as seguintes: crimes contra a segurança externa do país, e que seriam as modalidades culposas da consecução de notícia, informação ou documento para fim de espionagem – art. 143, § 2° – da revelação de medida, informação ou documento – art. 144, § 3° – e da turbação de objeto ou documento – art. 145, § 2°; **b) no caso de infração punida com pena de detenção não superior a dois anos (art. 270, parágrafo único, letra "b", CPPM):** igualmente no caso de cometimento de infração penal militar com pena de detenção não superior a dois anos, exceto nos crimes de violência contra superior (art. 157), desrespeito a superior (art. 160), a símbolo nacional (art. 161), despojamento desprezível (art. 162), recusa de obediência (art. 163), oposição à ordem de sentinela (art. 164), publicação ou crítica indevida (art. 166), abuso de requisição militar (art. 173), ofensa aviltante a inferior (art. 176), resistência mediante ameaça ou violência (art. 177), fuga de preso ou internado (art. 178), deserção (art. 187), deserção por evasão ou fuga (art. 192), pederastia ou outro ato libidinoso (art. 235), desacato a militar (art. 299) e de ingresso clandestino (art. 302) do Código Penal Militar.

Com relação ao crime de deserção, o STF, por intermédio da sua **SEGUNDA TURMA**, no **HC 89.645, Rel. Min. Gilmar Mendes**, em **11/9/2007**, decidiu pela viabilidade de concessão de liberdade provisória ao desertor antes dos 60 dias previstos no art. 453 do CPPM, descredenciando o entendimento da **Súmula 10** do **STM** (***Não se concede liberdade provisória a preso por deserção, antes de decorrido o prazo previsto no art. 453 do CPPM***). No mesmo sentido, **HC 93.422, SEGUNDA TURMA, Rel. Min. CARMEM LÚCIA, DJ de 5/2/2009.** No entanto, já a **PRIMEIRA TURMA** do Colendo Tribunal, no **HC 84.330, Rel. Min. MARCO AURÉLIO,** julgado em **29/4/2004**, entendeu de forma diametralmente oposta, sob a alegação de que a prisão se mostra harmônica com o disposto no inciso LXI, do art. 5°, da CF/88. A Súmula 10 do STM foi finalmente cancelada conforme publicação no DJe n° 103, de 13/6/2018.

Também há outra exceção não prevista legalmente indicada pela doutrina: ***a pena de impedimento*** (art. 55, alínea "e", do CPM) que, por ser aplicada em crime militar próprio (insubmissão), foge também à regra, com amparo constitucional – CF/88, art. 5°, inciso LXI (**JORGE CESAR DE ASSIS, CPPM ANOTADO, artigos 1° a 383, 4ª edição, Juruá Editora, 2012, p. 388**). Na verdade, se bem analisado o parágrafo único, do art. 270, do CPPM, quando preceitua que o indiciado ou acusado livrar-se-á solto, quer significar que não estamos diante de uma concessão de liberdade provisória de cunho obrigatório, mas sim de proibição de prisão provisória, isto é, embora lavrado o auto de prisão em flagrante, não será admissível a custódia cautelar do autor do fato criminoso militar.

De acordo com o entendimento de alguns estudiosos (**ESDRAS DOS SANTOS CARVALHO, op. cit., p. 131-132)**, a vedação infraconstitucional, estatuída na letra "b", do Parágrafo Único, do art. 270, do CPPM, não encontra acolhimento na Constituição Federal, já que, atualmente, a prisão antes da sentença penal condenatória, em face do princípio da presunção da inocência (art. 5º, inciso LVII, CF/88), é uma exceção e, dessa maneira, deve vir devidamente fundamentada, repelindo-se a possibilidade de prisão ***ex lege***. É dizer: se o réu é possuidor de bons antecedentes, é primário e desde que não estejam presentes os requisitos que autorizam a prisão preventiva, nada impede que lhe seja concedida a liberdade provisória. Repita-se: para a concessão da liberdade provisória é indispensável que não estejam presentes os requisitos que amparam a prisão preventiva, interpretando-se, para tanto, o art. 271 do CPPM, quando assinala que a superveniência de quaisquer dos motivos referidos no art. 255 poderá determinar a suspensão da liberdade provisória.

Ora, se a superveniência dos motivos da prisão preventiva permite a revogação da liberdade provisória, obviamente que autorizará ainda o indeferimento do benefício quando estiverem presentes ao tempo da sua concessão. No tocante à possibilidade de liberdade provisória ante a peça flagrancial, reza o art. 253 do CPPM que, na hipótese de o juiz verificar pelo auto de prisão em flagrante que o agente praticou o fato nas condições dos arts. 35 (erro de direito), 38 (coação irresistível e obediência), observado o disposto no art. 40, e dos arts. 39 (estado de necessidade como excludente de culpabilidade) e 42 (excludentes de ilicitude), do Código Penal Militar, poderá conceder ao indiciado liberdade provisória, mediante termo de comparecimento a todos os atos do processo, sob pena de revogar a concessão.

Ressalte-se que o STM, antes do advento da Lei nº 12.403/2011, que instituiu as Medidas Cautelares Pessoais, na legislação processual penal comum, manifestava-se a favor da aplicação do então parágrafo único, do art. 310, do Código de Processo Penal Comum – a Lei nº 13.964/2019 deu nova redação a este parágrafo – ante a omissão do CPPM, que admitia a concessão de liberdade provisória, quando o juiz verificasse pelo auto flagrancial, a inocorrência de quaisquer das hipóteses que autorizassem a prisão preventiva. Com o advento da Lei nº 13.964/2019, chamada de Pacote Anticrime, criou-se no art. 310 do CPP Comum a Audiência de Custódia e Apresentação, determinando que, após receber o auto de prisão em flagrante, no prazo máximo de 24 (vinte e quatro) horas após a realização da prisão, o juiz deverá promover a Audiência de Custódia com a presença do acusado, seu advogado constituído ou membro da defensoria pública e o membro do Ministério Público, devendo, ainda, fundamentadamente, relaxar a prisão ilegal ou converter a prisão em flagrante em prisão preventiva, quando presentes os requisitos constantes do art. 312 do CPP Comum, se revelarem inadequadas ou insuficientes as medidas cautelares diversas da prisão, ou conceder liberdade provisória, com ou sem fiança, tudo de acordo com o que rezam os incisos I, II e III do mesmo artigo.

Anote-se que o § 4º, do art. 310, do CPP Comum, que prevê o relaxamento da prisão, pela não realização tempestiva da Audiência de Custódia teve seus efeitos suspensos pelas **ADIs 6.298, 6.299, 6.300 e 6.305.**

Com relação à possibilidade da incidência das medidas cautelares pessoais do CPP Comum no campo processual penal militar, como já dito em outra oportunidade, alguns juristas alegam que as medidas propriamente ditas do art. 319, pelas particularidades apresentadas, são mais apropriadas à legislação criminal comum, sendo, em sua quase totalidade, desnecessárias ou sem utilidade prática para a seara militar, visto que a maioria dos crimes militares são cometidos por militares e mesmo aqueles perpetrados por civis, são extremamente graves, recomendando-se a prisão preventiva e, se ostentam menor potencialidade lesiva, a concessão imediata da liberdade provisória mostra-se como solução, revelando-se, assim, despicienda a aplicabilidade de tais medidas cautelares aos civis e aos militares, autores de infração penal militar. Entretanto, a já citada Resolução nº 228/2016, baixada pelo STM, estatui no seu art. 12 que na ata da Audiência de Custódia constará, além de outros conteúdos, o teor da deliberação fundamentada do juiz quanto à legalidade da prisão efetuada, a premência da sua manutenção, o cabimento da liberdade provisória, a necessidade de adoção de medidas cautelares não detentivas, a apreciação de eventuais pleitos defensivos ou provenientes do MPM, assim como as providências adotadas nas hipóteses de constatação de indícios compatíveis com a sujeição do detido à tortura/ou maus tratos. Mais uma vez, diga-se de passagem, que o STM rejeita a aplicabilidade das medidas cautelares, instituídas no art. 319, incisos I, III e IV, do CPP Comum, no âmbito da Justiça Militar da União, em face da especialidade dos bens jurídicos por ela tutelados (**HC 7000394-94.2020.7.00.000, Rel. Min. LÚCIO MÁRIO DE BARROS GOES, j. 3/9/2020**).

A respeito do tema, consulte-se o livro de nossa autoria **LEI DE ORGANIZAÇÃO DA JUSTIÇA MILITAR ANOTADA-Lei nº 8.457, de 4/9/1992, Editora Edipro, 2013, p. 139-141**, bem como **LUCIANO MOREIRA GORRILHAS**, artigo denominado *"Medidas cautelares previstas pela Lei nº 12.403/2011 e sua aplicabilidade na Justiça Militar"*, capturado no site **www.jusmilitaris.com.br**.

Projeto de Lei nº 9.436, de 2017

O projeto de lei em epígrafe que prevê várias alterações no CPPM, cria as *"Medidas Cautelares Pessoais diversas da prisão"* na esfera militar, mais precisamente, no Livro I, Título XII, Capítulo VIII, visando compatibilizar as legislações processuais penais comum e militar, estabelecendo que, não sendo caso de privação da liberdade, o magistrado deverá eleger a que mais se compatibilizar com a situação do réu e o delito praticado.

APLICABILIDADE DE MEDIDA DE SEGURANÇA PROVISÓRIA AOS INIMPUTÁVEIS, SEMI-IMPUTÁVEIS, ÉBRIOS HABITUAIS E TOXICÔMANOS (ART. 272, ALÍNEAS "A", "B" E "C", CPPM)

Antes de ingressarmos no tema propriamente dito, torna-se necessário inicialmente que se aponte um sintético panorama na área processual penal comum sobre o assunto.

A) APLICABILIDADE NO DIREITO PROCESSUAL PENAL COMUM

Havia forte corrente dominante no sentido da não aplicabilidade da medida de segurança provisória em face do disposto nos arts. 147, 171 e 172, da Lei nº 7.210, de 11/7/84, a Lei de Execução Penal – LEP, tendo em vista que somente com a guia para execução da medida de segurança poderá ser a ela submetido o acusado, guia essa que será expedida após o trânsito em julgado da sentença. Como é notório, com o advento da reforma de 1984, ficou abolido o sistema do duplo binário que admitia a imposição cumulativa de pena e medida de segurança, adotando-se o sistema vicariante que só permite a aplicabilidade da pena aos imputáveis, reservando-se unicamente a medida de segurança aos inimputáveis e semi-imputáveis. Em face da chegada da Lei nº 12.403, de 4/5/2011, que instituiu as medidas cautelares, criou-se, à vista do inciso VII, do art. 319, do CPP Comum, a ***medida cautelar de internação provisória do acusado*** nas hipóteses de crimes praticados com violência ou grave ameaça, quando os peritos concluírem ser ele inimputável ou semi-imputável e houver risco de reiteração.

O jurista **GUILHERME DE SOUZA NUCCI**, em seu "**CPP COMENTADO**", **Editora Revista dos Tribunais, 2013, 12ª**

edição, p. 692, ensina que o inciso VII, do art. 319, do CPP Comum, que instituiu as medidas cautelares diversas da prisão, supriu necessidade existente na legislação, desde que se revogou a medida de segurança provisória, em face da edição da LEP, podendo assim o magistrado, mesmo na fase investigatória, confirmada a enfermidade mental, através de laudo pericial, determinar a internação provisória, acentuando ainda que o risco de reiteração de prática criminosa, mencionada no citado inciso e aplicável a quase totalidade de inimputáveis e semi-imputáveis, autores de fatos violentos, justifica-se ante a periculosidade do agente, pura consequência da doença mental.

Por seu turno, **RENATO BRASILEIRO DE LIMA, 2020, op. cit., p. 1145**, sustenta que a viabilidade de tal medida cautelar está condicionada à conclusão dos peritos, no sentido de ser o acusado inimputável ou semi-imputável, havendo necessidade de prévio incidente de insanidade mental, a ser determinado pela autoridade judiciária e nunca pela autoridade policial, concluindo ainda que o referido laudo não será condição ***sine qua non*** para imposição de tal medida, podendo o juiz valer-se de seu ***poder geral de cautela,*** decidindo pela internação provisória, antes mesmo do laudo definitivo ser concluído, já que, na opinião do referido jurista, incabível manter-se em cárcere comum o doente mental que exiba nítidos sinais de sua enfermidade. Este entendimento repousa integralmente naquele firmado por **GUILHERME DE SOUZA NUCCI** em sua obra "**PRISÃO E LIBERDADE. AS REFORMAS PROCESSUAIS PENAIS INTRODUZIDAS PELA LEI Nº 12.403, DE 4/5/2011", Editora Revista dos Tribunais, 2011, p. 85**.

Ainda como assinala o festejado jurista **RENATO BRASILEIRO**, em sua obra antes referida, esta internação provisória somente será aplicável ao inimputável ou semi-imputável nas hipóteses de fatos típicos e ilícitos cometidos com violência ou grave ameaça, quando houver risco de reiteração, demonstrando que tal medida deve ser aplicada com a finalidade de proteção da sociedade contra a possível prática de crimes graves. Esta internação provisória, no pensar do doutrinador em tela, deve ser cumprida em estabelecimento hospitalar adequado, ou seja, em hospital de custódia e tratamento psiquiátrico, nos termos do art. 96, inciso I, do Código Penal Comum, e, em face de sua inexistência, deve ser mantido em outro estabelecimento.

É possível que a internação provisória seja substituída por uma prisão domiciliar, a ser aplicada cumulativamente com tratamento ambulatorial? Dependendo do caso, nada impede, embora na hipótese de reiteração criminosa, não deve ser concedida, sempre lembrando que esta internação provisória do art. 319, inciso VII, do CPP Comum, direciona-se ao impedimento dessa reiteração de crimes praticados com violência ou grave ameaça. Se não existir hospital de custódia e tratamento psiquiátrico ou outro estabelecimento adequado, a única solução será determinar que o custodiado de notória periculosidade e inimputável seja internado em ala hospitalar de estabelecimento prisional, com tratamento adequado, pelo menos até que seja encontrada vaga em local adequado e nunca no seu domicílio (**STJ, SEXTA TURMA, RHC 38.499/SP, Rel. Min. MARIA THEREZA DE ASSIS MOURA, j. 11/3/2014, DJe 24/3/2014).**

Quanto a total impossibilidade de se confeccionar um laudo pericial, de imediato, ainda na fase inquisitorial, **AURY LOPES JR.** defende em seu livro "**O NOVO REGIME JURÍDICO DA PRISÃO PROCESSUAL, LIBERDADE PROVISÓRIA E MEDIDAS CAUTELARES DIVERSAS", Lumem Juris Editora, 2011, 2ª edição, p. 136-139**, com agudeza, embora criticando referido instituto, que a urgência da medida cautelar poderá fazer com que se utilize, por analogia, o laudo provisório da Lei de Drogas – Lei nº 11.343/2006 – elaborando-se, para tanto, uma peça pericial preliminar de inimputabilidade, apta a internar provisoriamente o autor da conduta criminosa em estabelecimento adequado, com base no § 1º, do art. 50, da lei antes citada, laudo esse que deverá ser firmado por perito oficial, ou na falta deste, por pessoa idônea que ateste, de forma precária, a enfermidade mental. Na verdade, na prática e de efeito mais eficiente, sempre se manejou a prisão preventiva com base na garantia da ordem pública, onde se encontra embutida a periculosidade do acusado, portador de doença mental. Por fim, ressalte-se que essa internação provisória, como toda medida cautelar, necessita da presença do *fumus comissi delicti* – prova da materialidade e indícios de autoria – e do *periculum libertatis*.

Com muita objetividade e clareza, **GUSTAVO BADARÓ**, em seu "**PROCESSO PENAL**", **Thomson Reuters/Revista dos Tribunais, 2015, p. 1025-1026**, assinala que o inciso VII, do art. 319, do CPP Comum, exige que os peritos – com o advento da nova redação do art. 159 do mesmo Codex, um só perito é suficiente – concluam ser o agente inimputável ou semi-imputável, não estabelecendo, entretanto, se a medida somente é aplicável ao investigado ou acusado que no momento do crime estivesse em tais condições, tratando-se de uma segurança preventiva e aplicável em ambos os casos de inimputabilidade e semi-imputabilidade. Por fim, pontua o ilustre jurista que a medida tem uma finalidade de garantir a segurança da sociedade e não uma função terapêutica, objetivando à recuperação do inimputável ou semi-imputável, não havendo necessidade de ser um laudo elaborado em incidente de insanidade mental, podendo ser utilizadas outras provas de tais estados para os fins de juízo de adequação da medida de internação provisória, como, por exemplo, exames realizados recentemente em outro processo criminal, perícias realizadas em processos civis de interdição, ou mesmo laudos ou exames realizados por médicos que já acompanhavam e tratavam do acusado, antes da prática do fato criminoso.

B) APLICABILIDADE NO DIREITO PROCESSUAL PENAL MILITAR

Na seara processual penal militar, há igualmente discussão sobre a temática. Com um entendimento mais radical apresenta-se

CÉLIO LOBÃO, opinando pelo não cabimento da medida de segurança provisória imposta na fase do IPM ou durante a instrução criminal (**DIREITO PROCESSUAL PENAL MILITAR. JUSTIÇA MILITAR E ESTADUAL, Editora Forense, 2011, 2ª edição, p. 307**). Na mesma linha, **JORGE CESAR DE ASSIS, "CPPM ANOTADO", artigos 1º a 383, 4ª edição, Editora Juruá, 2012, p. 391-392**, para quem o art. 272 do CPPM foi revogado tacitamente pela Lei nº 7.210, de 11/7/1984 – Lei de Execução Penal, que passou a tratar da Execução das Medidas de Segurança, nos seus arts. 171 a 173.

Outro doutrinador, **CÍCERO ROBSON COIMBRA NEVES**, autor da obra "**MANUAL DE DIREITO PROCESSUAL PENAL MILITAR EM TEMPO DE PAZ**", **Editora Saraiva, 2018, p. 742**, apoiando-se na visão de **GUILHERME NUCCI,** antes exposta, alega parecer eufemismo ao não admitir a prisão preventiva, por exemplo, com transferência para hospital de custódia e tratamento, já que haverá o mesmo efeito prático, pois o doente mental ou portador de desenvolvimento retardado ou incompleto estará custodiado em estabelecimento próprio, sendo fundamental que sejam tais medidas bem motivadas na necessidade de cautela, pouco importando o nome com que se batizem quaisquer delas.

Perfilhamos com este último pensamento – possibilidade de se aplicar a medida de segurança provisória na seara militar – acrescido do antes comentado por **GUSTAVO BADARÓ** e **GUILHERME NUCCI**, qual seja, o manejo do ***poder geral de cautela*** do magistrado para se decretar a medida de segurança provisória ao inimputável, semi-imputável, ébrios e toxicômanos, com base, em um primeiro momento, em documentos que atestem, de forma preliminar, a doença do agente até a prolação definitiva do laudo pericial oficial. Assim, no nosso pensar, seria um típico laudo provisório, transportado, por analogia, do § 1º, do art. 50, da Lei nº 11.342/2006, para a viabilidade da medida de segurança provisória, tão bem enxergado pelo jurista **AURY LOPES JR.** em sua obra mencionada anteriormente.

Ressalve-se, entretanto, que **NUCCI**, no seu **CPPM COMENTADO, p. 314**, declara, peremptoriamente, que, na seara militar, a medida de segurança provisória do art. 272 do CPPM permanece íntegra, equivalendo à prisão preventiva, devendo ser decretada apenas se absolutamente imprescindível para o curso da investigação ou do processo, cabendo ao julgador, ante a ausência de requisitos específicos que a norteiem, valer-se dos experts no art. 255 do mesmo diploma, voltados à preventiva. Achamos, com o devido respeito, que o art. 272 do CPPM foi revogado pela LEP e que o poder geral de cautela do juiz direcionará a sua decisão.

A INCIDÊNCIA DO PRINCÍPIO DO CONTRADITÓRIO NO INTERROGATÓRIO DO PROCESSO PENAL MILITAR

Alguns doutrinadores, utilizando-se do preceituado no art. 3º, letra "a", do CPPM, entendem ser perfeitamente viável aplicar-se a Lei nº 10.792, de 1º/12/2003, que deu nova redação ao art. 187 do CPP Comum, no sentido da participação efetiva das partes no interrogatório do réu (**PAULO TADEU RODRIGUES ROSA, Aplicação da Lei nº 10.792/03 na Justiça Militar, REVISTA DIREITO MILITAR, AMAJME, nº 44, novembro/dezembro 2003**). De acordo com o parágrafo único, do art. 303, do CPPM, findo o interrogatório, poderão as partes levantar "*QUESTÕES DE ORDEM*", que o juiz resolverá de plano, fazendo-as consignar em ata com a respectiva solução, se assim lhe for requerido.

Tão logo foi editada a Lei nº 10.792/2003, no nosso olhar, percebia-se que a modificação se dirigia ao magistrado, obrigando-o a indagar das partes se restou algum "*FATO A SER ESCLARECIDO*" e que algum fato por elas levantado ficará vinculado a seu juízo de valor, isto é, poderá ou não indagar do réu a respeito. Outro detalhe imprescindível é que conste da assentada da audiência do interrogatório o registro das questões sobre o fato a ser esclarecido, na visão das partes, caso indeferidas pelo magistrado. Aliás, é dever do magistrado consignar em assentada qualquer registro de ocorrência requerido pelas partes durante a audiência. Não deve ser esquecido que a denominação "juiz" abrange quaisquer autoridades judiciárias, singulares ou colegiadas, no exercício das respectivas competências atributivas ou processuais (art. 36, § 1º, CPPM).

E no CPPM, houve modificação com o referido advento da nova redação do art. 188, introduzido pela Lei nº 10.792/2003? Ou melhor dizendo, a Lei nº 10.792/2003 tem aplicabilidade na Justiça Militar? No nosso entendimento, a resposta é negativa, já que o *caput* do art. 303 do CPPM continua intacto, isto é, durante o interrogatório pelo Juiz Federal da Justiça Militar – não será permitida a intervenção de qualquer outra pessoa. Interrogatório é ato privativo do juiz da causa (**Pacto de São José da Costa Rica, art. 8º, 1**). É ato pessoal que somente ele poderá realizar. Divide-se o interrogatório em duas partes bem distintas com relação a sua execução: ***a primeira***, executada pelo magistrado, sem a ingerência de qualquer pessoa (CPPM, art. 303, *caput*, e CPP Comum, art. 188) e, ***a segunda***, com a participação das partes, no sentido de *ESCLARECIMENTO DE QUALQUER FATO* (CPP Comum, art. 188) e no tocante a qualquer *QUESTÃO DE ORDEM* (CPPM, art. 303, parágrafo único).

Diga-se também, que a nova redação do art. 188 do CPP Comum ao suprimir a proibição contida no art. 187, qual seja, a não possibilidade de intervenção do defensor ou mesmo a sua influência, de qualquer modo, nas perguntas e nas respostas do acusado, não quer dizer que poderá haver participação no ato de interrogar. Reitere-se: na primeira parte, o ato continua pessoal do magistrado e sem possibilidade de intervenção de qualquer pessoa durante a sua execução. Veja-se que a expressão embutida no art. 188 do CPP Comum "***Após proceder ao interrogatório***" pode ser interpretada da seguinte maneira: durante o procedimento do interrogatório, não se admite tal intervenção. Após, na segunda parte, sim, será aberto o contraditório apenas sobre "*FATO A SER ESCLARECIDO*" – dicção do art. 188 do CPP Comum – mas sempre sob valoração do juiz.

Portanto, torna-se desnecessário socorrer-se da Lei nº 10.792/2003. Não houve alteração no CPPM, no que concerne ao *caput* do art. 303 e, muito menos, no seu parágrafo único. A novidade na nova lei prevista no art. 188 já existe desde 1969 no CPPM e com muito mais abrangência. Basta que se leia com atenção o referido parágrafo único, do art. 303, do CPPM (***Findo o interrogatório, poderão as partes levantar questões de ordem, que o juiz resolverá de plano, fazendo-as consignar em ata com a respectiva solução, se assim lhe for requerido***).

Com efeito, atente-se para a terminologia do seu Parágrafo Único. Inicia-se com "***Findo o interrogatório***", o que equivale àquela redigida no art. 188 do CPP Comum, qual seja, "***Após proceder ao interrogatório***", ato pessoal do juiz, sem ingerência das partes. Mas não é só. É que, findo o interrogatório, as partes poderão levantar "***QUESTÕES DE ORDEM***" que o juiz resolverá de plano, fazendo-as consignar em ata com a respectiva solução, se assim lhe for requerido. Logicamente que a expressão "**QUESTÕES DE ORDEM**" abrange "**FATO A SER ESCLARECIDO**". Isto é, todo fato a ser esclarecido pode ser levantado através de uma "***QUESTÃO DE ORDEM***". Uma interpretação equivocada por parte do Juiz Federal da Justiça Militar ao consignar a resposta do réu a determinada pergunta por ele feita, uma pergunta importante, mas omitida pelo magistrado acerca de algum fato vinculado à acusação que deveria ter sido feita ao réu etc., tudo isso poderá motivar, pelo advogado ou pelo MPM, ao final do interrogatório, o levantamento de uma "***QUESTÃO DE ORDEM***", que nada mais é que um "***FATO A SER ESCLARECIDO***". Seja "***FATO A SER ESCLARECIDO***", seja "***QUESTÃO DE ORDEM***", na verdade, trata-se de uma colaboração com o juiz para a busca da verdade real, cabendo-lhe, como já dito, dentro do seu poder discricionário, de forma fundamentada, decidir se são pertinentes e relevantes as dúvidas das partes. O que se extrai do citado parágrafo único do art. 303 do CPPM é que estamos diante de um contraditório postergado ou diferido, garantindo-se às partes uma manifestação sobre o ato processual e até mesmo impugnando-o.

Ou em outras palavras: exerce-se o contraditório quando se contrapõe por meio de qualquer manifestação contrária que seja eficaz. Não há a obrigatoriedade de ser realizado antes do ato processual, podendo perfeitamente ser concretizado depois de sua prática. Obviamente que o juiz não deverá permitir qualquer questão que leve a causar constrangimento ao réu ou mesmo provocá-lo a confessar. Portanto, dispensável a aplicabilidade da referida lei no processo penal militar, pois, de há muito, os princípios do contraditório e da ampla defesa no interrogatório do réu já nele incidem.

Aliás, em artigo de nossa autoria denominado ***"A Lei nº 10.792, de 1º/12/2003 e o Código de Processo Penal Militar"***, publicado no site da Faculdade de Direito da Universidade Federal Fluminense-UFF, **www.uff.br/direito**, já defendíamos tal posicionamento. O STM, embora repudiando a aplicabilidade da Lei nº 10.792/2003 à seara processual penal militar, alinhando-se ao nosso posicionamento, em homenagem ao princípio infraconstitucional da busca da verdade real e dos princípios constitucionais da ampla defesa e do contraditório, admite que as partes façam perguntas após findar o interrogatório (**CORREIÇÃO PARCIAL 2005.01.001888-6/PE, Rel. Min. Flávio de Oliveira Lencastre, j. 19/4/2005, DJU 3/6/2005**).

Pontue-se que a Resolução nº 224/2016, baixada pelo STM, determina que o interrogatório dos acusados só poderá ser feito por videoconferência em casos excepcionais, devendo, preferencialmente, ser produzido de forma presencial. Só caberá o uso do sistema à distância quando o réu se enquadrar em situações específicas: oferecer risco à segurança pública, quando haja, em razão de enfermidade ou outra circunstância pessoal, relevante dificuldade para seu comparecimento em juízo, para impedir que o réu exerça algum tipo de constrangimento à vítima ou testemunha, prejudicando a veracidade dos depoimentos. Igualmente a Resolução nº 275, de 2/4/2020, do STM, dispõe sobre a realização, em caráter excepcional, de sessões de julgamento virtuais na Justiça Militar da União.

PROJETO DE LEI Nº 9.436/2017

O PL 9.436/2017, em tramitação na Câmara dos Deputados, alterando vários dispositivos do CPPM, não alcançará o seu art. 303 que continuará intacto, apenas modificando a redação do art. 302, criando o art. 302-A, dando nova redação aos arts. 305 e 306, criando o art. 310-A (interrogatório por sistema de videoconferência ou recurso tecnológico de transmissão de sons e imagens em tempo real).

O MOMENTO PROCESSUAL PARA A REALIZAÇÃO DO INTERROGATÓRIO NA JUSTIÇA MILITAR DA UNIÃO

Este tema é um dos mais polêmicos no Direito Processual Penal Militar. Como se sabe, a Lei nº 11.719/2008, ao alterar a redação de vários artigos do CPP Comum, inovou em matéria de procedimentos, promovendo amplas modificações, como, por exemplo, a obrigatoriedade de defesa escrita antes do exame de admissibilidade da denúncia pelo magistrado, a obrigatoriedade de fundamentação da decisão que recebe ou rejeita a exordial acusatória, realização do interrogatório do réu somente após a produção da prova, procedimento oral, concretizado em uma só audiência, ocasião em que serão ouvidas as testemunhas arroladas pela acusação e pela defesa, e, interrogado o acusado, serão produzidas as alegações finais das partes e prolação da sentença (**Mensagem nº 13 que acompanhou o Projeto de Lei nº 4.207/2001**).

Tais alterações objetivam assegurar ao acusado, em grau máximo, as garantias da ampla defesa e do contraditório, princípios constitucionais que escoram o princípio do devido processo legal. A indagação que se faz é se tais alterações poderão ou não ser projetadas para o campo processual penal militar, especialmente, no tocante ao interrogatório do réu, estabelecido no art. 400 do CPP Comum, que determina sua localização topográfica após a instrução criminal.

I) Posicionamentos da doutrina

a) Posicionamento favorável à incidência da Lei nº 11.719/2008

JORGE CESAR DE ASSIS, em artigo denominado "**ANÁLISE DAS RECENTES ALTERAÇÕES DO CÓDIGO DE**

PROCESSO PENAL COMUM E A POSSIBILIDADE DE APLICAÇÃO NA JUSTIÇA MILITAR DA UNIÃO", capturado no site **www.jusmilitaris.com.br,** defende a aplicabilidade da Lei nº 11.719/2008 ao processo penal militar, quando sustenta que o direito processual penal brasileiro é um só, ainda que se bifurque em processo penal comum e processo penal militar e, que, por esse motivo, as normas deste último devem diferenciar-se apenas e tão somente naquelas peculiaridades que acabam informando a índole do processo penal castrense.

Marchando no mesmo passo, **CÍCERO ROBSON COIMBRA NEVES**, no seu artigo **"INTERROGATÓRIO AO FINAL DA INSTRUÇÃO CRIMINAL E O PRAZO PARA A OPOSIÇÃO DE EXCEÇÕES"**, publicado na **REVISTA DO MPM, ano XLI, nº 26, novembro/2016**, ao assinalar que o art. 302 do CPPM padece de inconstitucionalidade, importando em uma omissão da lei processual penal militar a ser suprida pela lei processual penal comum, nos termos da alínea "a", do art. 3º, do CPPM, aplicando-se a regra do art. 400 aos processos de escabinato, em curso na Justiça Militar da União ou nas Justiças Militares Estaduais.

b) Posicionamento desfavorável à incidência da Lei nº 11.719/2008

Pensa diferente, no entanto, o grande jurista e magistrado **CÉLIO LOBÃO**, em seu **"DIREITO PROCESSUAL PENAL MILITAR", op. cit., p. 483**, quando afirma que os respectivos arts. 1º das Leis nº 11.690/2008, nº 11.719/2008 e nº 11.900/2009 dispõem, claramente, que as modificações por ela produzidas são taxativas com relação aos artigos do CPP Comum citados expressamente e não, igualmente, aos do CPPM, sendo, na visão do renomado jurista, impossível adotá-las no campo processual militar, implicando, caso o magistrado assim não proceda, em verdadeira substituição do legislador, o que lhe é vedado.

Também **GUILHERME NUCCI**, em seu **"CPPM COMENTADO", Gen/Forense, 2014, p. 23-24**, abriga-se na existência do princípio da especialidade (lei especial afasta a aplicação da lei geral) para repudiar a aplicabilidade do CPP Comum, de modo geral, admitindo-a apenas para suprir lacunas do ordenamento militar, mas jamais para mesclar leis a bel-prazer do interessado.

II) Posicionamentos dos tribunais

a) STM

a.1) Posicionamento desfavorável à incidência da Lei nº 11.719/2008

A posição majoritária da Corte Máxima Castrense é que, somente a falta de um regramento específico possibilitaria a aplicação da legislação comum, sendo inadmissível mesclarem-se os regimes processuais penais comum e militar, mediante a seleção das partes mais benéficas de cada um deles, postura essa que mostraria uma incompatibilidade com o princípio da especialidade das leis, não afrontando tal posicionamento o princípio do devido processo legal a não incidência da Lei nº 11.719/2008 no âmbito penal castrense, tendo em vista a especialidade dos Códigos Penal e Processual Penal Militares, além do que o art. 394, § 2º, do CPP Comum, com a nova redação da lei em tela, é claro ao excepcionar a projeção das inovações do procedimento comum à lei especial, como é o caso do CPPM.

No tocante à vedação do deslocamento do interrogatório para o término da instrução criminal, os seguintes arestos do **STM** são categóricos: **APELAÇÃO 100-78.2009.7.12.0012/AM, Rel. Min. WILLIAM DE OLIVEIRA BARROS, j. em 31/5/2012, APELAÇÃO 13-25.2009.7.0012/AM, Rel. MIN. MARIA ELIZABETH GUIMARÃES TEIXEIRA ROCHA, j. em 16/8/2012, APELAÇÃO 53-07. 2009.7.12.0012/AM, Rel. MIN. MARCO MARTINS TORRES, j. em 30/6/2001, APELAÇÃO 74-75.2012.7.12.0012/AM, Rel. Min. CLEONILSON NICACIO SILVA, j. Em 13/8/2014, HABEAS**

CORPUS 109-36.2014.7.00.0000/BA, Rel. Min. LUCIO MÁRIO DE BARROS, j. em 26/8/2014, HABEAS CORPUS 78-79.2015.7.00.0000/MS, Rel. p/acórdão Min. ODILON SAMPAIO BENZI, j. em 22/4/2015, HABEAS CORPUS 110-84.2015.7.00.0000/MS, Rel. Min. FERNANDO SÉRGIO GALVÃO, j. em 25/6/2015.

Foram tantas as decisões que objetivavam afastar a incidência da aplicação do art. 400 do CPP Comum-realização do interrogatório após a instrução criminal-uma das novidades da Lei nº 11.719/2008, que o STM acabou por sumular a matéria, a saber: "SÚMULA **15:** ***A alteração do artigo 400 do CPP, trazida pela Lei nº 11.719, de 20 de junho de 2008, que passou a considerar o interrogatório como último ato da instrução criminal, não se aplica à Justiça Militar da União".*** Posteriormente, esta Súmula foi cancelada (DJe nº 088, de 17/5/2016, p. 1 e BJM nº 27/5/2016, p. 700).

a.2) Posicionamento favorável à incidência da Lei n º 11.719/2008

Diga-se, por outro lado, que, no próprio **STM**, existem vozes discordantes sobre o tema, bastando-se consultar os **HABEAS CORPUS 78-79.2015.00.0000/MS, j. 22/4/2015** e **110-84.2015.7.00.0000/MS, j. 25/6/2015**, onde o **Min. JOSÉ COELHO FERREIRA** ficou vencido, ancorando o seu pensamento no **PACTO DE SÃO JOSÉ DA COSTA RICA,** aprovado pelo Congresso Nacional por meio do Decreto Legislativo nº 27/92, com cumprimento determinado pelo Decreto nº 678/92, tendo a Lei nº 11.719/2008 sido criada para alinhar as garantias judiciais ali elencadas – art. 8º, 1, 2, letras "d", "f" e "g" com a nossa CF/88, mais especificamente no art. 5º, inciso LV, que garante aos acusados o contraditório e a ampla defesa.

b) STF

b.1) Posicionamento favorável à incidência da Lei nº 11.719/2008

Uma corrente no **STF** já entende que a realização do interrogatório ao final da instrução criminal, prevista no art. 400 do CPP

Comum, beneficia amplamente à defesa, devendo prevalecer nas ações em trâmite perante à Justiça Militar, em detrimento do art. 302 do CPPM, como corolário da máxima efetividade das garantias constitucionais do contraditório e da ampla defesa (CF/88, art. 5º, inciso LV), dimensões elementares do devido processo legal (CF/88, art. 5º, inciso LIV) e cânones essenciais do Estado Democrático de Direito (CF/88, art. 1º, *caput*). No **Agravo Regimental** na **Ação Penal nº 528, Rel. Min. RICARDO LEWANDOWSKI, j. 24/2/2011**, o **Plenário** decidiu que o art. 400 do CPP Comum deve ser aplicado inclusive nas ações penais originárias, a despeito do art. 7º da Lei nº 8.038, de 28/5/1990, dispor que o interrogatório realizar-se-á após o recebimento da denúncia ou da queixa, sendo tal prática benéfica à defesa. Para tanto, o **Min. RICARDO LEWANDOWSKI** respaldou o seu raciocínio nas considerações tecidas pelo **Min. CELSO DE MELLO** na **Ação Penal 470**, ocasião em que o ministro decano da Corte Máxima de Justiça acentuou que o interrogatório é um ato de defesa do réu e, para isso, tal inovação permitirá que tenha uma visão global de todos os elementos de informação até então produzidos, podendo melhor estruturar a sua defesa além de ser o processo penal, por excelência, um instrumento de salvaguarda dos direitos do réu. E mais: o Ministro Relator enfatizou que o fato de a Lei nº 8.038/90 ser norma especial em relação ao Código de Processo Penal, de cunho nitidamente geral, em nada influencia a aplicabilidade do seu art. 400, já que a norma especial prevalece sobre a geral apenas nas hipóteses em que estiver presente alguma incompatibilidade manifesta e insuperável entre elas e, nos demais casos, considerando a sempre necessária aplicação sistemática do direito, a que cuidar para que essas normas aparentemente antagônicas convivam harmonicamente.

Acentue-se também que no **HABEAS CORPUS 115.698, PRIMEIRA TURMA, Rel. Min. LUIZ FUX, j. em 25/6/2013,** declarou-se que a mesma racionalidade que inspirou a Corte no julgamento da **Ação Penal 528** se aplica ao CPPM devido o seu art.

302 preceituar que o interrogatório do acusado será produzido no início do processo, impedindo-lhe de se manifestar direta e pessoalmente sobre todas as provas embutidas no bojo do processo. Outras decisões no mesmo sentido: **HABEAS CORPUS 115.530, PRIMEIRA TURMA, REL. MIN. LUIZ FUX, j. em 25/6/2013, HABEAS CORPUS 121.877, PRIMEIRA TURMA, REL. MIN. LUIZ FUX, j. em 3/6/2014, HABEAS CORPUS 121.907, PRIMEIRA TURMA, Rel. MIN. DIAS TOFFOLI, j. em 30/9/2014.**

Finalmente, em **3/3/2016**, no julgamento do **HABEAS CORPUS 127.900, Rel. MIN. DIAS TOFFOLI**, o **Plenário** do **STF** resolveu em definitivo acerca da tumultuada polêmica ao decidir, por maioria de votos, que se aplica ao processo penal militar a exigência de realização do interrogatório do réu ao final da instrução criminal conforme previsto no art. 400 do CPP Comum, fixando, inclusive, a orientação no sentido de que, a partir da publicação da ata do julgamento do citado ***writ,*** seja aplicável a regra do CPP Comum às instruções não encerradas nos processos de natureza penal militar e eleitoral e a todos os procedimentos penais regidos por legislação especial. Resta acentuar, ainda, que o **Ministro MARCO AURÉLIO**, em seu voto vencido, defendeu que só cabe a aplicação subsidiária do CPP Comum ao processo penal militar no caso de lacuna sobre a matéria.

Firmou o Plenário do STF no julgamento do citado **HC 127.900** a seguinte orientação: ***"a norma inscrita no artigo 400 do CPP comum aplica-se, a partir da publicação da ata do presente julgamento, aos processos penais militares, aos processos penais eleitorais e a todos os procedimentos penais, regido por legislação especial incidindo tão somente aquelas ações penais cuja instrução não se tenha encerrado".***

b.2) Posicionamento desfavorável à incidência da Lei nº 11.719/2008

No **HABEAS CORPUS 122.673, Rel. Min. CARMEM LÚCIA,** julgado em **24/6/2014**, a **SEGUNDA TURMA** do STF, proferiu decisão no sentido da impossibilidade de se mesclar o regime penal comum e o castrense, de modo a selecionar o que cada um tem de mais favorável ao acusado, devendo ser reverenciada a especialidade da legislação processual penal militar e da justiça castrense, sem submissão à legislação processual penal comum do crime militar devidamente caracterizado. Igualmente no mesmo passo: **HABEAS CORPUS 121.735 AgR/AM, PRIMEIRA TURMA, Rel. Min. CELSO DE MELLO, j. em 3/6/2014.**

c) Nossa posição

Em nossa **LOJMU ANOTADA, p. 221-227**, abordamos a matéria, no que concerne à possibilidade de oferecimento de manifestação escrita pelo denunciado, no processo penal militar, contraditando o articulado na peça acusatória, antes da instauração da ação penal militar, na esteira do preceituado nos arts. 396 e 396-A do CPP Comum (redações implementadas pela Lei nº 11.719/2008). Naquela oportunidade, sustentamos que a incidência dos princípios constitucionais relativos aos direitos e garantias individuais do cidadão não pode ser afastada pela circunstância desse mesmo cidadão vestir uma farda. Cidadão fardado possui os mesmos direitos e garantias constitucionais do cidadão sem farda, pouco importando que sua conduta criminosa esteja regrada por um Direito Especial, como o Direito Militar. Farda não inocula o cidadão da irradiação dos seus direitos e garantias constitucionais. Se assim não fosse, deveria ser criado um diploma constitucional somente para o militar, o que seria um despropósito. A Constituição Republicana é válida para todos os cidadãos. A Constituição Republicana não usa farda, muito pelo contrário, ela ilumina os seus princípios para os sem farda e para os com farda.

É claro que os princípios regentes da hierarquia e disciplina merecem uma visão coerente com os demais princípios constitucionais, de forma a não inviabilizar a índole do processo penal militar. Obviamente que o transporte do interrogatório para o final da instrução criminal nada tem a ver com a índole do processo penal militar. Blindá-la, de forma radical, é fechar os olhos aos direitos e garantias constitucionais do agente que cometa um crime militar. Afinal de contas, estamos falando dos princípios da ampla defesa e do contraditório. Daí porque é válido e sadio que o interrogatório seja procedido após a realização da instrução criminal, afastando-se a aplicabilidade do art. 302 do CPPM. Por derradeiro, pondere-se que o mesmo raciocínio jurídico formulado pelo **Min. CELSO DE MELLO**, na **Ação Penal 470**, antes citada, encaixa-se como uma luva no processo penal militar, circunstância essa que não passou despercebida ao **Min. LUIZ FUX** no **HABEAS CORPUS 115.698**, da **PRIMEIRA TURMA**, julgado em **25/6/2013**, como já referido anteriormente.

PROJETO DE LEI Nº 9.436/2017

Conforme reiteradas decisões do STF e do STJ o interrogatório passará a ser o último ato da instrução processual em respeito à garantia da ampla defesa conforme estabelece o art. 399-E do PL epigrafado. Aliás, na nossa **LOJMU ANOTADA, p. 222-223**, de há muito, já defendíamos tal posicionamento, apontando a necessidade do transporte do interrogatório para a fase posterior do art. 417, qual seja, logo depois da oitiva das testemunhas de defesa e antes do oferecimento das alegações finais, adotando-se os critérios da Lei nº 11.719/2008.

A *EMENDATIO LIBELLI* MILITAR

De início, ressalte-se que ao julgador é vedado decidir ***extra petita*** e ***ultra petita,*** violando, se assim proceder, os princípios do contraditório e da ampla defesa. No entanto, o pedido no processo penal, seja ele comum, seja ele militar, é genérico, qual seja, é de condenação do acusado, obedecidos os limites punitivos do tipo penal. O objeto do processo penal militar é o fato-crime militar imputado a alguém. Pois bem, como se sabe, o juiz fica conectado aos fatos narrados e provados, não se vinculando ao entendimento da acusação com relação à pena a ser aplicada, qual seja, o tipo penal e a sua classificação na exordial. Isso quer significar que a correlação entre acusação e sentença é indispensável, independentemente da pena aplicada ao fato imputado. A ***causa petendi*** criminal é a imputação de fato feita ao acusado na denúncia ou queixa, objetivando a condenação do réu. O que deve ser considerado é a imputação de específica conduta delituosa, comissiva ou omissiva.

Para **GUSTAVO BADARÓ** (**CORRELAÇÃO ENTRE A ACUSAÇÃO E A SENTENÇA**, **Revista dos Tribunais, 2013, p. 83-84, nota de rodapé 170**), entretanto, a imputação é a atribuição do fato qualificado como crime e a causa de pedir seria o fato imputado e seu enquadramento legal em uma figura delitiva. Esta imputação deve ser certa e determinada, consistindo em atribuir à pessoa do réu a prática de determinados atos que a ordem jurídica considera delituosos, devendo ser descrita, com exatidão, a conduta do acusado, de maneira precisa, certa e bem individualizada (**JOSÉ FREDERICO MARQUES, Elementos de**

Direito Processual Penal, vol. II, Millennium Editora, 2009, p. 150). É a atribuição de determinadas condutas típicas, ilícitas e culpáveis, bem como de todas as circunstâncias jurídicas relevantes (**AFRANIO SILVA JARDIM e PIERRE SOUTO MAIOR, DIREITO PROCESSUAL PENAL, ESTUDOS E PARECERES, Editora Lumen Juris, 12ª edição, 2013, p. 171**). Presta-se, assim, esta imputação para sinalizar a litispendência de ações e formar a coisa julgada. A imutabilidade do fato se refere a ***causa petendi*** (**SADY GUSMÃO CARDOSO, CÓDIGO DE PROCESSO PENAL – BREVES ANOTAÇÕES, Jacintho, 1942, p. 124**). Daí surge exatamente o princípio da correlação entre a acusação e a sentença também conhecido como princípio da congruência da condenação com a imputação, acarretando sua violação a nulidade do processo. Com relação a este princípio, o CPPM disciplina apenas em um artigo tal possibilidade: art. 437, alínea "a".

Repise-se: a causa de pedir criminal é a imputação de fato feita ao acusado na denúncia ou queixa, motivo pelo qual disciplinarem, no CPP Comum, o art. 41 – ***a denúncia ou queixa conterá a exposição do fato criminoso, com todas as suas circunstâncias, a qualificação do acusado, a classificação do crime*** – e, no CPPM, o art. 77, de melhor técnica legislativa do que o seu correlato na legislação processual penal comum – ***a denúncia conterá: e) a exposição do fato criminoso, com todas as suas circunstâncias; f) a classificação do crime; g) razões de convicção ou presunção da delinquência.*** A titulação da acusação reside no evento criminoso embutido na imputação, tornando-se imprescindível que o acusador aponte a figura típica onde a sua narrativa dita criminosa se enquadra, qual seja, a classificação do crime. A classificação jurídica indicada pelo *Parquet* não lança amarras na providência judicial final objetivada, não gerando, de forma automática, a condenação por aquele crime. Antes é preciso que o juiz seja convencido que aquela classificação está de acordo com as provas trazidas ao processo. Consulte-se a respeito **STF, Inquérito 4.903, PRIMEIRA TURMA, Rel. Min. ROBERTO BARROSO,**

J. 22/2/2016, DJE 17/5/2016. Não deve ser esquecido que o magistrado aplica a lei penal segundo o seu livre convencimento devidamente motivado. A motivação das decisões judiciais é a maior das garantias de um Estado Democrático de Direito (art. 93, inciso IX, CF/88).

Emendatio libelli – emenda da acusação – consiste na possibilidade de o juiz dar ao fato delituoso definição jurídica diversa daquela inserida na denúncia, baseando-se nos princípios ***juria novit curia*** (o juiz conhece o direito) ou, para outros, ***narra mihi factum dabo tibi jus*** (narra-me o fato e te darei o direito). O fato é único, como também a sua classificação jurídica correta, ou melhor, para aquele fato natural ocorrido só existe uma classificação jurídica. A visão sobre seu devido encaixe no artigo penal é que muda de cabeça para cabeça. A da acusação pode não ser aquela interpretada pelo juiz. Para tal finalidade, o art. 383 do CPP Comum e o art. 437, alínea "a", do CPPM, aparelham o magistrado para adequar o fato narrado na peça inicial acusatória ao tipo penal apropriado, na sua visão jurídica, o que não significa que esteja certo. Temos, assim, fato penal (narrativa) e o dado jurídico (classificação jurídica). Permite-se ao juiz dar definição jurídica diversa da que consta da denúncia somente na hipótese de os fatos nela relatados, dos quais se defende o acusado, subsumirem-se com precisão no novo tipo e em todos os seus elementos (**TRF-3ª Região, 5ª Turma, AC 5.916/SP, Rel. DES. ANDRÉ NABARRETE, j. 16/5/2000**). Mas, cabe a ele na sentença, e a mais ninguém, efetuar a modificação, sem alterar qualquer dado do fato. Na realidade, não existe emenda do fato criminoso estampado na petição acusatória, como faz parecer a expressão ***emendatio libelli***. O objeto do processo, imputação do evento criminoso, permanece inalterado. A emenda ocorrerá na classificação jurídica a ser feita, se for o caso, pelo julgador.

Vários doutrinadores renomados como **RENATO BRASILEIRO, MANUAL, 2020, p. 1659-1660**, com base no art. 383 do

CPP Comum, admitem a existência de três modalidades de *emendatio libelli: a)* ***emendatio libelli por defeito de capitulação,*** qual seja, a sentença condenatória é prolatada inteiramente de acordo com o fato descrito na inicial acusatória, contrastando com a classificação ali constante*; b)* ***emendatio libelli por interpretação diferente***, a classificação do fato descrito na inicial acusatória não é a que o magistrado interpreta como a mais correta*; c)* ***emendatio libelli por supressão de elementar e/ou circunstância,*** isto é, durante a instrução probatória registra-se a ausência de elementar ou circunstância descrita na peça acusatória.

Para que serve a classificação jurídica? A classificação do crime tem importância, de certa maneira, apenas para permitir que uma nova definição jurídica do fato procedida pelo magistrado, tão logo inaugurada a ação penal com o recebimento da inicial acusatória, permita dar proteção às garantias constitucionais do réu, no que concerne a sua liberdade de locomoção, não importando um juízo de mérito antecipativo por parte do julgador e também gerador de outros efeitos como a limitação de pena, o prazo prescricional, a possibilidade de incidência de liberdade provisória, de menagem, da suspensão condicional da pena, do prazo de liberdade condicional, do indulto, etc. (**RONALDO ROTH, O aditamento no processo penal militar, Revista DIREITO MILITAR, AMAJME, nº 61, setembro/outubro 2006, p. 23-28**). Também **RENATO BRASILEIRO DE LIMA** afirma ser possível que, no ato do recebimento da exordial acusatória, o juiz faça a correção da classificação formulada pelo acusador, sobretudo para fins de análise quanto à viabilidade de concessão de liberdade provisória e/ou aplicação de medidas despenalizadoras, tais como a transação penal e a suspensão condicional do processo, mas sempre, enfatiza o jurista, em caráter excepcional e somente quando não depender de nenhuma dilação probatória, bastando, para tanto, a análise dos fatos na denúncia, *in* ***status assertionis,*** para verificar o erro na imputação, possuindo esta atividade do magistrado um caráter incidental e provisório apenas para decidir quanto ao cabimento da liberdade provisória, vigorando o princípio da correção do excesso, segundo o qual o juiz pode corrigir eventuais excessos formulados pela acusação, quando estiverem desprovidos de justa causa (**MANUAL, 2020, p. 1661-1662**).

No STJ encontramos posições divergentes: a) **admite-se** que o magistrado proceda à correta adequação típica dos fatos narrados na denúncia para viabilizar, desde logo, o reconhecimento de direitos do réu caracterizados como temas de ordem pública decorrente da reclassificação do crime (**STJ, HC 241.206/SP, SEXTA TURMA, Rel. Min. Nefi Cordeiro, j. 11/11/2014**), fazendo um exame superficial da imputação, e, constatado abuso completo de poder de denunciar ou excesso de capitulação, rejeitar totalmente a peça acusatória ou proceder alguma correição (**STJ, RT 787/564, Rel. Min. FELIX FISCHER**); b) **não se admite**, pois o momento adequado para o julgador utilizar-se da ***emendatio libelli***, previsto no art. 383 do CPP, é na prolação da sentença e não em momento anterior (**STJ-AgRg no AResp 149.594/AM, Rel. Min. MARIA THERESA DE ASSIS MOURA, j. 7/11/2013, DJe 21/11/2013**).

O STF, no entanto, já decidiu que não é correto o juiz modificar a definição jurídica do fato ao receber a inicial acusatória, pois existem momentos e formas específicas para se retificar a classificação jurídica equivocada (**STF, HC 87.324/SP, PRIMEIRA TURMA, Rel. Min. CARMEM LÚCIA, DJ 18/5/2007; HC 111.445/PE, PRIMEIRA TURMA, Rel. Min. DIAS TOFFOLI, j. 16/04/2013**). Portanto, constata-se que a matéria não é pacífica.

Cuida-se, na verdade, de uma zona altamente turbulenta e contrária ao sistema acusatório quando o juiz pretender se tornar órgão de acusação sob a alegação de indevida classificação legal no nascedouro da ação penal. No nosso pensar, o art. 383 do CPP Comum e o art. 437, alínea "a", do CPPM, autorizam o magistrado a aditar a peça acusatória ao ***"aplicar a pena"***, isto é, somente na fase sentencial. É um aditamento não do fato imputado, mas da classificação jurídica, no que concerne a possíveis equívocos de aspectos secundários que deverão ser modificados na visão do julgador. No início da ação penal, a legislação é omissa a respeito. Mas, admitindo-se tal viabilidade, é preciso que, efetuada esta interpretação pelo magistrado de possível definição jurídica diversa daquela apontada na inicial acusatória, no limiar da ação penal, mire apenas nos direitos constitucionais do denunciado possivelmente violados com a errônea classificação, sem registrar qualquer inclinação que dê margem a um prejulgamento. Este olhar crítico do magistrado deve ser concretizado somente em casos que demonstrem, de forma clara, inequívoca, transparente, límpida que a classificação jurídica formulada pelo órgão de acusação mostra-se, visivelmente, desamparada pelos elementos probatórios mínimos embutidos no inquérito policial, o que será extremamente difícil.

ANTONIO SCARANCE FERNANDES ressalta, com maestria, que ***"a descrição é clara quando permite verificar no fato os elementos constitutivos do tipo e as circunstâncias que o individualizam, é precisa quando bem determina o fato sem permitir confusão com outro, é circunstanciada quando contempla todas as circunstâncias necessárias para a identificação dos elementos do tipo correspondente ao fato e para individualizar o fato no contexto temporal e espacial em que se manifestou"*** (**A REAÇÃO DEFENSIVA À IMPUTAÇÃO, Editora Revista dos Tribunais, 2002, p. 184**). Ao proferir seu pronunciamento, sem perder de vista os ensinamentos de **SCARANCE FERNANDES**, indispensáveis para apreciação liminar de uma inicial acusatória, deverá o magistrado pautar-se pela sutileza e comedimento, fugindo de qualquer fundamentação que possa sugerir o seu pensar jurídico a respeito de possível nova classificação jurídica do fato criminoso. É uma manifestação superficial, mas não deixa de ser um prejulgamento. Na dúvida, deve manter incólume a peça acusatória, transferindo sua manifestação para o momento sentencial. A oportunidade processual prevista legalmente será por ocasião da sentença e não na abertura da ação penal, tratando-se esta última intervenção de pura construção doutrinária. É de se indagar: ***Como o juiz interpretará a possibilidade de uma nova classificação jurídica no ato do recebimento da inicial acusatória, de forma oculta, sem que tal atitude não se caracterize como um prejulgamento, mesmo que para proteção das garantias constitucionais do réu? Tal procedimento não implicaria um verdadeiro juízo antecipativo de mérito?***

Mais coerente se mostra o CPPM ao indicar no art. 437, alínea "a", do CPPM, que esta interpretação relativa à nova classificação jurídica só ocorrerá por ocasião do julgamento do mérito desde que o MPM se manifeste neste sentido. Sem isso, o objeto do processo fica congelado, obrigando o Conselho de Justiça a julgar o fato imputado narrado na acusação.

A sentença deve considerar o crime realmente verificado e aplicar a pena correspondente à responsabilidade do agente, pouco importando tenha havido erro, engano, má apreciação, espírito de benevolência na acusação, com uma definição mais branda, ou incompleta, do fato, na queixa ou na denúncia (**EDUARDO ESPÍNOLA FILHO, CÓDIGO DE PROCESSO PENAL BRASILEIRO ANOTADO, Editora Rio, 2º vol., 6ª edição, 1980, p. 89**).

Enfim, o juiz não pode mudar a descrição dos fatos da peça acusatória quando proferir a sentença. Poderá sim dar ao fato imputado na inicial acusatória uma definição jurídica diversa. Fato imputado na acusação e fato levado em consideração na sentença devem ser idênticos. Como já falado anteriormente, o juízo de tipicidade final é concretizado somente pelo juiz. O campo de incidência do ***judicium*** é delimitado pelo descrito na imputação.

O diploma sentencial tem que ser o espelho da inicial acusatória com a sua moldura – classificação jurídica do fato – construída pelo juiz e não pelo acusador. Ou melhor dizendo, a moldura do órgão estatal acusatório não é levada em consideração pelo julgador para a projeção da imagem. A imagem – fato jurídico – é a mesma e não a moldura – classificação jurídica. O juiz está vinculado apenas aos fatos narrados na denúncia, podendo dar a eles a classificação jurídica que bem entender, ainda que tenha de aplicar pena mais grave. O julgador fica jungido ao fato narrado na inicial acusatória, mas com plena liberdade de reclassificá-lo de acordo com a sua visão jurídica. O legislador concede tal autorização de mudança da qualificação jurídica do fato ao magistrado, como já dito antes. Esta é a matriz da *emendatio* no CPP Comum, corporificada no art. 383, com a nova redação da Lei nº 11.719/2008 e também no seu art. 418 com relação à pronúncia. Já no terreno processual castrense há uma significativa e importante diferença. Vejamos.

A ***emendatio*** militar está aninhada na alínea "a", do art. 437, do CPPM quando assinala que o juiz poderá dar ao fato definição jurídica diversa da que constar na denúncia, ainda que, em consequência, tenha de aplicar pena mais grave, "***desde que aquela definição haja sido formulada pelo Ministério Público em alegações escritas e a outra parte tenha tido a oportunidade de respondê-la***". Registre-se que esta expressão "***definição jurídica diversa***" diz respeito à capitulação ou classificação produzida pelo autor da peça inaugural acusatória. Portanto, dar definição jurídica diversa é modificar a capitulação, formatando o juízo de tipicidade correto à imputação do fato apontado na petição inicial acusatória. Já no processo penal militar não se permite, de ofício, tal alteração pelo Conselho de Justiça, determinando o art. 437, alínea "a", do Código Adjetivo Castrense, que o MPM a formule nas alegações escritas, justamente para que a defesa possa contraditar a tese ministerial. Por outro lado, o dispositivo em foco indica, claramente, o momento processual para a manifestação do MPM: alegações escritas (CPPM, art. 428).

Nada impede, entretanto, que a manifestação do MPM seja produzida em peça separada, o que se constituiria em um verdadeiro aditamento à denúncia, embora alguns juristas, com sobeja razão, sustentem que o citado dispositivo legal – art. 437, alínea "a" – não fala em aditamento e, se assim fosse, a defesa não ficaria limitada pela lei à oportunidade de responder à ***"definição jurídica diversa"*** da que constar da denúncia e sim com o direito de apresentar novas provas relativas ao que foi acrescido em aditamento, não se falando em fatos novos ensejadores da referida peça, pois a ***emendatio*** relaciona-se à discordância em relação à definição jurídica expressa na denúncia (**CÉLIO LOBÃO, DIREITO PROCESSUAL PENAL MILITAR, Editora Gen/Forense, 2011, p. 469**).

Obviamente que o marco final para tal manifestação será por ocasião das alegações escritas, não podendo o MPM formulá-la na Sessão de Julgamento, o que surpreenderia a defesa, atingindo em cheio o princípio do contraditório, embora existam estudiosos que defendam tal possibilidade, apontando que a lei processual penal militar não faz alusão expressa ao art. 428 do CPPM, mas apenas às alegações finais escritas, as quais são apresentadas de forma oral, também por expressa determinação legal conforme explicita o art. 433 do mesmo diploma legal (**FABÍOLA MORA FALOPPA, Da *emendatio e mutatio libelli* na sistemática processual penal militar, COLETÂNEA DE ESTUDOS DE DIREITO MILITAR--DOUTRINA E JURISPRUDÊNCIA, TRIBUNAL DE JUSTIÇA MILITAR DO ESTADO DE SÃO PAULO, 2012, p. 239-245**).

Entretanto, há doutrinadores que concedem um prazo mais largo, quebrando o engessamento do art. 437, "a", do CPPM, e arrastando a alínea "b" do mesmo artigo para o campo da ***emendatio. Poderá o Conselho de Justiça aplicar pena mais grave, de ofício, por reconhecer uma causa de aumento da pena devidamente narrada na peça acusatória, sem a vedação prevista no art. 437, alínea "a", do CPPM, qual seja, a obrigatoriedade do MPM em tipificá-la em suas alegações escritas?*** Esta é a indagação a que respondem, utilizando-se do raciocínio abaixo explanado.

Antes de mais nada, se aceito o entendimento de que o Diploma Processual Penal Castrense não faz alusão expressa ao art. 428, mas apenas às alegações finais escritas, as quais são sustentadas também de forma oral, por expressa determinação legal conforme aponta o art. 433, do mesmo Codex, a obrigatoriedade do art. 437, alínea "a", estará plenamente atendida (**FABÍOLA MORA FALLOPPA, artigo antes citado**).

No entanto, se inaceitável tal posicionamento, outra interpretação se apresenta como dito anteriormente, acionando, para tanto, o art. 437, alínea "b", do CPPM, para sua concretização. No artigo denominado "***EMENDATIO LIBELLI*** **NO PROCESSO PENAL MILITAR: UMA PROPOSTA DE RELEITURA DO ARTIGO 437, 'A', DO CPPM", PERSPECTIVAS DA JUSTIÇA MILITAR CONTEMPORÂNEA, ATALIBA DIAS RAMOS, Editora Lumen Juris, 2018, p. 275-292,** onde seu autor propõe uma nova releitura do art. 437 sob a visão do Garantismo Penal Integral e da Proporcionalidade (Vedação da Proteção Ineficiente), sustentando que a alínea "b" do mesmo artigo deve ser alinhada à da alínea "a", permitindo o reconhecimento de ofício de agravantes objetivas ***lato sensu,*** desde que devidamente narrada pela parte acusadora em sua exordial, aplicando-se uma interpretação sistêmica para proceder a desclassificação que importe em prejuízo para o réu, a fim de impedir a incidência de uma tendência negativa do garantismo penal.

Por outro lado, há quem entenda ser totalmente inócua a ressalva contida na alínea "a" do art. 437, relativa às alegações finais, pois se a imputação feita pelo órgão acusatório na denúncia compreende todos os fatos relativos à conduta incriminada do réu, pouco importa tenha sido repetida em alegações finais, já que do mesmo modo que está o acusador livre para pedir a absolvição, demonstrando o seu convencimento, fruto da sua independência funcional, outra não poderá ser a postura do magistrado (**GUILHERME NUCCI, CÓDIGO DE PROCESSO PENAL MILITAR COMENTADO, Editora Forense, 2014, p. 470**).

Ademais, assinale-se que alguns operadores do Direito Castrense lecionam que a sistemática da *emendatio* no CPPM estabelece que, na hipótese de *"**nova definição jurídica**"* da que constar na denúncia, o *Parquet* deverá aditá-la ***por meio de alegações escritas***, o que é diferente de ***até as alegações escritas***, caso contrário, o Conselho de Justiça deve decidir a matéria consoante os termos da denúncia (**RONALDO ROTH, artigo antes citado, p. 25-26**). Numa visão panorâmica da *emendatio* castrense, pode-se dizer, como ressalta, com propriedade, **DENILSON FEITOZA, DIREITO PROCESSUAL PENAL, TEORIA, CRÍTICA E PRAXIS, Impetus, 2010, p. 1031-1032**, que existem três situações de sua ocorrência com as seguintes soluções jurídicas: ***a primeira, se a pena da "nova definição jurídica" for a mesma ou menor e o fato estiver descrito, explicitamente na denúncia***: o Conselho de Justiça poderá corrigir a classificação, independentemente de aditamento da exordial, ocorrendo, então, a ***emendatio libelli in mellius***, qual seja, uma correção da classificação legal a favor do réu. A **Súmula nº 5** do **STM** é nesse sentido: ***"A desclassificação de crime capitulado na denúncia pode ser operada pelo Tribunal ou pelos Conselhos de Justiça, mesmo sem manifestação neste sentido do Ministério Público Militar nas alegações finais, desde quando importe em benefício para o réu e conste de matéria fática"***; ***a segunda, se a pena da "nova definição jurídica" for maior, o fato estiver descrito na denúncia e o MPM se omitiu***: poderá o Conselho de Justiça corrigir a classificação legal, ficando vedada a aplicação de pena mais grave, limitando-se à classificação errada que tem penas inferiores; ***a terceira, se a pena da "nova definição jurídica" for maior, tendo sido o fato descrito na denúncia e o MPM tiver formulado a nova definição jurídica do fato até as alegações escritas e a defesa tiver tido oportunidade de contraditá-la***: o Conselho de Justiça poderá conhecer a nova definição jurídica diversa da que constou na denúncia. Esta terceira hipótese deixa claro que o Conselho de Justiça não poderá agravar a pena, sem expressa manifestação do MPM, o que violaria o art. 437, letra "a", do CPPM.

Dessa forma, nas três hipóteses antes elencadas, a manifestação do *Parquet* militar é obrigatória, seja ela produzida via alegações escritas, seja através de peça separada, mas sempre antes do oferecimento das razões escritas, previsto no art. 428 do CPPM. Deduz-se, assim, que, no processo penal militar, o juiz não tem plena liberdade na alteração da classificação do fato delituoso, limitando o princípio ***juria novit curia***, tendo em vista que só poderá fazê-lo se houver manifestação expressa do MPM nesse sentido. E mais: deve ser respeitado o contraditório prévio quanto à nova qualificação jurídica do fato imputado, já que o art. 437, alínea "a", do CPPM, assim exige, não pegando de surpresa a parte contrária, observando-se fielmente o contraditório em relação à matéria fática e às questões de direito.

Como já dito, o STM, através da aplicação da **Súmula 5**, tem posicionamento no sentido de que, na falta de manifestação do MPM, está vedada a ***emendatio libelli in pejus*** e, nos outros casos, pena menor ou igual, não: o princípio ***jura novit curia*** autoriza a decisão do Conselho de Justiça, sem necessidade de prévio pronunciamento do MPM. É dizer: o art. 437, alínea "a", deve ser visualizado em duas perspectivas: **na primeira**, não sendo a pena mais grave, inexiste a imposição da desclassificação constar nas alegações escritas do MPM e, **na segunda**, se as penas da desclassificação forem mais graves do que as previstas para o tipo penal constante da denúncia, a nova definição jurídica deve compor as alegações escritas do MPM (**APELAÇÃO 28-23.2011.7.02.0102/SP, Rel. Min. Fernando Galvão, DJE de 11/01/2013; EMBARGOS DE DECLARAÇÃO 7000408-49-2018.700.0000, Rel. Min. LÚCIO MÁRIO DE BARROS GOES, j. 29/6/2018**).

O STF, em decisão antiga (1978), decidiu que, se a pena for igual, menor ou maior, oriunda da nova definição jurídica do crime, é defesa toda e qualquer alteração jurídica do fato criminoso, sem o prévio pedido formulado por escrito do MPM (**HC 55.993/RJ, PRIMEIRA TURMA, Rel. Min. Soares Munoz, j. 25/4/1978**). Já a corrente vencida na Corte Suprema, naquela época, interpretando literalmente o art. 437, alínea "a", do CPPM, entendia que a restrição final do citado dispositivo, qual seja, ***"desde que haja sido formulada pelo MP em alegações escritas e a outra parte tido oportunidade de respondê-la"*** ligava-se à frase antecedente "***tenha de aplicar pena mais grave***" e não a mais distante que mantém o princípio *jura novit curia,* o que veio a se confirmar no **HC 61.448/ES, SEGUNDA TURMA, Rel. Min. Djaci Falcão, j. 10/02/1984**.

Posteriormente, em 1994, o STF novamente voltou a se pronunciar sobre o art. 437, alínea "a", do CPPM, no sentido de se tratar de dispositivo mais rigoroso se comparado com a lei processual penal comum, já que exige que a proposta de nova definição jurídica do fato descrito na denúncia, pouco importando se a pena é menor, igual ou maior do crime apontado na peça acusatória, seja expressamente formulada pelo MPM nas alegações escritas (**HC 71.023/PA, PRIMEIRA TURMA, Rel. Min. Sepúlveda Pertence, j. 15/03/1994**).

No que toca à viabilidade da ***emendatio libelli*** ser aplicada na segunda instância, não há impedimento legal desde que observado o princípio da ***ne reformatio in pejus,*** encartado no art. 617 do CPP Comum ao dispor que o Tribunal, Câmara ou Turma atenderá nas suas decisões ao disposto nos arts. 383 (***emendatio libelli***), 386 e 387, no que for aplicável, não podendo, porém, ser agravada a pena, quando somente o réu houver apelado da sentença. Assim, não poderá a segunda instância reformar o decisório atacado para piorar a situação do acusado, em qualquer hipótese, em recurso exclusivo da defesa. Seria um contrassenso permitir que a segunda instância se arvorasse no direito de transformar-se em órgão acusatório, fazendo o papel daquele que se omitiu ao não recorrer. Sob este aspecto da ***reformatio in pejus,*** acrescente-se que esta proibição não está restrita somente ao quantum da pena. Devem ser observados igualmente os efeitos que serão produzidos pela aplicação da ***emendatio.*** Foi o que alertou a Corte Máxima de Justiça, ao declarar que a pena fixada não é o único efeito que baliza a condenação, devendo ser consideradas outras circunstâncias para a verificação de existência do princípio da ***reformatio in pejus,*** isto é, qualquer efeito gravoso, não apenas formal, mas indireto e material (**STF, HC 123.251/PR, SEGUNDA TURMA, Rel. GILMAR MENDES, j. 2/12/2014**).

Portanto, diferente é a sistemática castrense da que disciplina o CPP comum no seu art. 383, com a nova redação dada pela Lei nº 11.719/2008, que trata da ***emendatio libelli,*** onde é lícito ao juiz, na sentença, sem qualquer ingerência das partes, alterar, mesmo que para uma pena mais grave, a capitulação penal indicada na petição inicial acusatória para o fato imputado ao réu.

Interessante notar que alguns processualistas, ao comentarem o art. 383 do CPP Comum, argumentam que o juiz, antes de sentenciar, em respeito ao contraditório e a ampla defesa, deve convidar as partes a se manifestarem sobre a possibilidade de uma nova classificação jurídica dos fatos, em qualquer hipótese, seja a pena menor, igual ou maior do correto crime narrado na denúncia, com o fito de se evitar qualquer surpresa com a nova capitulação, sem que tenham tido oportunidade de debatê-la, devendo ser aplicado, por analogia, o art. 437, alínea "a", do CPPM, c/c art. 3º do CPP Comum (**GUSTAVO BADARÓ, CORRELAÇÃO ENTRE ACUSAÇÃO E SENTENÇA, Editora Revista dos Tribunais, 2013, p. 210-211, nota de rodapé 168**). **RENATO BRASILEIRO, MANUAL, 2020, p. 1663,** chega a alertar para a aplicabilidade do art. 10 do novo CPC, ao prever que o juiz não pode decidir, em grau algum de jurisdição, com base em fundamento a respeito do qual não tenha sido dado às partes oportunidade de se pronunciarem, ainda que se trate de matéria sobre a qual deva decidir de ofício. Outros mencionam que o réu não se limita a se defender apenas dos fatos, mas também de toda a estrutura que envolve o tipo penal – causas de exclusão da tipicidade, ilicitude, culpabilidade etc. – isto é, ele precisa se defender não só das questões fáticas, mas também das questões de direito (**AURY LOPES JUNIOR, DIREITO PROCESSUAL PENAL, Editora Saraiva, 2013, p. 148**).

EUGENIO PACELLI e **DOUGLAS FISCHER** marcham em sentido contrário ao lecionarem que a sentença não é ato processual fracionado e nem fracionável, não podendo se quebrar em etapas o convencimento judicial, concluindo que o juiz somente poderá sentenciar o processo quando – e inteiramente – convencido acerca de suas conclusões (**COMENTÁRIOS AO CPP E SUA JURISPRUDÊNCIA, Gen/Atlas, 2016, 8ª edição, p. 840-841**). **ESPÍNOLA FILHO, op. cit., p. 78,** também segue o mesmo posicionamento quando dizia que não há surpresa para o acusado, já que se defende da ação violadora da lei penal que a denúncia lhe imputa e não do delito ali capitulado.

O STF e o STJ interpretam dessa forma, qual seja, para os tribunais desnecessária a abertura de vista às partes para opinarem acerca da nova classificação dos fatos (**STF, PLENO, AP 461 AgR terceiro, PLENO, Rel. Min. RICARDO LEWANDOWSKI, j. 16/6/2011; STJ, RHC 22.353/PA, QUINTA TURMA, Rel. Min. LAURITA VAZ, j. 3/12/2009**).

Acentue-se que no CPP Comum inexiste qualquer dispositivo obrigando o magistrado a efetuar um convite às partes para se defenderem de uma nova classificação jurídica por ele ocultamente aventada, tratando-se de mera construção doutrinária. Ora, o CPPM, desde 1969, ano de sua criação, já prevê tal circunstância. Autores de obras jurídicas importantes, como **AURY LOPES JUNIOR, DIREITO PROCESSUAL PENAL, Saraiva, 2013, p. 148,** defensores ferrenhos da obrigatória manifestação da defesa, atendida plenamente pelo CPPM, mencionam que o réu não fica limitado a se defender apenas dos fatos, mas também de toda a estrutura que envolve o tipo penal – causas de exclusão da tipicidade, ilicitude, culpabilidade etc. – isto é, ele precisa se defender não só das questões fáticas, mas também das questões de direito.

Pelo menos no Direito Processual Penal Militar, o réu se defende tanto dos fatos descritos na denúncia quanto da classificação legal, obedecendo ao comando do art. 437, letra "a", do CPPM. Os princípios do contraditório e da ampla defesa são respeitados integralmente no caso da ***emendatio libelli*** militar, o que revela, por outro lado, a preocupação de separação das funções de acusar e julgar, o que não ocorre no Direito Processual Penal Comum, mesmo com o advento da Lei. 11.719/2008, exigindo a manifestação do magistrado sobre a possibilidade de uma diversa qualificação jurídica do fato, sem apontá-la, o que, convenhamos, é por demais estranho, embora alguns doutrinadores aleguem que, nos termos do art. 383 do CPP Comum, este convite às partes para falarem sobre a eventualidade de uma diversa definição jurídica, não prejudicará a busca da justiça ou a eficácia da persecução penal e muito menos o vinculará a esta nova qualificação jurídica dos fatos, podendo sentenciar tanto considerando a capitulação originária quanto à nova, concluindo, no entanto, que, no sistema processual penal militar, nenhuma delas poderá ser surpreendida pela nova definição jurídica (**GUSTAVO BADARÓ, CORRELAÇÃO ENTRE ACUSAÇÃO E SENTENÇA p. 145-146; 211**), fazendo-se, assim, justiça ao diploma processual penal militar de 1969, o qual, diga-se de passagem, é muito raro no recebimento de elogios por algumas iniciativas que hoje são consideradas inovadoras e inéditas.

A *MUTATIO LIBELLI* MILITAR

Mutatio libelli é a possibilidade de mudança na acusação, sempre que os fatos narrados na denúncia sofrerem modificação em razão do surgimento de prova nova ocorrida na instrução criminal. Ocorrerá uma alteração da base fática da imputação, e, com isso, será necessário o aditamento da peça acusatória, com posterior realização de prova de defesa e realização de novo interrogatório do réu, em atendimento aos princípios do contraditório, da ampla defesa e da correlação entre acusação e defesa.

A ***mutatio libelli*** está regulada no CPP Comum, no art. 384 e seus §§ 1° a 5°, com a nova redação dada pela Lei n° 11.719/2008, que suprimiu o procedimento acusatório do juiz, visto que na antiga redação do citado artigo e seu único parágrafo atribuía-se a iniciativa da possível definição de crime diverso ao magistrado, quando tal tarefa incumbiria ao Representante do *Parquet*. De acordo com o art. 384 do CPP Comum, encerrada a instrução probatória, cabível ***nova definição jurídica do fato***, tendo em vista prova existente nos autos de ***elementar ou circunstância da infração penal*** não contida na acusação, o MP deverá ***aditar*** a denúncia ou a queixa-crime, no prazo de cinco (cinco) dias, se em virtude desta houver sido instaurado o processo em crime de ação pública, reduzindo-se a termo o aditamento, quando feito oralmente. Dessa forma, pela nova lei, caberá ao MP aditar a denúncia ou a queixa-crime no prazo de 5 (cinco) dias, independentemente do ***quantum*** de pena cominado à imputação diversa.

Assim, repise-se, caso surja, durante o curso da instrução criminal, prova de elementar ou circunstância não embutida na inicial acusatória, o mecanismo do art. 384 deve ser acionado, por estarmos diante de uma verdadeira alteração do fato narrado, não se tratando de simples classificação jurídica diversa (***emendatio libelli***). Na verdade, cuida-se de nova imputação de fato, implicando, via de consequência, em modificação do tipo penal (***surgimento de elementar***) ou em aumento ou diminuição da pena do delito (***surgimento de circunstância***). O surgimento de elementar ou circunstância não contida, de forma explícita, na acusação, implicará, obrigatoriamente, no aditamento da peça acusatória, pouco importando o *quantum* de pena cominado à imputação diversa, qual seja, pena mais grave, igual ou inferior. E isto por um motivo muito simples: estamos diante de um fato diverso do narrado na peça acusatória, mas a ele conectado, digamos assim, em vista de ocorrência de elementar ou circunstância da infração penal que não foi imputada inicialmente ao réu. Ou melhor dizendo, esta alteração fática deve estar relacionada com a imputação inicial. Se for um fato novo, qual seja, que substitua aquele narrado na inicial acusatória, torna-se inaplicável a incidência do art. 384 do CPP Comum e oportunizará a instauração de um novo processo ou mesmo o aditamento, mas aí com escora no art. 569, também do CPP Comum com renovação da instrução criminal, e não naquele artigo. ***Mutatio libelli*** diz respeito a fato diverso e ***emendatio libelli*** à definição jurídica diversa, mas, repita-se, no caso da ***mutatio***, o fato é o mesmo, mas com o acréscimo de algum elemento que o modifique.

A doutrina – **RENATO BRASILEIRO DE LIMA, MANUAL, 2020, p. 1671** – reconhece que existem duas formas de aditamento no CPP Comum: ***espontâneo*** (art. 384, *caput*) e ***provocado parcialmente*** (art. 384, § 1º). Na redação anterior do art. 384, o juiz deveria baixar o processo com a finalidade do MP aditar a peça acusatória. Com o advento da sua nova redação, devido a Lei de 2008, este aditamento deve ser ***espontâneo***, o que garante a imparcialidade do magistrado. Já o ***aditamento provocado parcial*** consistirá na hipótese do MP não aditar a peça acusatória, e se o juiz enxergar tal possibilidade – ***ocorrência de fato diverso decorrente de surgimento de elementar ou circunstância não contida na acusação*** – manejará o procedimento do art. 28, também do CPP Comum, qual seja, o encaminhamento da questão ao Procurador-geral, pois tal atitude caracterizaria a inércia do *Parquet*, o que equivaleria a um pedido de arquivamento, exercendo, dessa forma, a função anômala de fiscal do princípio da obrigatoriedade da ação penal pública. Para uma corrente minoritária, este § 1º do art. 384 colide com o sistema acusatório, não sendo possível qualquer forma de provocação do aditamento por parte do magistrado (**AURY LOPES JUNIOR, op. cit., p. 1113**).

Tendo em vista que o CPPM se omite a respeito do tema, o art. 384 e seus parágrafos, do CPP Comum, devem ser aplicados, subsidiariamente, com fulcro no art. 3º, letra "a", do diploma castrense adjetivo. Embora seja o CPPM omisso, como já dito, quanto à ***mutatio libelli,*** fazendo apenas referência ao aditamento à denúncia nos arts. 432, letra "a" e 516, letra "d", do CPPM, deverá o membro do MPM, ao final da instrução criminal, quando o Juiz Federal da Justiça Militar abrir vista para as alegações finais escritas, se não o fizer após a prova testemunhal, aditar a peça inicial acusatória se entender necessária a inclusão de elemento ou circunstância não contida no fato narrado na denúncia ou mesmo da presença de fato conexo não previsto na inicial. Não o fazendo, e entendendo presente tal necessidade, poderá o magistrado federal da Justiça Militar determinar a abertura de vista com essa finalidade e, mantida a posição pelo Promotor, adotar, com base no art. 3º, letra "a", do CPPM, o procedimento indicado no art. 384 do CPP Comum, c/c o art. 397 do CPPM, qual seja, o encaminhamento dos autos ao Procurador-Geral da JMU.

PRINCIPAIS QUESTÕES PROCESSUAIS RELATIVAS AO CRIME DE DESERÇÃO

Algumas polêmicas germinam com relação ao crime de deserção, quais sejam: **1ª) se é constitucional a prisão do desertor com base, exclusivamente, no Termo de Deserção conforme determina o art. 452 do CPPM *(o Termo de Deserção tem o caráter de instrução provisória e destina-se a fornecer os elementos necessários à propositura da ação penal, sujeitando, desde logo, o desertor à prisão)*; 2ª) se é inconstitucional a prisão por 60 dias do desertor, sem interferência judicial, isto é, sem qualquer fundamentação apontando sua necessidade, bastando a imposição da lei, consubstanciada no art. 453 do CPPM (o desertor que não for julgado dentro de 60 dias, a contar do dia de sua apresentação voluntária ou captura, será posto em liberdade, salvo se tiver dado causa ao retardamento do processo); 3ª) a necessidade de mandado judicial para prisão do desertor no interior da sua residência ou de terceiros.**

NATUREZA JURÍDICA DO CRIME DE DESERÇÃO

Existe forte discussão sobre a natureza jurídica do crime de Deserção. ***Crime permanente ou crime instantâneo de efeitos permanentes?*** Na lição da doutrina, ***crime permanente*** é o que causa uma situação danosa ou perigosa, prolongando-se a situação antijurídica no tempo até quando queira o agente, isto é, o agente desertor tem o domínio do fato, podendo a qualquer momento interromper a conduta criminosa, apresentando-se voluntariamente na sua Unidade

Militar. ***Crime instantâneo de efeitos permanentes*** é aquele cuja consumação ocorre em dado instante, perdurando o seus efeitos, mas o resultado não se prolonga no tempo (**DAMASIO DE JESUS, DIREITO PENAL, 1º vol., PARTE GERAL, Editora Saraiva, 1999, p. 193-195**), daí surgindo controvérsias a respeito da natureza jurídica de determinados crimes, pois, para os crimes permanentes, admitir-se-á a prisão em flagrante enquanto não cessar a sua realização, o que não ocorrerá no crime instantâneo de efeitos permanentes que já foi consumado anteriormente. Adiante, elencamos as correntes doutrinárias sobre a natureza jurídica do crime de deserção.

1ª corrente: O crime de deserção é crime permanente.

Para alguns juristas, defensores desta hipótese, no crime de deserção, embora o momento consumativo ocorra no primeiro minuto do nono dia da ausência não autorizada, a consumação se prolonga no tempo, assim permanecendo enquanto o agente continuar ausente da sua Unidade Militar como desertor, isto é, a consumação permanece enquanto perdurar a ausência ilícita, que cessará pela vontade do desertor – apresentação voluntária – ou por motivo alheio à sua vontade-captura – ocasião em que será preso, permitida tal prisão com base no Termo de Deserção, lavrado tão logo se consuma a deserção. Aliás, o art. 243 do CPPM determina que qualquer pessoa poderá e o militar tem o dever de prendê-lo, sendo dispensável ordem escrita a ser exibida ao preso, qual seja, mandado de prisão – CPPM, art. 456, § 3º (**CÉLIO LOBÃO, DIREITO PROCESSUAL PENAL MILITAR, Editora Gen/Forense, 2011, p. 486; JORGE CESAR DE ASSIS, COMENTÁRIOS AO CPM, artigos 1º a 383, 4ª edição, Juruá Editora, 2012, p. 384; GUILHERME NUCCI, CPM COMENTADO, Editora Forense, 2014, p. 284**).

É falar: não há necessidade de nenhuma troca de título prisional – Termo de Deserção por Auto de Prisão em Flagrante – para legitimar a prisão do desertor. Dessa maneira, para esta corrente, o Termo de Deserção, lavrado por determinação do Comandante ou autoridade militar correspondente ao se consumar o delito, antecipando-se, dessa maneira, à prisão em flagrante do desertor (CPPM, art. 456, § 3º), é título válido para custodiar o suposto desertor pelo prazo máximo de 60 dias durante as fases investigatória e processual, mantendo-se íntegro o art. 452 do CPPM, artigo recepcionado pela CF/88, através do art. 5º, inciso LXI, ao autorizar o referido Termo de Deserção como documento legítimo para a custódia do desertor, devidamente conectado ao art. 243 do CPPM.

2ª corrente: O crime de deserção é um crime instantâneo de efeitos permanentes.

Outra corrente de doutrinadores – **CLÁUDIO AMIM MIGUEL e NELSON COLDIBELLI, op. cit., p. 156; CLAUDIO AMIM MIGUEL e IONE DE SOUZA CRUZ, "ELEMENTOS DE DIREITO PENAL MILITAR", Gen/Editora Método, 2013, p. 119-120** – sob a alegação de ser o crime de deserção ***um crime instantâneo de efeitos permanentes***, posiciona-se no sentido de que a prisão do militar independe de ordem judicial com amparo na segunda parte do art. 5º, inc. LXI, da CF/88 (***ninguém será preso senão em flagrante delito ou por ordem escrita e fundamentada de autoridade judiciária competente, salvo nos casos de transgressão disciplinar ou crime propriamente militar, definidos em lei***), já que sendo o crime de deserção um crime propriamente militar, nada impede a prisão do desertor sem mandado judicial, acentuando, ainda, que, nesta hipótese, se estiver no interior do seu domicílio, necessário se faz o competente mandado de busca domiciliar, pois trata-se de um crime instantâneo de efeitos permanentes e não um crime permanente.

Portanto, para os estudiosos que esgrimam este ponto de vista – ***desnecessidade de ordem judicial para prender o desertor*** – o crime de deserção do art. 187 do CPM não é um crime permanente, pois uma das suas características, nesta hipótese, consiste em o agente poder fazer cessar a perturbação do bem jurídico a qualquer momento, possuindo o seu autor o domínio do fato, da conduta e do resultado, o que não ocorreria, tendo em vista que, decorrido o prazo de graça – oito dias – o delito já está consumado, não havendo que se falar em permanência, tornando possível a prisão do desertor, não via auto flagrancial e sim por se tratar de crime propriamente militar, respaldado pelo contido na segunda parte do inciso LXI, do art. 5º, da CF/88, corporificada através do Termo de Deserção, documento válido para sua custódia cautelar, mas que não se amolda na primeira parte do referido art. 5º, inciso LXI, da CF/88, que determina expressamente que ***"ninguém será preso senão em flagrante delito ou por ordem escrita e fundamentada de autoridade judiciária competente, salvo nos casos de transgressão disciplinar ou crime propriamente militar, definidos em lei".***

Em conclusão, para esta corrente, o crime de deserção é um crime ***instantâneo*** por se consumar a zero hora do nono dia, sendo lavrado o Termo de Deserção e ***de efeitos permanentes*** pela ausência do militar perdurar no tempo, sujeitando o agente à condição de trânsfuga e consequente prisão, na forma do art. 243 do CPPM, não por estar em flagrante delito e nem por ordem judicial, mas sim por ser este Termo de Deserção um instrumento de captura, sendo um ato legal porque a segunda parte do inciso LXI, do art. 5º, da CF/88, excetua os crimes militares próprios.

Também **CÍCERO ROBSON COIMBRA NEVES**, em seu artigo "**Decretação de prisão preventiva no crime de deserção**", publicado na revista **DIREITO MILITAR, AMAJME, nº 122, março/abril 2015, p. 7-12**, assegura que a prisão do desertor sem ordem judicial, apenas com a lavratura do Termo de Deserção, possibilita o amparo da autoridade de PJM, constitucional e legalmente, para capturar ou mesmo diante da apresentação espontânea, e, via de consequência, conduzir o autor do crime de deserção ao encarceramento, embora a existência de uma ordem judicial em razão da decretação da prisão preventiva mais a alinhe à CF/88. Em suma, a preocupação do jurista é constitucionalizar em sua maior dimensão o Termo de Deserção, trocando um título prisional por outro – prisão preventiva – com superior potencial de respeito aos direitos e garantias fundamentais do cidadão.

Hoje, o Juiz Federal da Justiça militar da União deverá ouvir o desertor, na hipótese de apresentação voluntária ou captura, com base no art. 1° da Resolução nº 228/2016, que trata da Audiência de Custódia, medida criada pela Lei nº 13.964/2019.

MOMENTO CONSUMATIVO

Consuma-se com a ausência não autorizada do militar da Unidade Militar em que serve, por mais de 8 (oito) dias, chamado de ***Prazo de Graça***. Antes desse prazo, não existe desertor e sim ausente. Já a Deserção especial ou instantânea, prevista no art. 190 do CPM (***deixar o militar de apresentar-se no momento da partida do navio ou aeronave, de que é tripulante ou do deslocamento da unidade ou força em que serve***), configura-se em momento e local determinados.

PRAZO DE GRAÇA

É contado a partir de zero hora do dia seguinte àquele em que o militar se ausentou (CPPM, art. 451, § 1°), ou seja, basta somar nove dias para se chegar ao momento consumativo. No caso de captura ou apresentação voluntária do militar, antes do transcurso do prazo de graça, terá ocorrido mera transgressão disciplinar. O **STJ** entende que, se o ausente se apresenta no oitavo dia, a ausência foi de apenas oito dias e não de ***mais de oito dias***, não se caracterizando, assim, a deserção (**RECURSO ORDINÁRIO EM HC 9.989/RS, Rel. Min. JORGE SCARTEZINNI, j. em 13/12/2000, DJU 12/3/2011**).

O **STM** vem interpretando a expressão "**mais de oito dias**", contida na parte final do art. 187 do CPM, no sentido de que equivale a dizer "***qualquer tempo que exceda há oito dias***" (**RECURSO**

CRIMINAL 2002.01.007023-0/RS, Rel. Min. HENRIQUE MARINI E SOUZA, j. 21/11/2002). Ressalte-se, ainda, que, com o advento da Lei nº 8.236/91 que modificou o rito do processo de deserção, torna-se dispensável a realização de diligências, objetivando a captura do militar, antes do transcurso do Prazo de Graça.

PROCEDIMENTO DA AUTORIDADE ADMINISTRATIVA MILITAR APÓS A CONSUMAÇÃO DA DESERÇÃO

Consumado o crime de deserção, nos casos previstos na lei penal militar, conforme prescreve o art. 454 do CPPM, o Comandante da Unidade Militar, ou autoridade correspondente, ou ainda a autoridade superior, fará lavrar um documento por escrito, imediatamente, chamado de "*Termo de Deserção*" sendo por ele assinado e por duas testemunhas idôneas, além do militar incumbido da lavratura. No caso do art. 190 do CPM – **Deserção Especial** – o Termo de Deserção é lavrado no momento da partida do navio, não havendo que se falar em Prazo de Graça. Da mesma forma, nos crimes dos arts. 188, inciso IV, 193 e 194, do mesmo *Codex* Castrense. Não deve o **Termo de Deserção** ser confundido com a ***Parte de Ausência*** do militar. ***Parte de Ausência*** é lavrada após vinte e quatro horas do dia em que o militar se ausentou da sua unidade militar. Aliás, o Termo de Deserção integra a chamada ***Instrução Provisória de Deserção – IPD***, que é uma peça informativa objetivando o fornecimento de elementos ao MPM para oferecimento da denúncia e, via de consequência, para deflagração da ação penal militar. Em suma, o IPD deverá conter ***a parte de falta ao serviço*** (Regulamento Disciplinar da Marinha, Decreto nº 88.545, de 26/7/1983, art. 40, Regulamento do Exército Brasileiro, Decreto nº 4.346, de 26/8/2002, art. 12, § 1º, Regulamento Disciplinar da Aeronáutica, Decreto nº 76.322, de 22/9/1975, art. 55), ***a parte de ausência, o inventário dos bens deixados na Unidade Militar pelo ausente*** (art. 456, *caput*, CPPM), ***a contagem do prazo de deserção*** (art. 451, § 1º, CPPM), ***o prazo de graça, a parte de***

deserção (art. 456, § 2º, CPPM) e o ***Termo de Deserção***, lavrado pelo Comandante da Unidade Militar (art. 451, *caput*). Sobre a possibilidade de se trancar o IPD, o **STF**, no **RECURSO ORDINÁRIO EM HABEAS CORPUS 84.268/RJ, SEGUNDA TURMA, Rel. MIN. GILMAR MENDES, j. 18/10/2004**, decidiu no sentido da sua impossibilidade se a conduta, em tese, configurar crime, da mesma forma que o inquérito policial e a ação penal.

MOMENTO DA LAVRATURA DO TERMO DE DESERÇÃO

Com base no art. 451 do CPPM, consumado o delito de deserção, ***imediatamente***, será lavrado o Termo de Deserção pelo Comandante da Unidade Militar ou autoridade correspondente ou até superior, de forma impressa ou datilografada (hoje, leia-se digitalizada) e assinada por duas testemunhas, além do escrivão. Embora o comando legal determine a lavratura imediata do Termo de Deserção, já decidiu o STF que o seu retardo na lavratura configura simples irregularidade administrativa **(HC 80.883/AM, SEGUNDA TURMA, Rel. Min. CARLOS VELLOSO, DJ de 21/9/2001; RHC 84.268/RJ, SEGUNDA TURMA, Rel. Min. GILMAR MENDES, DJ de 5/11/2004)**. Na mesma toada é o entendimento do **STM (RECURSO CRIMINAL 2000.01.006772-7/AM, Rel. Min. DOMINGOS ALFREDO SILVA, DJ de 22/2/2001; RECURSO CRIMINAL 1992.01.006048-0/RJ, Rel. Min. JORGE FREDERICO MACHADO DE SANTANA, DJ de 3/11/1992**).

O **HABEAS CORPUS 80.883/AM**, do **STF**, antes referido, foi impetrado contra o acórdão do STM, prolatado no **RECURSO CRIMINAL 2000.01.00672-7/AM**, onde se declarou que o Termo de Deserção, lavrado após um ano da consumação do delito, quando da captura do acusado e feitura do ato de reinclusão anterior à lavratura do citado documento, é mera irregularidade que não tem o poder de acarretar a nulidade do feito, por se tratar de ato administrativo e não judicial, não tendo, dessa maneira, o condão de viciar o processo que se inicia com o recebimento da denúncia.

Registre-se, mais uma vez, que a motivação que deu ensejo a interposição desse Recurso Criminal pelo MPM de primeiro grau, foi o pronunciamento do Conselho de Justiça concluindo que, sendo o Termo de Deserção um ato administrativo, como tal deve subjugar-se aos princípios da administração pública, definidos no art. 37 da Carta Magna – legalidade, moralidade, publicidade, impessoalidade e finalidade – o que não teria ocorrido na espécie, visto que não lavrado imediatamente à consumação do delito consoante determina o art. 451 do CPPM, sendo, assim, ato ilegal e absolutamente nulo, não produzindo qualquer efeito jurídico e também como todo ato administrativo está sujeito à preclusão administrativa, ou seja, se não foi procedido no lapso temporal definido na lei, a administração pública não poderá mais praticá-lo, o que, no caso, seria mais revelador, pois lavrado quando não mais poderia ser praticado, não se podendo admitir que, decorrido mais de 1 (um) ano, atenda ao imediatismo na lei, o que operaria a preclusão administrativa, caracterizando-o como inexistente.

O Colegiado Militar de primeiro grau acentuou, ainda, em seu *decisum,* que o acusado foi capturado quando não havia ato legal que autorizasse sua prisão, ficando encarcerado por 60 (sessenta) dias e com fundamento em ato totalmente nulo ou inexistente, fazendo com que os atos de exclusão e reinclusão fossem absolutamente nulos, posto que praticados sem atender ao que determina a legislação adjetiva castrense. Em declaração de voto vencido no recurso da Corte Máxima Castrense antes mencionado, o **Min. CARLOS ALBERTO MARQUES SOARES** posicionou-se no sentido de que o Termo de Deserção seria um ato que configura o delito de deserção, cujas formalidades a lei exige para a sua lavratura que deverá ocorrer imediatamente porque se trata de delito de mera conduta e de consumação instantânea e que a essência da tipificação do tipo penal calca-se na elaboração imediata de documentos configuradores da ausência como marco inicial, e na deserção como termo final do prazo de graça, possibilitando que a autoridade administrativa prenda o infrator, não se podendo admitir como válida a lavratura de um Termo de Deserção mais de 2 (dois) anos após a ausência do militar e lhe preste o valor legal a justificar a sua prisão, o oferecimento da denúncia e uma possível condenação. A tese vencedora, tanto do STM como do STF, é que o retardo da lavratura do Termo de Deserção é uma mera irregularidade administrativa, não acarretando, por si só, a nulidade do processo penal militar que tem início com o recebimento da denúncia e no qual se assegurará o contraditório e a ampla defesa.

TERMO DE DESERÇÃO

1) Natureza Jurídica

O Termo de Deserção tem o caráter de instrução provisória e destina-se a fornecer os elementos necessários à propositura da ação penal militar, sujeitando, desde logo, o desertor à prisão, nos termos do preceituado no art. 452 do CPPM. Este Termo e as demais peças que o instrui é denominado de ***IPD – Instrução Provisória de Deserção***, que objetiva fornecer elementos ao MPM para oferecimento da ação penal militar. Sendo o Termo de Deserção consectário de um ato administrativo da autoridade administrativa é defeso à Justiça Castrense dizer da legalidade ou não do mesmo por falta de competência para tal (**STM, CORREIÇÃO PARCIAL 1999.01.001629-0/RJ, Rel. Min. SÉRGIO XAVIER FEROLLA, DJ de 8/11/1999**).

2) Constitucionalidade

Podemos assim dizer, salvo melhor juízo, que existem três correntes a respeito da constitucionalidade do Termo de Deserção como título prisional legítimo:

1ª corrente: ***O Termo de Deserção é título legítimo para se decretar a prisão do desertor, sendo desnecessária ordem judicial (art. 452, CPPM).***

Para aqueles que defendem que o crime de deserção é um crime permanente, bem como para os que o definem como crime instantâneo de efeitos permanentes, o Termo de Deserção, lavrado por autoridade administrativa militar, é documento hábil para custodiar o desertor, com base na segunda parte do inciso LXI, do art. 5º, da CF/88. De acordo com esta norma constitucional, além da ordem expressa do juiz via ***mandado judicial*** (primeira parte, art. 5º, inciso LXI, CF/88), o ***flagrante delito***, a ***transgressão disciplinar*** e o ***crime propriamente militar*** são as únicas modalidades de prisão de uma pessoa que se prescinde de ordem escrita e fundamentada do juiz. Portanto, o magistrado, ao receber o IPD, se assim for o seu entendimento, manterá o desertor preso durante toda a ação penal militar, com base, exclusivamente, no Termo de Deserção, legitimando-o, sem proferir qualquer decisão pelo prazo máximo de 60 dias, nos termos do preceituado no art. 453 do CPPM. Era este o procedimento adotado pelo CPP Comum, antes do advento da Lei nº 12.403/2011, com relação ao APF, qual seja, aquele que era preso em flagrante ficava segregado durante todo o processo com base neste título prisional, lavrado por autoridade administrativa – APF – o qual somente era substituído pela sentença condenatória. A prisão em flagrante antecipava os resultados do processo. Com o surgimento da Lei nº 12.403/2011, a prisão em flagrante somente servirá como título prisional entre a lavratura do APF e a apreciação judicial da legitimidade da prisão, bem como da necessidade de manutenção desta custódia cautelar ou sua substituição por variadas medidas cautelares pessoais. Caberá ao juiz relaxá-la, ou convertê-la em prisão preventiva, se revelarem inadequadas ou ineficientes as medidas cautelares diversas da prisão ou conceder a liberdade provisória, com ou sem fiança, o que quer significar que a prisão em flagrante não poderá ser mantida sob este fundamento que é a flagrância. O juiz apreciará não mais a evidência dos fatos trazidos por ele (flagrante), mas a eventual necessidade de se manter o cárcere e a sua possibilidade, ou seja, o efetivo cabimento legal da prisão (**PACELLI e FISHER, op. cit., p. 633**).

Registre-se que com a chegada da Lei nº 13.964/2019, chamada de Pacote Anticrime, acrescentou-se ao art. 310 do CPP Comum quatro parágrafos, regulamentando a Audiência de Custódia, sendo que o § 4º que prevê o relaxamento da prisão pela não realização tempestiva da Audiência de Custódia, teve seus efeitos suspensos pelas **ADIs 6.298, 6.299, 6300 e 6.305.** No que se refere à Justiça Militar da União, repetimos, a Audiência de Custódia está regulada pela **Resolução nº 228, de 26/10/2016,** baixada pelo STM, dispondo o seu art. 1º que essa deverá ocorrer nos casos de prisão em flagrante delito, de prisão decorrente de apresentação voluntária ou captura relativas aos delitos de deserção ou insubmissão. Isto quer dizer que, preso o desertor, a autoridade administrativa militar deverá encaminhar, preferencialmente, o procedimento digitalizado ao endereço eletrônico designado pelo Juízo Militar, visando à realização da Audiência de Custódia **"em sede de prisão de desertor apresentado voluntariamente ou capturado em instrução Provisória – IPD" (art. 3º, inciso II, Resolução 228/2016**).

Na legislação processual penal militar, para aqueles que perfilhavam esta primeira corrente, o Termo de Deserção ficaria hígido pelo prazo de 60 dias, nos termos do disposto no art. 453 do CPPM, para então o julgador conceder a liberdade provisória ou até mesmo decretar a prisão preventiva no esgotamento do prazo. A prisão do desertor é uma prisão obrigatória, possibilitando a qualquer pessoa a faculdade de assim proceder e aos militares a obrigatoriedade para a concretização da custódia em tela (art. 243, CPPM).

Cabível, assim, a prisão, de imediato, respaldada no Termo de Deserção, estatuído no art. 452 da Lei Adjetiva Militar, sendo imperativo legal, não restando dúvida de que se trata de uma prisão provisória, nos termos do art. 220 do mesmo diploma legal. Com base no Termo de Deserção, a prisão do desertor independe de ordem judicial, conforme prevê o art. 5º, inciso LXI, da CF/88 (**STF – HC 94.367/RJ, SEGUNDA TURMA, REL. Min. JOAQUIM BARBOSA, j. 21/10/2008**). Consulte-se também **STM – HC**

0000127-28.2012.7.00.0000/RJ, Rel. MIN. RAYMUNDO NONATO DE CERQUEIRA FILHO, j. 30/8/2012; HC 000096-37.2014.00.0000/AM, Rel. MIN. ÁLVARO LUIZ PINTO, j. 26/8/2014; STF – Ag 124.126/RJ, Rel. MIN. GILMAR MENDES, j. 23/9/2014.

Hoje, reitere-se, quando preso o desertor, o Juiz Federal da JMU controlará a legalidade da prisão via Termo de Deserção, proferindo decisão quanto à manutenção ou não da restrição de liberdade, por ocasião da realização da Audiência de Custódia (**art. 10, Resolução nº 228/2016**).

2ª corrente: ***O Termo de Deserção, por si só, não é título legítimo para custodiar o desertor pela autoridade de Polícia Judiciária Militar, devendo a autoridade judiciária, tão logo seja comunicada da prisão ou captura (art. 5º, inciso LXII, CF/88 e art. 222, CPPM), decretar a prisão preventiva com base nas alíneas "d" (aplicação da lei penal militar) e "e" (exigência da manutenção das normas e dos princípios de hierarquia e disciplina militares) do art. 255 do CPPM.***

Já para aqueles que sustentam que o Termo de Deserção, por si só, é inválido para custodiar o desertor, tendo em vista que não poderá ocorrer prisão provisória por disposição legal, é preciso que, em cada caso concreto, aponte a autoridade judiciária a imperiosa necessidade da constrição cautelar em elementos fortes que assinalem a substancial existência do ***periculum libertatis***, com a relevante importância para o processo ou para a investigação criminal (**ESDRAS DOS SANTOS CARVALHO, op. cit., p. 177**).

Do mesmo modo, **CÍCERO ROBSON COIMBRA NUNES**, no artigo antes citado, propugna pela adoção de uma posição intermediária, aventando a possibilidade de decretação de prisão preventiva do desertor para que ele possa ser capturado e preso, permitindo que a autoridade administrativa militar não fique limitada pela inviolabilidade do domicílio, senão no período noturno. **AMIM e COLDIBELLI, op. cit., p. 157**, tecem críticas ao prazo máximo de prisão do desertor por 60 dias, estatuído no art. 453 do CPPM, sob alegação de que não deveria ser estabelecido qualquer prazo para a prisão e sim conceder ao juiz a possibilidade de avaliar a necessidade da custódia, com fundamento em uma das hipóteses previstas no art. 255 do CPPM, ensejadoras da prisão preventiva.

Também **LUCIANO MOREIRA GORRILHAS,** no artigo **"A INCONSTITUCIONALIDADE DA PRISÃO NO CRIME DE DESERÇÃO, DELITO CAPITULADO NO ART. 187 DO CPM, REVISTA DIREITO MILITAR, AMAJME, nº 63, janeiro/fevereiro 2007, p. 35-38"**, opina ser a prisão do desertor via Termo de Deserção nítida prisão ***ex lege***, ou seja, modalidade de custódia decorrente de legislação processual militar sem que haja interferência judicial na sua decretação, sofrendo restrita análise por parte do juiz e do MPM, em geral, circunscrevendo-se a aspecto referente à contagem dos dias para o perfazimento do delito em tela, devendo a interpretação do art. 452 do CPPM que autoriza a prisão do desertor ser sistemática, ou seja, compatível e harmônica com outras normas constitucionais pertinentes, especialmente, com os incisos LXII e LXIII, do art. 5º, da CF/88, não sendo observados quando da prisão do desertor, o que a torna inconstitucional, por si só, sem o controle judicial como ocorre no auto de prisão em flagrante.

Na verdade, nada impede que o magistrado decrete a prisão preventiva do desertor, desde que exista a necessidade para tanto, a teor dos arts. 254 e 255 do CPPM, respectivamente (**STM – RECURSO EM SENTIDO ESTRITO 0000284-16.2013. 7.01.0201/RJ, Rel. MIN. MARIA ELIZABETH GUIMARÃES TEIXEIRA ROCHA, j. 26/5/214; HC 0000179-58.2011.00.0000/RJ, Rel. MIN. WILLIAM DE OLIVEIRA BARROS, j. 19/12/2011**). De se registrar que este entendimento foi homologado pelo STM ao cancelar a **Súmula 10** – ***Não se concede liberdade provisória a preso por***

***deserção antes de decorrido o prazo previsto no art. 453 do CPPM*, DJE de 13/6/2018** – não autorizando mais a prisão *ex lege* do desertor por até 60 (sessenta) dias, em razão da nova sistemática adotada pela Resolução 228, de 26/10/2016, do STM, que disciplina os procedimentos a serem adotados para a realização de Audiência de Custódia. Diga-se também que o cancelamento da referida Súmula, por entender que o prazo previsto no art. 453 do CPPM é o prazo máximo que o desertor pode permanecer preso, se não for antes julgado, não significando que deva, obrigatoriamente, permanecer 60 (sessenta) dias custodiado, tendo a Corte Máxima Castrense reiterados julgados, no sentido de que somente é possível manter a segregação quando presente ao menos um dos requisitos do art. 255 do CPPM (**HABEAS CORPUS 7000245-69.2018.7.00.000, Rel. Min. CLEONILSON NICÁCIO SILVA, j. 29/8/2018; HABEAS CORPUS 7000513-26-2018.7.00.0000, Rel. Min. CARLOS AUGUSTO DE SOUZA, j. 16/8/2018**).

A Resolução nº 228/2016 veio ao encontro da tese defendida por esta corrente.

3ª corrente: ***O Termo de Deserção é documento válido apenas para a efetivação da voz de prisão do desertor por equivaler ao estado de flagrante delito (art. 243, CPPM), devendo a autoridade de Polícia Judiciária Militar providenciar a lavratura de auto de deserção, formalizando a sua custódia com designação de escrivão, oitiva das pessoas e do indiciado, entrega de nota de culpa, comunicação imediata ao magistrado e feitura de relatório das providências adotadas.***

Esta interpretação inovadora e inusitada, digna de elogios, diga-se de passagem, é defendida pelo magistrado **RONALDO ROTH**, no artigo denominado **"FORMALIDADES NA CAPTURA DO DESERTOR"**, publicado na revista **DIREITO MILITAR,**

AMAJME, nº 14, novembro/dezembro 1998, p. 15-18. Para o eminente jurista, o CPPM, ao equiparar a prisão em flagrante à prisão do desertor, permite que o Termo de Deserção autorize a custódia do agente (art. 452, CPPM), mas, por equivaler a autorização para prisão daquele que esteja em flagrante delito (art. 243, CPPM), torna cabível a voz de prisão para sua efetivação e eficácia. No entanto, ainda na visão do jurista em tela, imprescindível se torna, quando da captura do desertor, a lavratura de auto competente autônomo pela autoridade administrativa militar, ou por delegação desta pelo oficial de serviço, ou pela autoridade judiciária, necessitando que seja formalizada a prisão com a oitiva de condutor, das testemunhas e, principalmente, inquirindo-se o indiciado, tudo de conformidade com o que prescreve o art. 245 do CPPM. Também de acordo com o entendimento do articulista destacado, a autoridade judiciária deverá ser comunicada imediatamente da prisão ou captura do infrator (art. 5º, inciso LXII, CF/88 e art. 222, CPPM), mostrando-se imperiosa a remessa ao juiz de cópia do auto de deserção para permitir o controle da sua legalidade da prisão e, posteriormente, no prazo de cinco dias, o encaminhamento dos autos originais com a feitura do relatório da autoridade administrativa militar que presidiu o citado auto de deserção.

Com este procedimento, conclui o jurista que a voz de prisão, as garantias constitucionais do preso, a entrega da nota de culpa, a realização do auto (com a oitiva de testemunhas e do próprio indiciado), a remessa deste após o seu encerramento e a comunicação da prisão, dentre outros, serão cumpridas formalidades essenciais na captura do desertor, permitindo em seu todo, o oferecimento da denúncia não mais fincada no aspecto formal da deserção, mas, sim, nos elementos de prova do cometimento da infração penal militar.

Em resumo, defende **RONALDO ROTH** a obrigatória lavratura de auto de prisão em flagrante delito nos casos de captura do desertor, porquanto entende ser incompatível com a preexistência do Termo de Deserção, o que propiciaria documentar a prisão do infrator com a dignidade e formalidade que o ato de constrição exige, possibilitando, ainda, que a autoridade militar (autoridade originária da PJM), a partir da captura do desertor, após garantir-lhe os direitos constitucionais, dentre eles, o direito de ser ouvido, avaliar se a prisão é legal ou não e, sendo ilegal, deverá relaxá-la, nos termos do § 2º, do art. 247, do CPPM. Aliás, dizemos nós, é dever da autoridade judiciária, ao tomar conhecimento da comunicação da prisão de quem quer que seja, relaxá-la, imediatamente, se ilegal (art. 5º, inciso LXV, CF/88 e art. 224, CPPM). Agora, caberá à autoridade judiciária militar, tão logo o desertor seja preso, controlar a legalidade da prisão via Termo de Deserção, quando da realização da Audiência de Custódia.

3) POSICIONAMENTOS DOS TRIBUNAIS

Tanto o STM como o STF, na atualidade, inclinam-se no sentido de que o crime de deserção se enquadra como ***crime permanente*** cuja consumação – posto se aperfeiçoe no nono dia de ausência – se prolonga até a apresentação ou a captura do desertor.

a) STF

Consultem-se os seguintes decisórios relativos ao tema: **HC 80.540/AM, PRIMEIRA TURMA, Rel. Min. Sepúlveda Pertence, j. 28/11/2000; HC 82.075/RS, SEGUNDA TURMA, Rel. Min. Carlos Veloso, j. 10/9/2002; HC 84.330/RJ, PRIMEIRA TURMA, REL. MIN. MARCO AURÉLIO, j. 29/6/2004; HC 94.367/RJ, SEGUNDA TURMA, Rel. MIN. JOAQUIM BARBOSA, j. 21/10/2008; HC 112.511/PE, SEGUNDA TURMA, Rel. MIN. RICARDO LEWANDOWSKI, j. 2/10/2012; HC 111.130/DF, PRIMEIRA TURMA, Rel. Min. CARMEM LÚCIA, j. 24/12/2012; HC 124.126 Ag/RJ, Rel. MIN. GILMAR MENDES, j. 23/9/2014.**

b) STM

No passado, algumas decisões reconheciam a deserção como crime instantâneo de efeitos permanentes, a saber, **CORREÇÃO PARCIAL 1999.01.001640-0/RJ, Rel. MIN. CARLOS EDUARDO CEZAR DE ANDRADE, j. 26/10/1999, RECURSO EM SENTIDO ESTRITO 0000033-20.2008.7.03.0103/RS, Rel. MIN. MARIA ELIZABETH GUIMARÃES TEIXEIRA ROCHA, j. 13/10/2011.** A posição majoritária atual é que a deserção é um crime permanente: **APELAÇÃO nº 11-55.2009.7.02.0102/SP, Rel. Min. FERNANDO SÉRGIO GALVÃO, DJE 9/3/2011; EMBARGOS DE DECLARAÇÃO nº 111-29.2010.7.07.0007/DF, Rel. Min. CLEONILSON NICÁCIO SILVA, j. 7/12/2011.**

No entanto, é bom que se assinale, existem vozes discordantes no STM, como, por exemplo, no referido decisório dos **EMBARGOS DE DECLARAÇÃO nº 111.29.2010.7.07.0007, j. 7/12/2011,** onde a **Min. MARIA ELIZABETH GUIMARÃES TEIXEIRA ROCHA**, em seu voto vencido, ponderou que o delito previsto no art. 187 do CPM é um crime instantâneo de efeitos permanentes, instantâneo por se consumar a zero hora do nono dia, sendo lavrado, de imediato, o Termo de Deserção, não podendo a consumação perpetuar-se no tempo se o militar, em se tratando de praça especial ou sem estabilidade, for excluído e passar a situação de civil, e de efeitos permanentes, pela ausência permanecer, perdurar, sujeitando o agente à condição de trânsfuga e a consequente prisão por expressa disposição do art. 243 do CPPM e não por estar em flagrante, isto é, se fosse a deserção um crime permanente e estivesse o agente em estado de flagrância, por óbvio, seria desnecessária a previsão legal expressa no sentido de o agente poder ser preso, vez que ele se enquadraria nesta situação, extraindo-se, portanto, da literalidade lógica da norma que a expressão ***"ou em flagrante"*** do citado artigo exclui a deserção e a insubmissão do estado de flagrância.

A OBRIGATORIEDADE DE MANDADO JUDICIAL PARA EFETUAR A PRISÃO DO DESERTOR NO INTERIOR DA SUA RESIDÊNCIA OU DE TERCEIRO

Para alguns juristas, como já dito anteriormente, embora, aparentemente, o Termo de Deserção seja documento legítimo para custodiar o desertor, permitindo que a autoridade de PJM fique amparada na segunda parte do inciso LXI, do art. 5º, da CF/88, o mais consentâneo com a Lei Maior seria a decretação da prisão preventiva pela autoridade judiciária, em virtude também da maior restrição de procedimento, no tocante à violação do domicílio(art. 5º, inciso XI, CF/88), pois a prisão por autoridade administrativa, consubstanciada no Termo de Deserção, limitaria sua atuação, o que não aconteceria se fosse um crime de permanente flagrância onde apenas o período noturno estaria abrigado pela inviolabilidade do domicílio. Adentremos, assim, neste tema, qual seja, a respeito da necessidade de mandado judicial para prender o desertor no interior da sua residência ou de terceiros. Há polêmica, igualmente, na doutrina acerca da necessidade de expedição de mandado judicial para ingressar no domicílio onde estiver o desertor.

Como se sabe, nos termos do art. 5º, inciso XI, da Carta Magna, autoriza-se a entrada na residência, sem mandado judicial, nas hipóteses de flagrante delito ou desastre, para prestar socorro, ou durante o dia, por determinação judicial, para tanto manejando-se o art. 226 do CPM para coibir tal invasão. As correntes sobre a obrigatoriedade ou não de mandado judicial para prender o desertor no interior da sua residência ou de terceiro são as seguintes:

1ª corrente:* *Necessidade de expedição de mandado judicial para prender o desertor que estiver no interior da sua residência ou de terceiro.

1) Posicionamento da doutrina

AMIM e COLDIBELLI, op. cit., p. 156, defendem ser inadmissível a prisão do desertor em seu domicílio, sem o competente mandado de busca domiciliar, já que o crime de deserção é um delito instantâneo e não um crime permanente. No mesmo passo, **JORGE CESAR DE ASSIS,** em seu artigo denominado " **UM ESTUDO MINUCIOSO SOBRE A NATUREZA DO CRIME DE DESERÇÃO"**, capturado no site **www.jusmilitaris.com.br,** quando leciona que, apesar de ser permanente, não há que, necessariamente, falar-se no típico estado de flagrância (art. 244 do CPPM), visto que a própria Constituição Federal encarregou-se de fazer a distinção em seu art. 5º, inciso LXI, quando excepcionou a prisão decorrente da deserção da ordem escrita e fundamentada da autoridade judiciária competente e também do estado de flagrante delito, além do que há a necessidade de se fazer uma ponderação de valores frente a cada caso concreto, já que o crime de deserção não seria daqueles que causa repulsa à sociedade, autorizando a violação do domicílio quando da flagrância de seu cometimento, como o homicídio, roubo, etc., sendo o domicílio inviolável, o que obrigaria a autoridade militar a acautelar-se na busca de ordem judicial, não para prender o desertor, mas sim para adentrar à casa.

Igualmente **LUCIANO MOREIRA GORRILHAS**, no artigo denominado "**QUESTÕES TÉCNICO-JURÍDICAS QUE INVIABILIZAM A PRISÃO DO DESERTOR NO INTERIOR DE DOMICÍLIO, SEM A DEVIDA ORDEM JUDICIAL**", publicado no site **www.jusmilitaris.com**, acessado em 24/9/2018, ressalta que o Termo de Deserção e também o Termo de Insubmissão são instrumentos legais para a prisão do desertor e a captura do insubmisso em locais públicos, o que não ocorre no interior de um domicílio, já que a prisão do desertor não poderá se concretizar sem a anuência do morador ou, durante o dia, por mandado de busca domiciliar, devidamente fundamentado com todos os requisitos legais, uma vez que referidos termos não autorizam o ingresso em locais onde haja privacidade.

2) Posicionamento do STM

Para a captura do desertor, a expedição de mandado de busca domiciliar é uma obrigatoriedade de ordem constitucional

(HABEAS CORPUS 1995.01.033139-5/PR, Rel. Min. JORGE JOSÉ DE CARVALHO, j. 28/9/1995; HABEAS CORPUS 2008.01.034539-6/RS, Rel. Min. JOSÉ ALFREDO LOURENÇO DOS SANTOS, j. 23/10/2008).

2ª corrente: Desnecessidade de expedição de mandado judicial para prender o desertor no interior da sua residência ou de terceiro.

1) Posicionamento da doutrina

CÉLIO LOBÃO, op. cit., p. 381, é de opinião que o desertor se encontra em estado de flagrância, recebendo da lei processual penal militar o mesmo tratamento que se dá ao preso em flagrante conforme a regra do art. 243 do CPPM, sendo, portanto, desnecessário o mandado judicial para ingressar na residência onde se homiziar. Trilhando o mesmo caminho, **CÍCERO ROBSON COIMBRA NEVES**, em seu "**MANUAL DE DIREITO PROCESSUAL PENAL MILITAR", Editora Saraiva, 2018, p. 414**, afirma que o crime de deserção é um crime permanente, encontrando-se em flagrante delito, pois a consumação se protrai no tempo, razão pela fica o desertor sujeito à prisão, como comandam os arts. 243 e 452, ambos do CPPM.

Igualmente o jurista **RONALDO ROTH** na obra "**DESERÇÃO, UM ESTUDO MINUCIOSO SOBRE O CRIME MILITAR POR EXCELÊNCIA**", sob a coordenação de **JORGE CESAR DE ASSIS, Juruá Editora, 2016, p. 193**, em artigo denominado "**QUESTÕES PROCESSUAIS DO CRIME DE DESERÇÃO**", também assume o mesmo posicionamento ao sustentar que os arts. 243, 244 e 452, ambos do CPPM, encontram-se em prefeita harmonia com a Constituição Federal (art. 5º, incisos XI e XLI), e em face da natureza jurídica do crime de deserção como crime permanente cuja prisão do seu autor deve ocorrer a qualquer momento – em flagrante delito –, quando homiziado no interior da residência, sua ou de outrem, torna-se um dever inequívoco dos militares esta prisão do infrator, ou uma faculdade a qualquer pessoa, fazendo, dessa forma, cessar a permanência do crime não havendo necessidade de expedição de mandado judicial para custodiá-lo.

2) Posicionamento do STF

Nas hipóteses de crime permanente, o STF já decidiu que a CF/88 autoriza a prisão em flagrante como exceção à inviolabilidade domiciliar, prescindindo de mandado qualquer que seja a natureza (**RECURSO EM HABEAS CORPUS 91.189/PR, SEGUNDA TURMA, Rel. Min. CEZAR PELUSO, j. 9/3/2010; HABEAS CORPUS 84.772/MG, SEGUNDA TURMA, Rel. Min. ELLEN GRACIE, j. 12/11/2004**).

CONSTITUCIONALIDADE DA PRISÃO DO DESERTOR PELO PRAZO DE 60 DIAS (ART. 453, CPPM)

Determina o art. 453 do CPPM que o desertor que não for julgado dentro de 60 dias, a contar do dia de sua apresentação voluntária ou captura, será posto em liberdade, salvo se tiver dado causa ao retardamento do processo. Trata-se, como se nota, de autêntica prisão ***ex lege. É inconstitucional tal modalidade de custódia cautelar pelo prazo legal?*** Vejamos os posicionamentos doutrinários a respeito da ***questão.***

1) Posicionamentos doutrinários

1ª corrente: O art. 453 do CPPM encontra-se em pleno vigor, vedando-se a concessão da liberdade provisória antes de decorrido o prazo de 60 dias.

Os operadores do Direito Militar, adeptos desta corrente, manifestam-se no sentido da inteireza do art. 453 do CPPM ante a exigência da manutenção das normas ou princípios de hierarquia e disciplina militares, ao lado da segurança da aplicação da lei penal militar, preservando a hierarquia e a disciplina, bases institucionais das Forças Armadas, autorizando o preceito constitucional – art. 5°, inciso LXI, segunda parte – a prisão do desertor pelo prazo fixado no citado artigo, sem o rigor dos requisitos expressos na lei processual penal militar (**CÉLIO LOBÃO, DIREITO PROCESSUAL PENAL MILITAR, Editora Gen/Forense, 2011, p. 394-395**). Assevera também o renomado jurista que, embora não seja agradável a medida restritiva de liberdade, as condições da prisão do estabelecimento militar são bastante superiores às da prisão comum.

AMIM e **COLDIBELLI**, em "**ELEMENTOS DE DIREITO PROCESSUAL PENAL MILITAR**", **Lumem Juris Editora, 2011, 3ª edição, p. 156-157**, posicionam-se do mesmo modo pela constitucionalidade do art. 453 do CPPM, questionando, entretanto, a fixação do prazo de 60 dias ali estatuído, já que este se destinaria a evitar nova deserção, sendo mais consentâneo, na opinião dos referidos estudiosos, que fosse concedido ao magistrado a possibilidade de avaliar acerca da necessidade da custódia, com fundamento em uma das hipóteses do art. 255 do CPPM, ensejadoras da prisão preventiva, o que permitiria que pudesse ser mantida durante todo o curso do processo, independente de prazo, desde que não houvesse um retardamento injustificado da instrução criminal. Ter-se-ia assim, ensinam os juristas referidos, uma prisão inicial, por expressa autorização constitucional, pois a deserção é um crime propriamente militar, justificando a manutenção dessa prisão, com apoio na legislação processual penal castrense.

Dessa forma, como se vê, por se tratar de um crime propriamente militar, esta corrente, nas entrelinhas, alega que a deserção é uma conduta criminosa que fulmina de morte o militarismo, caso não prevalecesse o art. 453, pois é o abandono da vida militar que o torna o mais importante dos crimes propriamente militares. Na realidade, é um compromisso de honra que assume o brasileiro ao servir a sua pátria. Pode-se mesmo dizer que esta modalidade de crime, definido no art. 187 do CPM, é o pilar do militarismo, pois se inexistisse não haveria como sustentá-lo, daí motivando o rigor do art. 453 do CPPM.

No **HC 119.567/RJ**, julgado em **22/5/2014** pelo **PLENÁRIO** do **STF**, que tratava da aplicabilidade do sursis ao crime de deserção, o **Min. ROBERTO BARROSO** colocou o dedo na ferida ao mencionar que o art. 143 da CF/88 ao tornar obrigatório o serviço militar traz uma consequência jurídica de alguma relevância, já que, se inexistente, esta figura criminosa ficaria esvaziada. Assinale-se, por outro lado, que o art. 453 trata da mesma maneira o desertor que se apresentou espontaneamente e aquele que foi capturado e que poderia se supor que, neste último caso, se for posto em liberdade, novamente poderia se ausentar da Unidade Militar, raciocínio este que não prevalece para a hipótese daquele que se apresentou voluntariamente. Esta corrente se escorava no teor da Súmula 10 do STM, já cancelada (DJe nº 103, de 13/6/2018, p. 1, e BJM nº 14, de 6/4/2018, p. 394).

2ª corrente:* *O art. 453 do CPPM é inconstitucional ao fixar uma prisão* ex lege, *devendo o magistrado, tão logo receba os autos do IPD, fundamentar a custódia com base nos requisitos da prisão preventiva, previstos no art. 255 do mesmo Código.

Para os seguidores deste pensamento, a custódia cautelar do art. 453 do CPPM deveria obedecer aos requisitos da prisão preventiva, melhor dizendo, sustentam os juristas que o perfilham que o art. 452 do CPPM ao autorizar a prisão do desertor, sem a interferência judicial, é uma segregação ***ex lege***, ilegal, o mesmo não acontecendo, por exemplo, com a prisão em flagrante, visto que, neste caso, há um controle imediato e rígido acerca da legalidade da custódia provisória pela autoridade judiciária, o qual procede a detida análise das exigências constitucionais e legais para legitimação do flagrante, e, via de consequência, a prisão será homologada ou não, neste último caso, com o seu relaxamento, a teor do art. 5º, inciso LXV (relaxamento de prisão ilegal), da CF/88.

Já no que concerne ao Termo de Deserção este sofreria restrita análise por parte do juiz e MPM, bastando, por si só, para alicerçar o encarceramento de, no mínimo, 60 dias, sem a oitiva do desertor, devendo, dessa forma, a leitura do art. 452 do CPPM mostrar-se compatível e harmônica com as normas constitucionais pertinentes como as dos incisos LXII (comunicação da prisão ao juiz) e LXIII (assistência social e jurídica) do art. 5°, da CF/88. Acentuam ainda os defensores deste entendimento que, no caso de apresentar-se voluntariamente ou capturado, o suposto desertor sequer tem o direito de ser ouvido, somente lhe sendo concedida liberdade provisória após 60 dias – art. 453, CPPM – sendo que alguns poucos Juízes Federais da Justiça Militar, na hipótese de apresentação voluntária do desertor, vem reconhecendo a ausência de um dos requisitos para a prisão preventiva(segurança da aplicação da lei penal militar) e, via de consequência, a concessão da liberdade provisória se imporia, de imediato, o que contrariaria a já cancelada **Súmula 10** do **STM** ***(não se concede liberdade provisória a preso por deserção antes de decorrido o prazo previsto no artigo 453 do CPPM)***, justificando, portanto, a manifesta inconstitucionalidade da prisão do desertor, notadamente pelo descumprimento das já registradas normas constitucionais (art. 5°, incisos LXII e LXIII), as quais preconizam como direito subjetivo do preso o silêncio e assistência familiar (**LUCIANO MOREIRA GORRILHAS, A inconstitucionalidade da prisão no crime de deserção delito capitulado no artigo 187 do Código Penal Militar**, Revista **DIREITO MILITAR, AMAJME, nº 63, janeiro/fevereiro 2007, p. 35-38**).

No mesmo passo, **CÍCERO ROBSON COIMBRA NEVES, "Decretação de prisão preventiva no crime de deserção"**, revista **DIREITO MILITAR, AMAJME, nº 122, março/abril 2015, p. 7-12**, ao ensinar que não se pode chancelar formalmente a prisão do desertor *ex lege,* mantendo o acusado – ou simplesmente indiciado, tendo em vista que a denúncia pode ainda não ter sido recebida – custodiado na prisão, sem uma coerente fundamentação somente porque um preceito legal, já relativizado pela nova ordem constitucional, dispõe que ele ficará preso, devendo tal segregação cautelar se apoiar nos fundamentos das alíneas "d" e "e", do art. 255, do CPPM, que determinam a sua necessidade para aplicação da lei penal militar e também pela manutenção das normas ou princípios da hierarquia e disciplina militares, respaldando a decretação da medida cautelar com o objetivo de captura e prisão pela autoridade de Polícia Judiciária Militar e mesmo durante o processo penal militar.

Em resumo, finaliza o articulista citado que a manutenção da prisão provisória de uma pessoa, ainda que presa e mantida em segregação em razão do disposto nos arts. 243, 452 e 453, todos do CPPM, exige acurada avaliação da autoridade judiciária, prestigiando os princípios da excepcionalidade e da duração razoável da prisão cautelar, de forma que se torna inadmissível que o indiciado/acusado em instrução provisória de deserção ou em processo correlato deva ficar preso por, no mínimo, 60 dias, só por imposição legal, mas sem nenhuma necessidade, impondo-se, portanto, que o magistrado ao receber o IPD fundamente a prisão, aplicando, por analogia, o art. 3°, alínea "a", do CPPM, possibilitando a incidência do art. 310 do CPP Comum, no sentido de equiparar o Termo de Deserção ao APF que exige, quando este último lhe é apresentado, que o homologue, relaxe a prisão, se ilegal, a converta em prisão preventiva, se legal, e se houver pressuposto e fundamento para tanto, ou conceda a liberdade provisória.

Também **RONALDO ROTH**, em "**Temas de Direito Militar", Editora Suprema Cultura, 2004, p. 60,** em artigo denominado "**O crime de deserção e a legislação militar",** igualmente sustenta que não pode haver prisão provisória por disposição legal, já que, em cada caso concreto, deve-se apontar a necessidade da constrição cautelar da liberdade do acusado, apoiada em elementos concretos que assinalem a substancial existência do *periculum libertatis* além do ***fumus comissi delicti,*** isto é, a aparência segura da prática do delito, concluindo que o próprio art. 243 do CPPM equipara a prisão em flagrante à prisão do desertor, devendo, para isso, existir o mesmo tratamento legal, fazendo com que a liberdade provisória ao desertor seja sempre concedida, desde que inexistentes as circunstâncias da prisão preventiva.

Por fim, **RENATO BRASILEIRO DE LIMA, 2020, op. cit., p. 1196**, acentua que, apesar do teor do art. 270, parágrafo único, alínea "b", c/c art. 453, ambos do CPPM, na medida em que a CF/88 estabelece que toda e qualquer prisão antes do trânsito em julgado da sentença penal condenatória possua natureza cautelar, não se pode admitir a prisão cautelar obrigatória do desertor, sob pena de se privar o magistrado da análise da necessidade da adoção da medida à luz do caso concreto, seja por conta do princípio da presunção da não culpabilidade (CF/88, art. 5º, inciso LVII), seja por força da obrigatoriedade de fundamentação da necessidade da prisão cautelar pela autoridade judiciária competente (CF/88, art. 5º, inciso LXI), sendo tais dispositivos inválidos em face da Carta Magna, caracterizando verdadeira prisão *ex lege*, não havendo que se falar em prisão automática do desertor por 60 dias.

Em nosso livro **LOJMU ANOTADA**, no item "**Liberdade provisória e o crime de Deserção", p. 152-153**, alertávamos para a possibilidade de o magistrado, diante de cada caso, conceder ao desertor a liberdade provisória, desde que constatada a ausência de quaisquer dos requisitos que amparem a prisão preventiva, aplicando, analogicamente, com fulcro no art. 3º, alíneas "a" e "e", do CPPM, o dispositivo do art. 321 do CPP Comum, originado da Lei nº 12.403/2011, com exceção da aplicabilidade das medidas cautelares, ainda incabíveis no campo processual penal militar, mas que, no futuro, caso aprovado o Projeto de Lei nº 9.432/2017, será perfeitamente possível. Este entendimento é reforçado pelo contido no art. 257 do CPPM que dispõe sobre hipóteses que mostram a desnecessidade de prisão, qual seja, o juiz deixará de decretar a prisão preventiva, quando, por qualquer circunstância evidente dos autos, ou pela profissão, condições de vida ou interesse do indiciado ou acusado, presumir que este não fuja, nem exerça influência em testemunha ou perito, nem impeça ou perturbe, de qualquer modo, a ação da justiça.

Outro raciocínio poderá ser aplicado através do art. 271 do CPPM que condiciona a suspensão da liberdade provisória concedida caso ocorra supervenientemente alguns dos motivos da prisão preventiva, o que, numa leitura inversa, não será permitida a concessão da liberdade provisória na hipótese de existência de alguns dos requisitos da prisão preventiva, conforme também apontamos na nossa obra **LOJMU ANOTADA**, item **"Concessão da liberdade provisória ao preso em flagrante por crime militar em virtude da inocorrência de quaisquer dos requisitos do art. 255 do CPPM que autorizam a prisão preventiva", p. 240-243.** Estes, em linhas gerais, os posicionamentos dos estudiosos do Direito Militar em relação a esta temática. Passemos, a seguir, aos entendimentos do STM e do STF.

2) Posicionamentos dos tribunais

a) STM

Como já referido, a Corte Máxima Castrense chancelava o art. 453 do CPM, através da Súmula 10 (***não se concede a liberdade provisória o preso por deserção antes de decorrido o prazo previsto no artigo 453 do CPPM***). Esta posição sumular era seguida pelo STM, como se constata dos **HABEAS CORPUS 175-16.2014.7.00.0000/MS, j. 11/11/2014, Rel. Min. FERNANDO SÉRGIO GALVÃO, 200-29.2014.7.00.0000/RS, j. 11/12/2014, Rel. Min. OLYMPIO PEREIRA DA SILVA JUNIOR, 5-10.2015.7.00.0000/DF, j. 19/2/2015, Rel. Min. OLYMPIO PEREIRA DA SILVA JUNIOR**, onde se sustenta, categoricamente, que o crime de deserção, por sua própria natureza evasiva mereceu especial atenção do legislador que vedou, expressamente, a concessão de liberdade provisória, nos termos do art. 270, parágrafo único, alínea "b", c/c os arts. 452 e 453, todos do CPPM.

No **HC 49-29.2015.7.00.0000/MS**, julgado em **7/4/2015, Rel. Min. CLEONILSON NICACIO SILVA**, decidiu-se que, nos termos do art. 453 do CPPM, a duração máxima da prisão cautelar do desertor é de 60 dias, subsistindo dentro desse lapso temporal, se presentes os pressupostos consignados no art. 255 do CPPM, dado o seu caráter excepcional, tendo na decisão liminar de deferimento do pleito, o ilustre Ministro Relator declarado, peremptoriamente, que o STM firmou posição, na esteira do entendimento consubstanciado nas decisões do STF, segundo o qual a nova ordem constitucional não admite a prisão *ex vi legis* do desertor pelo prazo de 60 dias conforme o disposto no art. 453 do mesmo Codex, sem que estejam presentes na sua fundamentação os pressupostos abstratos da prisão preventiva, descritos nos arts. 254 e 255 do CPPM, ou, em outras palavras, para a prisão processual do art. 452 do CPPM é imprescindível à demonstração da existência de situação de real necessidade, apta a ensejar ao Estado, quando efetivamente configurada, a adoção, sempre excepcional, dessa medida constritiva de caráter pessoal, a significar que a Justiça Militar deve justificar, em cada situação, a motivação da adoção de medida constritiva do *status libertatis* do indiciado/réu, sob pena de ilegalidade ou abuso de poder na decretação de prisão meramente processual.

No mesmo ***decisum***, em declaração de voto, o Min. **JOSÉ COELHO FERREIRA** discordou do Ministro Relator, no tocante à fundamentação, visto que, na sua interpretação, o STM não seguiria o precedente do **STF, HC 89.645/PA, SEGUNDA TURMA, Rel. MIN. GILMAR MENDES, j. 11/9/2007,** que entende que a decretação judicial da medida cautelar do art. 453 do CPPM deve atender aos requisitos previstos para a prisão preventiva, e sim que a Súmula 10 manter-se-ia inalterada. Também no mesmo passo, o Min. **WILLIAM DE OLIVEIRA BARROS**, no **HC 190.82.2014.00.0000/BA**, julgado em **11/12/2014,** ressaltou tal ponto de vista, no sentido da integridade do mencionado artigo, impondo-se a custódia cautelar do desertor pelo prazo de 60 dias em virtude da natureza especial do processo de deserção e do amparo do texto legal, esgrimindo, para tanto, o **HC 84.330/RJ, PRIMEIRA TURMA, Rel. Min. MARCO AURÉLIO, de 29/6/2004, DJ de 27/8/2004**, que considerou que a prisão no crime de deserção – art. 187, CPM – mostra-se harmônica com o disposto no inciso LXI, do art. 5º, da CF/88. Em suma, na própria Corte Máxima Castrense, a matéria não era tão tranquila como parecia, havendo vozes que já divergiam com relação ao disciplinado na Súmula 10. Finalmente, em 13/6/2018, o STM cancelou a citada Súmula, como falamos anteriormente.

b) STF

Na Corte Suprema de Justiça não é pacífico o entendimento a respeito da possibilidade de concessão de liberdade provisória ao desertor antes dos 60 dias previstos no art. 453 do CPPM, pois uma corrente sustenta que a prisão por crime de deserção – art. 187 do CPM – mostra-se harmônica com o disposto no inciso LXI, do art. 5º, da CF/88, sendo esta custódia exigência da manutenção das normas ou princípios de hierarquia e disciplina, que ficariam ameaçados ou atingidos com a liberdade do desertor (**HC 84.330/RJ, PRIMEIRA TURMA, Rel. MIN. MARCO AURÉLIO, j. 29/6/2004**), enquanto outros julgadores defendem que a decretação judicial da custódia cautelar deve atender, mesmo na Justiça Castrense, aos requisitos previstos para a prisão preventiva (**HC 89.645/PA, SEGUNDA TURMA, Rel. Min. GILMAR MENDES, j. 11/9/2007**).

No **HC 112.487/PR, SEGUNDA TURMA, Rel. Min. CELSO DE MELLO, j. 24/9/2013**, na trilha desta última corrente, decidiu-se que a prisão processual prevista no dispositivo inscrito no art. 453 do CPPM não prescinde da demonstração da existência de situação de real necessidade, apta a ensejar ao Estado, quando efetivamente configurada, a adoção – sempre excepcional – dessa medida constritiva de caráter pessoal, a significar que a Justiça Militar deve justificar, em cada caso ocorrente, a imprescindibilidade da medida constritiva do *"status libertatis"* do indiciado ou do acusado, sob pena de caracterização de ilegalidade ou de abuso de poder na decretação de prisão meramente processual. Na **MEDIDA CAUTELAR NO HABEAS CORPUS 138.318/AM, de 8/11/2016**, o **Min. CELSO DE MELLO** reiterou o seu entendimento.

Em suma, no STF, temos o seguinte quadro relativo a este polêmico tema, capturado do site **www.stf.jus.br,** publicações temáticas: ***"Para que a liberdade dos cidadãos seja legitimamente restringida, é necessário que o órgão judicial competente se pronuncie de modo expresso, fundamentado e, na linha da jurisprudência deste STF, com relação às prisões preventivas em geral, deve indicar elementos concretos aptos a justificar a constrição cautelar desse direito fundamental (CF, art. 5º, XV – HC 84.662/BA, Rel. Min. Eros Grau, Primeira Turma, unânime, DJ de 22-10-2004; HC 86.175/SP, rel. min. Eros Grau, Segunda Turma, unânime, DJ de 10-11-2006; HC 87.041/PA, rel. min. Cezar Peluso, Primeira Turma, maioria, DJ de 24-11-2006; e HC 88.129/SP, rel. min. Joaquim Barbosa, Segunda Turma, unânime, DJ de 17-8-2007). O acórdão impugnado, entretanto, partiu da premissa de que a prisão preventiva, nos casos em que se apure suposta prática do crime de deserção (CPM, art. 187), deve ter duração automática de sessenta dias. A decretação judicial da custódia cautelar deve atender, mesmo na Justiça Castrense, aos requisitos previstos para a prisão preventiva nos termos do art. 312 do CPP. Precedente citado: HC 84.983/SP, rel. min. Gilmar Mendes, Segunda Turma, unânime, DJ de 11-3-2005. Ao reformar a decisão do Conselho Permanente de Justiça do Exército, o STM não indicou quaisquer elementos fático-jurídicos, isto é, o acórdão impugnado limitou-se a fixar,*** **in abstracto,** ***a tese de que 'é incabível a concessão de liberdade ao réu, em processo de deserção, antes de exaurido o prazo previsto no art. 453 do CPPM'. É dizer, o acórdão impugnado não conferiu base empírica idônea apta a fundamentar, de modo concreto, a constrição provisória da liberdade do ora paciente (CF, art. 93, IX). Precedente citado: HC 65.111/RJ, julgado em 29-5-1987, rel. min. Célio Borja,***

Segunda Turma, unânime, DJ de 21.8.1987). Ordem deferida para que seja expedido alvará de soltura em favor do ora paciente. (HC 89.645, rel. min. Gilmar Mendes, julgamento em 11-9-2007, Segunda Turma, DJ de 28-9-2007). No mesmo sentido: RHC 105.776, rel. min. Celso de Mello, julgamento em 22-5-2012, Segunda Turma, HC 112.487/PR, 2ª Turma, Rel. Min. Celso de Mello, j. 24/9/2013".

c) Nossa posição

Na nossa visão, de acordo com o posicionamento adotado, teríamos consequências jurídicas diversas, como se indica abaixo:

1ª) O art. 453 do CPPM é custódia cautelar legítima, abrigada pela CF/88 (STF – HC 84.330)

Antes do cancelamento da Súmula 10 pelo STM, quando o magistrado de primeiro grau recebesse o IPD, se assim fosse o seu entendimento – manutenção do Termo de Deserção – nada faria a respeito, salvo se o prazo de 60 dias tivesse sido ultrapassado, quando então concederia, obrigatoriamente, a liberdade provisória ao desertor, o que não o impediria de decretar a prisão preventiva, observados os pressupostos do art. 255 do CPPM.

Para o julgador que assim pensasse, o Termo de Deserção seria um título prisional legítimo só sendo passível de substituição pela prisão preventiva, face, exclusivamente, ao esgotamento do prazo legal. Com a revogação da Súmula 10, e na esteira do entendimento do STF e do STM, a prisão processual prevista no art. 453 do CPPM não prescinde da demonstração da existência de situação de real necessidade, apta a ensejar ao Estado, quando efetivamente configurada, a adoção, sempre excepcional, dessa medida constritiva de caráter pessoal (**STM, HC 2008.01.034520-5/CE, Rel. Min. FLÁVIO FLORES DA CUNHA BIERRENBACH, j. 14/8/2008, DJ 12/5/2009**). Ausentes tais requisitos da prisão preventiva, o juiz deixará de decretá-la, quando, por qualquer circunstância evidente dos autos, ou seja, profissão, condições de vida ou interesse do indiciado ou acusado, presumir que este não fuja, nem exerça influência em testemunha ou perito, nem impeça ou perturbe de qualquer modo, a ação da justiça (art. 271, CPPM). Em suma, é dever do magistrado ao receber o IPD avaliar acerca da legalidade da prisão do desertor, relaxando-a, se ilegal, obedecendo ao comando do § 2°, do art. 247, do CPPM, em consonância com o art. 5°, incisos LXII e XV, da CF/88.

2ª) o art. 453 do CPPM é inconstitucional, não se sustentando a prisão* ex lege *(STF – HC 89.645 e HC 112.487)

Esta é a posição vencedora nos tribunais, com o cancelamento da Súmula 10 pelo STM, já exaustivamente mencionada anteriormente. Nesta hipótese, o juiz de primeira instância que se alinhar a esta interpretação deverá decretar a prisão preventiva com base nos requisitos do art. 255 do CPPM porque, como leciona, magistralmente, **EUGENIO PACELLI,** em sua obra **"CURSO DE PROCESSO PENAL", Editora Atlas, 2013, 17ª edição, p. 61,** somente quando em disputa, ou em risco, a lesão ou ameaça de lesão a direitos subjetivos ou à efetividade da jurisdição penal é que o Judiciário deverá – e deve – manifestar-se na fase investigatória, como juiz das garantias individuais, no exercício do controle judicial de legalidade dos atos administrativos.

Ora, ao receber o IPD – art. 457, CPPM – o magistrado, de imediato, mesmo antes de dar vista ao MPM, anulará o Termo de Deserção apenas como instrumento de coação da liberdade de locomoção, não retirando com esta decisão, entretanto, os demais efeitos probatórios por ele gerados, e, em seguida, se for o caso, decretará a prisão preventiva, respaldado no art. 255, letras "d" e "e" do CPPM. Nada mais, nada menos, que o cumprimento do inciso LXV, do art. 5°, da CF/88, pois a prisão ilegal deve ser imediatamente relaxada pelo juiz. Cabe a ele, e somente a ele, neste caso, de ofício, sanar a nulidade flagrante da prisão cautelar com fulcro nos arts. 452 e 453 do CPPM, repita-se, antes mesmo da manifestação do MPM, autorizada pelo § 3°, do art. 457, do mesmo Código. Anula-se o Termo de Deserção apenas como instrumento de custódia cautelar do desertor, mantendo-o íntegro como ato administrativo configurador do crime de deserção, decretando-se a prisão preventiva, se for o caso. Pura troca de título prisional. É o que ocorre exatamente quando o magistrado se depara com um APF impregnado de alguma nulidade.

GUSTAVO BADARÓ, em seu **"PROCESSO PENAL", Editora Revista dos Tribunais, 3ª edição, 2015, p. 967**, assinala, com maestria, que as formalidades do APF são sacramentais e constituem elementos essenciais do ato, cuja inobservância acarreta a nulidade do auto, atingindo apenas o auto de prisão como instrumento de coação cautelar de liberdade de locomoção, não gerando, entretanto, repercussão no processo, em especial, na sua expressão probatória. Nada impede também que tão logo seja lavrado o Termo de Deserção pela autoridade administrativa militar, mesmo que o suposto desertor tenha se apresentado espontaneamente ou tenha sido capturado, o magistrado, desde que provocado, adote as medidas legais para anular referido documento que permite, a qualquer momento, sua prisão. Suponhamos que o Termo de Deserção não tenha sido assinado pelo comandante, violando o § 3º, do art. 456, do CPPM. ***É legítimo como título prisional sem a assinatura do comandante da Unidade Militar?*** Não deve ser esquecido que, no caso do APF, as suas formalidades devem ser rigorosamente obedecidas, sob pena de acarretar a ilegalidade da prisão e seu relaxamento, nos termos do art. 5º, inciso LXV, da CF/88, já que estamos diante de uma medida de caráter excepcional, em que o direito de locomoção é cerceado por uma autoridade administrativa, sem que haja prévio controle jurisdicional, motivo pelo qual seus requisitos devem ser rigorosamente observados. Da mesma forma, o Termo de Deserção é equiparável ao APF para os fins legais.

Correta, a meu ver, considerando esta hipótese – inconstitucionalidade do art. 453 do CPPM – a opinião do jurista

CÍCERO ROBSON COIMBRA NEVES, no artigo antes mencionado, sobre a necessidade do juiz, tão logo tome conhecimento da prisão do desertor, não chancelar o IPD e a prisão passivamente, deixando que seja o desertor preso por força legal trazido pelo referido art. 453, fazendo-se necessário que decida, fundamentadamente, sobre o prosseguimento ou não da prisão provisória. Argumenta-se, por outro lado, com justa razão, que o IPD é remetido ao juízo, sem que antes o suposto desertor tenha prestado depoimento, ou seja, sequer tenha tido o direito de explicar os motivos da ausência (**AMIM e COLDIBELLI, op. cit., p. 157**).

Realmente, constata-se pela leitura do art. 456 do CPPM que inexiste previsão legal acerca da oitiva do desertor. Inicialmente, ressalte-se que o IPD é uma peça de informação, escorada pelo art. 397 do CPPM, de natureza puramente administrativa, conduzida pela PJM. A todo e qualquer conjunto indiciário resultante das atividades produzidas fora do IPM dá-se o nome de peça de informação. Ora, o direito do suposto desertor de ser ouvido a respeito da acusação que lhe é imputada é um direito individual, assegurado pela CF/88, não mais se admitindo que em pleno Estado Democrático de Direito deixe de se manifestar o cidadão, em qualquer tipo de processo, judicial ou administrativo. Para sanar a omissão legal, basta que a Polícia Judiciária Militar, tão logo se apresente espontaneamente, ou seja, capturado o suposto desertor, aplique, por analogia, o § 1º, do art. 306, do CPP Comum, autorizado pelo art. 3º, alínea "a", do CPPM, objetivando a remessa de cópia do Termo de Deserção para a Defensoria Pública da União, caso o desertor não informe o nome do seu advogado. Aliás, a situação de prisão de quem quer que seja, por parte da Polícia Judiciária Militar, deverá ser comunicada ao Juízo militar (art. 5º, inciso LXII, da CF/88 e art. 222 do CPPM), ao Ministério Público Militar (art. 10 da Lei Complementar nº 75, de 20/5/1993) e, no caso de hipossuficiente, à Defensoria Pública da União (art. 5º, inciso LXII, CF/88, c/c art. 4º, inciso XV, da Lei

Complementar nº 80, de 12/1/1994, que organiza a Defensoria Pública da União).

Na **LOJMU ANOTADA, p. 240**, de nossa autoria, sugerimos a aplicação do referido § 1º do art. 306 do CPP Comum ao processo penal militar. Não vislumbramos qualquer nulidade neste procedimento, muito pelo contrário, é a aplicação do princípio da ampla defesa, previsto constitucionalmente, o que será importantíssimo para formar a ***opinio delicti*** do MPM. Ademais, se no IPM é obrigatória a oitiva do indiciado – art. 13, alínea "c", do CPPM – muito mais significativo e importante será a oitiva do desertor. Nada impede também que a defesa do desertor requeira diligência à autoridade administrativa militar que, a seu juízo, será realizada ou não. Para isso, incide o art. 14 do CPP Comum, aplicável, por analogia, ao processo penal militar (art. 3º, alínea "a", CPPM), não podendo o contraditório ser entendido como unicamente um entrave ao bom andamento das investigações, pois, ao contrário, conhecer-se, desde logo, um mais amplo arcabouço probatório poderá facilitar sobremaneira o exercício da função estatal de persecução criminal (**EUGENIO PACELLI e DOUGLAS FISHER, COMENTÁRIOS AO CÓDIGO DE PROCESSO PENAL E SUA JURISPRUDÊNCIA, Editora Atlas, 2014, 6ª edição, p. 41**).

Como afirmam **AMIM e COLDIBELLI, op. cit., p. 156-158,** o desertor não é ouvido na fase do IPD, sendo a sua primeira manifestação somente produzida por ocasião do seu interrogatório em Juízo, o que, de certa forma, causa estranheza essa omissão da legislação, pois melhor seria permitir que apresentasse suas alegações logo que fosse preso. Com a lavratura do Termo de Deserção e a instauração do IPD, quando capturado ou se apresentando voluntariamente, sua situação jurídica equivale a de um indiciado no IPM e uma das atribuições do seu Encarregado é justamente ouvir o indiciado, na forma do preceituado no art. 13, alínea "c", do CPPM (**AMIM e COLDIBELLI, op. cit., p. 156-158**).

Para finalizar, mais engenhosa é a sugestão do jurista **RONALDO ROTH,** em seu artigo **"Formalidades na captura do desertor", revista DIREITO MILITAR, AMAJME, nº 14, novembro/dezembro 1998, p. 15-18**, como dito anteriormente, ao preceituar que o Termo de Deserção servirá apenas para dar voz de prisão ao agente, necessitando que seja lavrado um auto de deserção onde se possibilitará a oitiva das testemunhas e a do próprio indiciado. Esta, parece-nos, a melhor solução para a turbulenta matéria.

Esta discussão toda acerca do famigerado art. 453 do CPPM se findará quando da aprovação do Projeto de Lei nº 9.436, de 2017, ainda em tramitação na Câmara dos Deputados, eis que será inserido um Parágrafo único no citado artigo cuja redação é a seguinte: *"A **prisão de que trata o** **caput** **não será automática e dependerá de manifestação do juízo acerca da presença dos requisitos que autorizam a decretação de prisão preventiva, nos termos do artigo 255 deste Código"**.*

Não se torna desnecessária a repetição: hoje com o advento da Audiência de Custódia, trazida pela Lei ° 13.964/2019, e na seara militar com a **Resolução 228/2016,** do STM, na hipótese de apresentação voluntária ou captura do desertor, o Juiz Federal da JMU deverá ouvir o desertor, sem demora, nos termos do art. 1º da citada Resolução.

AS CONSEQUÊNCIAS JURÍDICAS NA HIPÓTESE DE PRÁTICA DE DESERÇÃO POR PRAÇA ESPECIAL OU PRAÇA SEM ESTABILIDADE OU PRAÇA COM ESTABILIDADE APÓS SUA APRESENTAÇÃO ESPONTÂNEA OU CAPTURA

Conforme prescreve o § 4º, do art. 456, do CPPM, consumada a deserção de ***praça especial ou praça sem estabilidade***, será ela imediatamente ***excluída*** do serviço ativo. Se **praça estável** será ***agregada***, fazendo-se, em ambos os casos, publicação em boletim ou documento equivalente do Termo de Deserção e remetendo-se, em seguida, os autos à Auditoria Militar competente.

Praças especiais são os Guardas-Marinha, os Aspirantes-a-Oficial e os alunos de órgãos específicos de formação de militares das Forças Armadas, enquanto as ***praças estáveis*** são aquelas que já completaram 10 anos de serviço ativo (Lei nº 6.880/80, **ESTATUTO DOS MILITARES** – art. 50, inciso IV, alínea "a"). ***Reversão*** é o ato pelo qual o militar agregado retorna ao respectivo Corpo, Quadro, Arma ou serviço tão logo cesse o motivo que determinou a sua agregação (Lei nº 6.880/80, **ESTATUTO DOS MILITARES**, art. 86). Tanto a ***reversão*** como a ***reinclusão*** são atos jurídicos de natureza puramente administrativa cuja existência é exigida pela lei para a propositura da ação penal militar. No caso de **desertor sem estabilidade**, após sua captura ou apresentação voluntária, será submetido à inspeção de saúde, para fins de ***reinclusão***, na esteira do preceituado no § 1º, do art. 457, do CPPM. Se julgado apto será reincluído, isto é, volta a ter o *status* de militar da ativa, sendo incorporado às fileiras militares.

O § 2º do citado artigo dispõe que a ata de saúde será remetida, com urgência, à Auditoria Militar a que tiverem sido distribuídos os autos da Instrução Provisória de Deserção-IPD, para que, em caso ***de incapacidade definitiva***, seja o desertor sem estabilidade, isento de reinclusão e do processo, possibilitando o seu arquivamento após o pronunciamento do representante do MPM. O ato de reinclusão deve ser remetido pelo Comandante da Unidade Militar, o mais rápido possível, à Auditoria Militar, sob pena de responsabilidade (art. 457, § 3º, CPPM). Importantíssimo, assim, que cópias das atas de inspeção de saúde e dos Boletins Internos que publicaram a reinclusão de desertores sejam enviadas sem demora ao Juízo Militar, já que estamos diante de um procedimento especial em que o trânsfuga, após captura ou apresentação espontânea, ficará custodiado.

Em suma, recomendável que os autos da Instrução Provisória de Deserção – IPD sejam remetidos ao Juízo Militar tão logo lavrado e publicado no Boletim Interno da Organização

Militar, devidamente digitalizado devendo dele constar, dentre outros, Parte de Ausência, Inventário de bens, Parte de Deserção e Termo de Deserção, bem como suas respectivas publicações em Boletim Interno, além de cópia de assentamentos do desertor. Ocorrendo captura ou apresentação voluntária, o desertor deverá ser recolhido à prisão, e imediatamente apresentado ao Juízo Militar, para fins de realização de Audiência de Custódia, como já exaustivamente falado anteriormente.

A OBRIGATORIEDADE DO *STATUS* DE MILITAR DA ATIVA COMO CONDIÇÃO DE PROCEDIBILIDADE PARA O OFERECIMENTO DA DENÚNCIA E COMO CONDIÇÃO DE PROSSEGUIBILIDADE DOS PROCESSOS CONDENATÓRIO E EXECUTÓRIO

Indaga-se: ***Para o oferecimento da denúncia torna-se indispensável que militar da ativa figure no polo passivo? E para o processo condenatório e execução da sentença condenatória também é obrigatório que figure militar da ativa no polo passivo?***

São estes os questionamentos que alinhamos abaixo de uma forma bem didática e explicativa.

Inicialmente, do antes exposto, extrai-se que a ***reversão*** e a ***reinclusão*** são ***condições de procedibilidade*** para se intentar a ação penal militar através do oferecimento de denúncia pelo Representante do Ministério Público Militar. Este entendimento é pacífico na doutrina e na jurisprudência. A polêmica maior refere-se à possibilidade dos processos de condenação e execução continuarem seu trajeto sem o desertor adquirir o *status* de militar, isto é, já ser civil. Ou em outras palavras, se esta condição de militar da ativa deve estar sempre presente não só quando do oferecimento da denúncia, como também durante toda a marcha processual. É o que veremos a seguir através do posicionamento da doutrina e da jurisprudência do STM e do STF a respeito tanto da ***condição de procedibilidade*** como daquela chamada de ***condição de prosseguibilidade***.

Para melhor visualização da matéria, dividimos por correntes a temática, inclusive, apontando os seguidores de cada uma.

1) O *status* de militar da ativa é condição de procedibilidade para a intentação da ação penal militar pelo crime de deserção quando do oferecimento da inicial acusatória

a) Posicionamento da doutrina

A doutrina e a jurisprudência não divergem neste aspecto. A doutrina denomina de ***condição de procedibilidade*** uma determinada situação em que a lei condiciona o exercício do direito de ação ao preenchimento de certas condições específicas, devendo ser examinada pelo magistrado no momento do juízo de admissibilidade da inicial acusatória, acarretando a rejeição da denúncia ou da queixa-crime, caso verificada a sua ausência. No CPP Comum, o art. 395, inciso II, é claro ao especificar tal rejeição, qual seja, faltando uma das condições para o exercício da ação penal e, na hipótese de omissão do magistrado nesta fase, nada o impedirá que anule o processo *ab initio,* com fundamento no art. 564, III, alínea "a", do mesmo diploma legal, aplicável por analogia, ou, ainda, que declare a extinção do processo sem apreciação do mérito *ex vi* do art. 267, VI, do CPC (art. 485, VI, do novo CPC, também aplicável por analogia, já que tal dispositivo refere-se apenas à ausência de legitimidade ou de interesse processual). É o que ensina **RENATO BRASILEIRO, op. cit., 2020, p. 309-310**. No CPPM, o inciso III, alínea "a", do art. 500, incide na hipótese antes aventada.

Não resta a menor dúvida que a ***reinclusão*** e a ***reversão*** permitem que o desertor reingresse no serviço ativo, possibilitando, dessa maneira, que o MPM ofereça a denúncia. Incabível o oferecimento da petição inicial acusatória pelo crime de deserção constando um civil como sujeito ativo. Falta a elementar "militar da ativa" do tipo do art. 187 do CPM. Para **CÉLIO LOBÃO, *in* "DIREITO PROCESSUAL PENAL MILITAR", Gen/Editora Forense, 2011, 2ª edição, p. 380 e 390**, no crime de deserção, a qualidade de militar da ativa é condição de procedibilidade, e, caso o sujeito ativo do delito perca essa qualidade, o caminho natural é o arquivamento da Instrução Provisória de Deserção, acentuando, ainda, que, mesmo que proposta a ação, deverá ser extinta, por decisão do Conselho ou por meio de habeas corpus, isentando o acusado do processo condenatório ou do processo de execução.

Conclui, por derradeiro, o consagrado jurista **CÉLIO LOBÃO** que, se o desertor, oficial, praça estável, praça sem estabilidade e praça especial perderem a qualidade de militar da ativa, requisito indeclinável para o exercício da pretensão punitiva, faltará justa causa para a propositura da ação penal e para o prosseguimento dos processos condenatório e executório, devendo a denúncia ser rejeitada pelo juiz, o processo condenatório extinto por decisão do Conselho de Justiça, bem como o processo de execução por decisão do magistrado, sendo irrelevante o motivo determinante da perda da condição de militar da ativa.

b) Posicionamentos dos tribunais

b.1) STM

Com relação a este ponto – necessidade do *status* de militar do desertor para início do processo – o STM sumulou a matéria: **Súmula 12** (***a praça sem estabilidade não pode ser denunciada por deserção sem ter readquirido o status de militar, condição de procedibilidade para a* persecutio criminis *através de reinclusão. Para a praça estável, a condição de procedibilidade é a reversão ao serviço ativo*).** Portanto, nada há de polêmico na jurisprudência com relação a esta interpretação. Consulte-se **APELAÇÃO 0000099-24.2013.7.03.0103/RS, Rel. MIN. JOSÉ BARROSO FILHO, j. 15/10/2014**.

b.2) STF

Igualmente o pensamento do **STF**, repita-se, no que toca à exigência do desertor ter reingressado na vida militar, ou pela ***reinclusão,*** ou pela ***reversão***, condições de procedibilidade para o oferecimento da denúncia, é indispensável a obrigatoriedade de tal requisito. No **HABEAS CORPUS 103.254/PR, SEGUNDA TURMA, Rel. Min. CELSO DE MELLO, j. 29/6/2010**, o **STF**, mais uma vez, decidiu que é essencial a qualidade de militar da ativa, na hipótese de crime de deserção, para efeito de válida instauração e/ou prosseguimento da ação penal, promovida perante à Justiça Militar.

Outros precedentes no mesmo sentido da Corte Máxima de Justiça: **RECURSO DE HABEAS CORPUS 83.030/RJ, SEGUNDA TURMA, Rel. Min. ELLEN GRACIE, j. 10/6/2003, HABEAS CORPUS 79.531/RJ, SEGUNDA TURMA, Rel. Min. MARCO AURÉLIO, j. 8/2/2000, HABEAS CORPUS 90.672/SP, SEGUNDA TURMA, Rel. Min. JOAQUIM BARBOSA, j. 3/2/2009, HABEAS CORPUS 90.838/SP, PRIMEIRA TURMA, Rel. Min. CARMEM LÚCIA, j. 14/10/2008, HABEAS CORPUS 108.197/PR, SEGUNDA TURMA, Rel. Min. RICARDO LEWANDOWSKI, j. 13/12/2011; HABEAS CORPUS 115.574/RJ, SEGUNDA TURMA, Rel. MIN. RICARDO LEWANDOWSKI, j. 19/3/2013.**

2) O *status* de militar da ativa no polo passivo durante o processo condenatório e na fase de execução da sentença

Aqui a hipótese é saber se para a instrução do processo condenatório e da execução da sentença também se torna indispensável o *status* de militar da ativa. Alguns juristas definem tal circunstância não como ***condição de procedibilidade*** e sim como condição de ***prosseguibilidade***. Mais uma vez, socorremo-nos do renomado jurista **RENATO BRASILEIRO, op. cit., 2020, p. 311**, quando leciona que ***condição de prosseguibilidade*** é uma condição necessária para o prosseguimento do processo, surgindo quando este já está em movimento, devendo ser implementada para o seguimento do seu curso normal. Uma clara condição de prosseguibilidade está prevista no art. 161 do CPPM quando dispõe que, se a doença mental do acusado sobreveio à infração penal militar, o processo permanecerá suspenso até que ele se restabeleça, deduzindo-se que a sua higidez mental é condição para que o processo retome o seu curso normal. Portanto, bem visualizada a condição de prosseguibilidade. Vejamos, então, a polêmica instaurada no seio da doutrina e da jurisprudência a respeito desta temática.

a) O *status* de militar da ativa é uma condição de prosseguibilidade indispensável sob pena de extinção do processo condenatório e do processo de execução

a.1) Posicionamento da doutrina

Para os que pensam que a **reinclusão** e a **reversão**, repita-se, atos administrativos que permitem que o desertor se incorpore às fileiras militares, durante o processo condenatório e na fase executória, são condições de prosseguibilidade absolutamente necessárias, isto é, se o desertor perder a qualidade de militar da ativa, passando para a inatividade ou retornando à qualidade de civil, o fato se tornaria atípico, deixando de existir o crime de deserção. Na hipótese do seu retorno à condição de militar da ativa, nada impedirá que seja processado e condenado, se for o caso. Na concepção desta tese, civil não cometerá crime de deserção, não podendo ser por ele processado, faltando a legitimidade passiva *ad causam*. **CÉLIO LOBÃO, op. cit., p. 390**, como já citado, posiciona-se pela falta de justa causa se o desertor perder a qualidade de militar da ativa durante o processo condenatório ou executório.

RENATO BRASILEIRO DE LIMA, op. cit., 2020, p. 310-311, acentua que somente a capacidade plena para o serviço ativo permite a reinclusão do militar e a continuidade do processo, a teor do enunciado na **Súmula 8 do STM** (***o desertor sem estabilidade e o insubmisso que, por apresentação voluntária ou em razão de captura, forem julgados em inspeção de saúde, para fins de reinclusão ou incorporação, incapazes para o serviço militar, podem ser isentos do processo, após pronunciamento do Ministério Público Militar***).

Também **AMIM e COLDIBELLI, op. cit., p. 172**, entendem que, no caso de processo, este deverá ser julgado extinto por falta de interesse de agir, visto que estaria sendo processado e julgado um civil por crime propriamente militar e do qual se exige a condição de militar para que a ação penal possa ser proposta, não devendo tal raciocínio ser estendido aos demais delitos propriamente militares, pois não se exige, nesses casos, a condição de militar da ativa para a propositura da ação penal, apenas nos delitos de deserção.

Para tornar mais tormentosa a *vexata quaestio,* na **Ação Civil Pública**, proposta, em **2012,** pela Defensoria Pública da União junto à 1ª Vara Federal da Seção Judiciária do Distrito Federal – **Processo nº 18725-37.2012.4.01.3400** – decidiu-se deferir o pedido de antecipação de tutela para o fim de determinar à União que se abstenha de impedir a desincorporação ao arrimo de família e o licenciamento e a exclusão dos militares das Forças Armadas, residentes no Distrito Federal, pelo fato de terem cometido, em tese, crime de deserção. Este ***decisum*** foi levado para o seio das ações penais militares pelo crime de deserção, transformando-se, assim, em verdadeira cláusula negativa de prosseguibilidade e vinculando aqueles que defendem a necessidade do *status* de militar da ativa, tendo sido julgado em 26/11/2014, por unanimidade, improcedente pela 1ª Turma do Tribunal Regional Federal da 1ª Região fundado em que a sentença de primeiro grau afrontaria princípios e regras que regem as Forças Armadas, estimulando a indisciplina e a quebra de hierarquia, pilares sobre os quais são organizadas, e subvertendo o sistema constitucional de distribuição de competências entre os órgãos jurisdicionais, com indevida e determinante interferência da Justiça Federal sobre a Justiça Militar da União, ao alterar a situação jurídica do militar das Forças Armadas ao qual se imputa prática do crime de deserção, e cuja situação de militar da ativa constitui condição não apenas para a instauração da ação penal, mas também para seu prosseguimento (**TRF 1, Min. Rel. JAMIL ROSA DE JESUS OLIVEIRA**).

Outra **Ação Civil Pública** foi intentada pela Defensoria Pública da União, a de número **18827-82.403.6100/SP**, perante a 13ª Vara Federal de SP, semelhante àquela antes mencionada, não sendo concedida a antecipação de tutela, tendo a DPU embargado e não obtido sucesso, já que o TRF da 3ª Região não acatou a pretensão, adotando o mesmo raciocínio das razões estampadas no acórdão proferido pelo TRF da 1ª Região, antes citado.

Esclareça-se, por outro lado, que o MPM, através do Procurador-Geral da JMU, tentou arrastar a discussão do tema para o STF, visto que, em 6/11/2012, com base no acórdão prolatado pelo STM na **Correição Parcial 21-43.2011.7.01.0301/DF**, interpôs Recurso Extraordinário, não sendo admitido em 18/7/2012 pela Presidência do STM, negando-lhe, via de consequência, seguimento para a Corte Máxima de Justiça, o que possibilitou a interposição de Agravo pelo Parquet Militar, tendo, em decisão monocrática de 21/2/2013, proferida pelo **Min. GILMAR MENDES,** Relator do **Agravo em Recurso Extraordinário nº 705.741**, lhe negado seguimento.

Embora sem obter o sucesso almejado, é bom que se registre que o MPM, nos autos do mencionado Recurso Extraordinário, argumentou que o delito de deserção é o de maior importância na Justiça Militar da União, com graves repercussões para a Administração Militar, sustentando, ainda, que o entendimento do STM seria totalmente equivocado, o que faz gerar impunidade que atinge o crime de deserção com probabilidade de extensão aos demais crimes propriamente militares, não havendo no CPPM dispositivo que vincule a manutenção do militar na Força como condição para o prosseguimento da persecução penal, além da grande repercussão no seio da tropa no sentido da impunidade da deserção e que o cometimento deste crime pode estar sendo utilizado como engajamento forçado. Por fim, concluiu em seu arrazoado o Parquet Militar que a orientação do STM limita o poder-dever do MPM de propor a ação penal pública e a sua tramitação dentro da normalidade processual, pugnando, ao final, pela aplicação do princípio da obrigatoriedade e exclusividade da ação penal pública, previstos no art. 129, inciso II, da CF/88.

a.2) Posicionamentos dos tribunais

a.2.1) STM

No Tribunal Máximo Castrense, em algumas decisões, constata-se que a ação penal decorrente da prática do delito de deserção exige a condição de militar do agente para figurar no polo passivo da relação processual conforme se deduz da leitura do art. 457 e seus §§ 1º, 2º e 3º, do CPPM, bem como no consubstanciado na Súmula 12, inobstante os referidos dispositivos se refiram à aptidão de saúde do desertor para sua reinclusão (praça sem estabilidade) ou reversão (praça estável) e a consequente instauração do processo, expressando o legislador no respectivo § 2º que a inaptidão por incapacidade definitiva isenta o agente do processo, com o consequente arquivamento.

Assim, na esteira desta visão, ficaria configurada a ausência de interesse de agir em manter *sub judice* o desertor inapto para o serviço militar obrigatório, tendo em vista que, uma vez licenciado das fileiras militares por meio da discricionariedade da autoridade administrativa militar, não mais se sujeitaria à ação penal de rito especial, ainda que seu desligamento seja superveniente à instauração do processo.

Nos **EMBARGOS INFRINGENTES E DE NULIDADE DO JULGADO 104-69.2013.7.09.0009/DF, Rel. p/o acórdão Min. JOSÉ BARROSO FILHO,** julgado em **19/5/2015,** decidiu-se, por maioria, que a condição de militar da ativa é imprescindível somente para o início do processo penal com o recebimento da denúncia, sendo evidente que as situações previstas no art. 457, §§ 2º e 3º, do CPPM, precedem ao recebimento da denúncia, bastando para se chegar a tal conclusão, realizar uma interpretação sistêmica do referido dispositivo legal, inexistindo previsão de extinção do feito por falta de condição de prosseguibilidade. Melhor esclarecendo: estes Embargos opostos pela Defensoria Pública da União foram rejeitados, por maioria, relativos à falta de condição de prosseguibilidade do feito, por ausência de amparo legal, mantendo íntegro o acórdão prolatado na **Apelação 104-69.2013.09.0009**, enquanto a corrente minoritária dos julgadores os acolhiam para desconstituí-lo, em razão da perda de seu objeto, concedendo, de ofício, ordem de habeas corpus para trancar a ação penal militar por falta de justa causa, determinando o seu arquivamento, com fundamento nos arts. 466, 467, alínea "c" e 470, parte final, todos do CPPM.

Em longo e fundamentado voto vencido, o **Min. FERNANDO SÉRGIO GALVÃO** ressaltou que o bem jurídico tutelado seria o Serviço Militar, tornando inócua a sanção penal imposta pela Justiça Militar, além dos percalços para a execução da pena, não gerando qualquer efeito prático relativo à impunidade, pois crime propriamente militar não geraria reincidência (art. 64, inciso II, Código Penal Comum), tampouco o civil cumpriria pena em estabelecimento civil, podendo o juízo de execução aplicar os dispositivos da legislação processual penal comum, inclusive o sursis, e quiçá uma eventual conversão de pena privativa de liberdade em restritiva de direitos, sem nenhum exemplo sob os auspícios de prevenção geral (disciplina para a tropa). Em conclusão, o citado voto vencido inclinou-se pela impossibilidade de o agente figurar no polo passivo da ação penal militar, caracterizando, nestes casos, a nulidade estabelecida no inciso II do art. 500 do CPPM, com a extinção do processo, sem exame do mérito, com esteio no inciso VI, do art. 267, do Código de Processo Civil, aplicado analogicamente.

Consulte-se a respeito **APELAÇÃO 55-96.2011.7.09.0009/MS, Min. Revisor e Relator p/o acórdão, JOSÉ COELHO FERREIRA, j. 22/3/2012; CORREIÇÃO PARCIAL 1-91.1990.7.05.0005/PR, Rel. MIN. FERNANDO SÉRGIO GALVÃO, j. 2/12/2011; CORREIÇÃO PARCIAL 182-64.2011.7.08.0008/PA, Rel. Min. MARCOS MARTINS TORRES, j. 24/4/2012; APELAÇÃO 61-39.2008.7.01.0201/RJ, Min. REVISOR E RELATOR p/o acórdão, CLEONILSON NICÁCIO SILVA, j. 9/10/2013; APELAÇÃO 106-83.2012.7.01.0401/RJ, Min. REVISOR E RELATOR p/o acórdão FERNANDO SÉRGIO GALVÃO, j. 14/10/2014; APELAÇÃO 108-16.2013.7.12.0012/AM, Rel. Min. JOSÉ COELHO FERREIRA; HABEAS CORPUS 217-65.2014.7.00.0000/DF, Rel. Min. WILLIAM DE OLIVEIRA BARROS, j. 19/2/2015; APELAÇÃO 34-59.2013.7. 12.0012/AM, Rel. Min. ÁLVARO LUIZ PINTO, j. 24/3/2015; HABEAS CORPUS 84-86.2015.7.00.0000/AM, Rel. Min. MARCUS VINICIUS DOS SANTOS, j. 28/5/2015; APELAÇÃO 13-81.2016.7.01. 0401/RJ, Rel. MIN. MARCO ANTONIO DE FARIAS, j. 23/5/2017.**

a.2.2) STF

Igualmente no STF verifica-se que a condição de militar da ativa também deve estar presente na instrução do processo e até mesmo na execução de sentença (**RECURSO DE HABEAS CORPUS 83.030/RJ, SEGUNDA TURMA, Rel. Min. ELLEN GRACIE, j. 10/6/2003; HABEAS CORPUS 90.838-1/SP, PRIMEIRA TURMA, Rel. Min. CARMEM LÚCIA, j. 14/10/2008; HABEAS CORPUS 79.531/RJ, SEGUNDA TURMA, Rel. Min. MARCO AURÉLIO, j. 8/2/2000; HABEAS CORPUS 90.672/SP, SEGUNDA TURMA, Rel. Min. JOAQUIM BARBOSA, j. 3/2/2009; HABEAS CORPUS 108.197/PR, SEGUNDA TURMA, Rel. MIN. RICARDO LEWANDOWSKI, j. 13/12/2011; HABEAS CORPUS 103.254/PR, SEGUNDA TURMA, Rel. Min. CELSO DE MELO, j. 13/4/2011; HABEAS CORPUS 99.445/RS, PRIMEIRA TURMA,**

Rel. Min. CARMEM LÚCIA, j. 28/9/2010; ARE 674.299/PR, Rel. Min. DIAS TOFFOLI, j. 27/2/2013; HABEAS CORPUS 115.754/RJ, SEGUNDA TURMA, Rel. Min. RICARDO LEWANDOWSKI, j. 19/3/2013, ARE 705.741/DF, Rel. Min. GILMAR MENDES, j. 21/2/2013; HABEAS CORPUS 119.641/PR, PRIMEIRA TURMA, Rel. Min. ROSA WEBER, j. 19/11/2013; ARE 788.708/DF, Rel. Min. CARMEM LÚCIA, j. 18/2/2014; RECURSO EM HABEAS CORPUS 120.427/RS, Rel. Min. ROBERTO BARROSO, j. 2/5/2014; HABEAS CORPUS 113.088/DF, Rel. Min. LUIZ FUX, j. 17/4/2015).

No **HC 145.343**, Rel. **Min. GILMAR MENDES**, em **19/9/2017**, com assento no art. 192 do Regimento Interno do STF, que autoriza o Relator desde logo a denegar ou conceder a ordem, ainda que de ofício, quando a matéria for objeto de jurisprudência consolidada, decidiu-se que a qualidade de militar é elemento estrutural do tipo penal de deserção, de modo que a ausência de tal requisito impede o procedimento do feito, devendo o processo ser extinto em qualquer fase, inclusive na fase de execução da sentença condenatória transitada em julgado, não havendo assim como processar um civil pelo crime de deserção. Enfim, a matéria está tão pacificada no STF que decisões monocráticas são autorizadas pelo citado artigo regimental, sem necessidade de decisão do Plenário.

Acentue-se que o STF decidiu que a condição de militar do agente no curso do processamento da ação penal militar como condição de procedibilidade e também de prosseguimento da ação deve ser observada em relação somente aos crimes de deserção e insubmissão, nos termos dos arts. 457, §§ 2° e 3° e 464 do CPPM, não se aplicando, porém, na eventualidade de a imputação versar sobre crime militar próprio diverso, como, por exemplo, violência contra inferior (CPM, art. 175), porquanto sujeito ao regime geral de processamento, que exige apenas a condição de militar da ativa na data do crime (**PRIMEIRA TURMA, HC 17.471 Agr e Agr/RS, Rel. Min. ROSA WEBER, 25/6/2019**).

3) O *status* de militar da ativa é condição de prosseguibilidade até o trânsito em julgado da sentença, não sendo necessário para a execução da pena

A questão não se mostra pacificada no próprio Ministério Público Militar da União, onde na **OFICINA DA ESCOLA SUPERIOR DO MPM**, realizada na Procuradoria da Justiça Militar em Porto Alegre, RS, no período de 12 a 14 de maio de 2009, no painel "**Crimes Propriamente Militares**", como se nota da sua conclusão: ***"A condição de militar da ativa é indispensável para o oferecimento de denúncia no crime de deserção (unânime). O prosseguimento do processo depende desta condição, até o trânsito em julgado da sentença, não sendo necessária para a execução da pena (maioria)".*** Lamentavelmente, não foi disponibilizada a argumentação referente à desnecessidade do *status* do militar para a execução da sentença, defendida pela maioria dos representantes do MPM presentes à citada discussão.

4) O *status* de militar da ativa não é uma condição de prosseguibilidade devidamente prevista na legislação penal militar, não gerando a sua ausência qualquer efeito para o curso normal do processo condenatório e da execução da sentença condenatória, ainda que o reincluído seja licenciado, desincorporado ou venha a consumar nova deserção exceto se o desertor houver sido julgado incapaz definitivamente para o serviço militar, em inspeção de saúde, nos termos do § 2º, do art. 457, do CPPM

a) Posicionamentos da doutrina

JORGE CESAR DE ASSIS, em artigo denominado "**O PROCESSO DE DESERÇÃO E O *STATUS* DE MILITAR COMO CONDIÇÃO DE PROSSEGUIBILIDADE**", capturado no site **www.atualidadesdodireito.com.br**, chama a atenção para a diferenciação entre condição de procedibilidade e condição de prosseguibilidade, sendo aquela essencial para a deflagração do processo e esta para que ele tenha seu curso regular até a decisão final, afirmando, ainda, que esta última – condição de prosseguibilidade – não tem previsão legal, além de que, se assim não fosse, estar-se-ia ignorando um importante vetor para submissão de civil à Justiça Militar, consubstanciado no inciso III, do art. 9º, do CPM, mandamento autorizatório para o processamento e julgamento de civil nos casos de efetiva ofensa às instituições militares.

Também defende o festejado jurista que aqueles que sustentam a extinção do feito por falta de interesse de agir, na hipótese de perda da qualidade de militar, não esclarecem a razão de não constar citada condição de prosseguibilidade no rol das causas de extinção da punibilidade do art. 123 do CPM, o que comprovaria sua inadequação ao processo penal militar.

AILTON JOSÉ DA SILVA, em artigo denominado "**A CONDIÇÃO DE MILITAR NA AÇÃO PENAL PELO CRIME DE DESERÇÃO**", capturado no site **www.jusmilitaris.com.br,** aponta que a tão comentada Súmula 12 do STM impõe restrição somente quanto à denúncia e não quanto ao andamento da ação penal, semelhante a qualquer outra condição de procedibilidade, como também o CPPM, ao determinar que a não reinclusão seja causa de isenção do processo, não dispõe, por outro lado, se a ausência posterior ao início da ação penal teria qualquer interferência no seu andamento, acarretando, se adotada tal tese, o término de casos de sucessivas deserções e ações penais capengas perante o Judiciário, bem como destinaria aos condenados às penas do CPM, atendendo o regime da legislação penal comum, na hipótese específica, o regime aberto e/ou penas alternativas que devem ser reconhecidas na Justiça Militar, principalmente para civis conforme já admite o STF e o STJ.

MARCELO FERREIRA DE SOUZA, em substancioso artigo denominado "**O *STATUS* DE MILITAR COMO CONDIÇÃO**

DE PROSSEGUIBILIDADE DO PROCESSO POR CRIME DE DESERÇÃO – UMA CONSTRUÇÃO EQUIVOCADA", publicado na **REVISTA DO MPM, nº 23, novembro/2013, p. 291-307**, alega que somente nas hipóteses de morte do desertor ou sua incapacidade durante o processo, este não deverá prosseguir, em virtude da ausência de prosseguibilidade, já que o CPPM nada menciona em relação às outras hipóteses de exclusão do serviço ativo, como, por exemplo, a exclusão a bem da disciplina, a transferência para reserva remunerada em razão da posse em concurso público, a desincorporação em razão da condição de arrimo superveniente à incorporação, o licenciamento por conclusão de tempo de serviço ou qualquer forma de exclusão, seja vinculada à legislação administrativa castrense ou ligada à discricionariedade administrativa, concluindo que nada obsta o prosseguimento do feito na hipótese em que o desertor foi licenciado a bem da disciplina ou que, por outro motivo diverso da incapacidade definitiva, tenha perdido a condição de militar.

RONALDO ROTH e SYLVIA HELENA ONO, em artigo denominado **"PROCESSO DE DESERÇÃO: CONDIÇÃO DE PROCEDIBILIDADE VERSUS CONDIÇÃO DE PROSSEGUIBILIDADE"**, publicado na revista **"DIREITO MILITAR", AMAJME, nº 102, julho/agosto 2013, p. 8-15**, criticam, com veemência, as posições do STF e do STM – **a ausência de condição de prosseguibilidade quando o desertor perde o *status* de militar** – alegando que a inclusão do militar excluído ou a reversão do militar agregado, para que voltem a ostentar a qualidade de militar da ativa, são as duas hipóteses que compõem a condição de procedibilidade exigida pela lei para o processo de deserção de praças, enquanto que para o oficial desertor o CPPM conferiu tratamento diferenciado, não exigindo nenhuma condição de procedibilidade porquanto o § 1º, do art. 454, do referido diploma legal, dispõe que o oficial desertor permanecerá na condição de agregado até decisão transitada em julgado, não impedindo que o MPM ofereça a denúncia com o consequente recebimento pelo magistrado, independentemente da apresentação ou captura do oficial, não havendo, assim, que se falar em condição de procedibilidade no processo de deserção de oficial. E, por fim, arrematam, ainda, os articulistas em tela, esgrimando, para tanto, o art. 35 do CPPM em combinação com o art. 123 do CPM, que a adoção da referida condição de prosseguibilidade nos processos de deserção, além de não prevista em lei, revela a criação, *contra legem,* de uma nova causa de extinção da punibilidade, também não prevista na legislação penal militar.

No artigo denominado "**CRIME DE DESERÇÃO E A CRIAÇÃO DE UMA FICÇÃO JURÍDICA DE MILITAR PARA PROSSEGUIMENTO DA AÇÃO PENAL NA JUSTIÇA CASTRENSE", *in* "PERSPECTIVAS DA JUSTIÇA MILITAR CONTEMPORÂNEA", op. cit., p. 255-274, WENDEL PETRACHIM ARÁUJO,** com base em decisão do **TRF-4, AGRAVO DE INSTRUMENTO nº 5027832-5.2017.4.04.0000/RS**, que examinou a hipótese de um pedido de licenciamento de militar, no sentido de desobrigar-se da prestação do serviço da caserna, desvinculando-se da esfera militar de modo definitivo, embora respondendo a IPM por deserção e outros crimes militares, optando pela impossibilidade de licenciá-lo, devido aos IPMs a que responde, entendendo, no entanto, cabível somente sua exoneração de cumprir expediente na caserna, o articulista em tela chama a atenção para preocupação dos julgadores em preservar a hierarquia e a disciplina, pois sabedores dos reflexos que poderiam advir de seu licenciamento, em especial, o de poder ser sancionado administrativamente ou até o de ser processado perante à Justiça Militar, dispensando o militar do expediente em sua organização, mas mantendo-se a sua condição de militar.

b) Posicionamentos dos tribunais

b.1) STM

O tema no STM teve interpretações distintas. A sua jurisprudência antiga era pela continuação do processo, descartando qualquer causa impeditiva (**HABEAS CORPUS 2005.01.034010-6/RS, Rel. MIN. JOÃO FELIPE SAMPAIO DE LACERDA, j. 23/11/1999**). No **HABEAS CORPUS 84-86.2015.7.00.0000/AM, Rel. Min. MARCUS VINICIUS OLIVEIRA DOS SANTOS, j. 28/5/2015**, a Corte Máxima Castrense decidiu, por maioria, que a perda da qualidade de militar não obsta o prosseguimento da ação penal militar, sendo este o entendimento majoritário, no sentido de que o ***status*** de militar deve ser aferido tão somente no momento da propositura da ação penal e do recebimento da denúncia, a teor do disposto na **Súmula 12** (***a praça sem estabilidade não pode ser denunciada por deserção sem ter readquirido o status de militar, condição de procedibilidade para a persecutio criminis através de reinclusão. Para a praça estável, a condição de procedibilidade é a reversão ao serviço ativo)***. Importante trazer à lume algumas visões jurídicas daqueles que esgrimam esta tese.

Na **APELAÇÃO 61-39.2008.7.01.0201/RJ, Revisor e Relator p/o acórdão, Min. CLEONILSON NICÁCIO SILVA, j. em 9/10/2013,** que, por maioria, determinou o sobrestamento do feito até a captura ou apresentação voluntária do desertor, haja vista que a condição de militar seria indispensável para a persecução penal, em declaração de voto vencido, o **Min. ARTUR VIDIGAL** alegou que em face de inexistência da condição de prosseguibilidade na legislação penal militar, o que se deduz do estatuído no parágrafo único do art. 35 do CPPM (***o processo suspende-se e extingue-se nos casos previstos neste Código***), não há que se falar em processo e julgamento de civil, em virtude de licenciamento por conclusão do serviço militar inicial obrigatório, mas em militar que cometeu um delito e que necessita ser processado e julgado pelo ato que praticou, a fim de que haja a preservação do serviço e do dever militares, evitando-se a impunidade daqueles que afetam esses princípios.

Também em alentado voto vencido, na **APELAÇÃO 34-59.2013.7.0012/AM, Rel. Min. ÁLVARO LUIZ PINTO, j. em 24/3/2015**, o **Min. CLEONILSON NICÁCIO SILVA,** alertou para o fato de o legislador ordinário silenciar a respeito de qualquer condição de prosseguibilidade para o feito, o que faz com que, iniciada a ação penal militar com o recebimento da inicial acusatória, ainda, que, no decorrer do processo, o reincluído seja licenciado, desincorporado ou venha a consumar nova deserção, perdendo o *status* de militar em serviço militar, a legislação de regência não obsta o prosseguimento da ação penal militar, concluindo que, a não ser que comprovada a incapacidade para o serviço ativo, em parecer exarado por Junta Médica, nada impede que o agente seja processado e julgado. No mesmo passo, "**o HABEAS CORPUS 7000548-83.2018.7.00.0000/AM, Rel. Min. PÉRICLES AURÉLIO LIMA DE QUEIROZ, j. em 11/9/2018**, decidiu, por maioria, que "***para o processamento do crime previsto no art. 187 do CPM – deserção – a situação do militar da ativa somente é exigida por ocasião do recebimento da denúncia, sendo possível o prosseguimento do feito e posterior condenação, ainda que ocorra o licenciamento do Réu após o citado marco processual***"; "***considerando que o acusado ostentava a condição de militar no momento da denúncia, posterior licenciamento não importa em extinção do processo sem resolução do mérito. Posição predominante nesta Corte***" ***(APELAÇÃO 7000534-02.2018.7.00.0000, Rel. Min. LÚCIO MÁRIO DE BARROS GOES, j. 13/11/2018).*** Confira-se também ***RSE 7000669-14.2018.7.00.0000, Rel. Min. MARCUS VINICIUS OLIVEIRA DOS SANTOS, DJ 23/10/2018; APELAÇÃO 7000707-26.2018.7.00.0000, Rel. Min. ODIILON SAMPAIO BENZI, j. 4/12/2018.***

b.2) STF

O entendimento no STF é contrário à posição majoritária do STM, como se vê dos arestos anteriormente referidos, qual seja, a perda do ***status*** de militar, antes do trânsito em julgado, impede que se dê prosseguimento à execução da pena imposta pela sentença de primeiro grau e somente no caso de ser declarada a capacidade plena do agente para o serviço ativo, permitir-se-á a sua reinclusão no serviço militar, e, consequentemente, o prosseguimento do processo de execução (**HABEAS CORPUS 90.838-1/SP, PRIMEIRA TURMA, Rel. Min. CARMEM LÚCIA, j. 14/10/2008**). Idêntico posicionamento se constata nos seguintes arestos: **HABEAS CORPUS 115.754/RJ, SEGUNDA TURMA, Rel. Min. RICARDO LEWANDOWSKI, j. 19/3/2013; HABEAS CORPUS 103.254/PR, SEGUNDA TURMA, Rel. Min. CELSO DE MELLO, j. 29/6/2010; HABEAS CORPUS 108.197/PR, SEGUNDA TURMA, Rel. Min. RICARDO LEWANDOWSKI, j. 13/12/2011.**

No **HC 142.932/RS, Rel. Min. LUIZ FUX**, em **19/9/2017**, a **PRIMEIRA TURMA**, iniciou julgamento em que se requeria a extinção do processo por crime militar de deserção, pela superveniência de uma segunda deserção, o que ensejaria a extinção do processo, visto que ausente condição de procedibilidade, qual seja a condição de militar, sendo deferida a ordem pelo Relator por entender que o *status* de militar é pressuposto de desenvolvimento regular do processo, e como houve deserção e o paciente não ostentaria mais a qualidade de militar, seria cabível a extinção do processo. O Min. **ALEXANDRE DE MORAES**, discordou do relator, sob o fundamento de que a segunda deserção não teria a força de decretar a extinção de punibilidade da primeira, por falta de procedibilidade, sob pena de incentivo à segunda deserção, visto que, nesta, os efeitos incidiriam apenas em si, e não em relação à primeira, e mesmo porque o paciente integrava o Exército quando do início da ação penal. Houve, entretanto, desistência da parte, tendo em **29/5/2018**, a **PRIMEIRA TURMA** julgada prejudicada a impetração, nos termos do voto reajustado do Relator.

IMPETRAÇÃO DE HABEAS CORPUS NA JUSTIÇA MILITAR DA UNIÃO E O ADVENTO DA LEI Nº 13.774, DE 19 DE DEZEMBRO DE 2018

1) COMPETÊNCIA DA JUSTIÇA MILITAR DA UNIÃO PARA JULGAMENTO DE HABEAS CORPUS

Como se sabe, a Justiça Militar da União só tinha competência para o processo e julgamento dos crimes militares definidos em lei (art. 124, *caput*, CF/88). Como explicitado anteriormente, com o advento da Lei nº 13.491/2017, esta competência foi ampliada para caracterizar como crimes militares todos os crimes previstos na legislação penal comum, desde que enquadrados nas alíneas do inciso II, do art. 9º, do CPM. Essa Justiça Especializada não possui competência para o julgamento de ações judiciais contra atos disciplinares militares, e, na hipótese de impetração de habeas corpus pertinente à punição disciplinar por militar das Forças Armadas, a competência será da Justiça Federal (**STF, RHC 88.543/SP, PRIMEIRA TURMA, REL. MIN. RICARDO LEWANDOWSKI, DJe de 27/4/2007**).

Estabeleciam os arts. 6º inciso I, alínea "c" e 469, respectivamente, da Lei nº 8.457/92 – LOJMU e do CPPM, bem como o art. 4º, inciso I, letra "b", do seu Regimento Interno, que o Superior Tribunal Militar teria competência originária para processar e julgar os pedidos de habeas corpus nos casos permitidos em lei, nas infrações penais militares, quando o coator ou paciente fosse militar das Forças Armadas, independente de posto ou graduação, inclusive praça sem graduação, não possibilitando que o então Juiz-Auditor e o Conselho de Justiça processassem e julgassem habeas corpus quando a autoridade administrativa militar fosse a coatora conforme se depreendia da leitura dos arts. 27, 28 e 30 daquela lei. Este era o panorama legal antes do advento da Lei nº 13.774/2018.

Com o surgimento da novel lei, o Juiz Federal da Justiça Militar, repita-se nova denominação do antigo Juiz-Auditor, passará a ter competência para processar e julgar o habeas corpus, habeas data e mandado de segurança, referentes à matéria criminal, impetrados contra ato de autoridade militar, ressalvados os atos praticados pelos oficiais-generais, o que inaugurou a possibilidade do duplo grau de jurisdição referente aos remédios constitucionais.

2) COMPETÊNCIA DO JUIZ FEDERAL DA JUSTIÇA MILITAR PARA PROCESSAR E JULGAR HABEAS CORPUS IMPETRADO CONTRA AUTORIDADE ADMINISTRATIVA MILITAR

Alguns juristas, no entanto, já entendiam que falecia competência ao STM para conhecer, processar e julgar ações constitucionais de habeas corpus quando o coator ou paciente não estivesse entre aqueles relacionados no art. 6º, inciso I, alínea "a", da Lei nº 8457/92 – LOJMU, e art. 4º, alínea "a", combinado com art. 108 do Regimento Interno do STM, em virtude da regra constitucional que trata da competência por prerrogativa de função, que prevê uma estrutura linear ou simétrica de competência, bem como pelas normas infraconstitucionais e regimentais. Enfim, no entender desses estudiosos, o STM somente poderia processar e julgar *habeas corpus* nos casos de agentes ou pacientes submetidos a sua competência originária, qual seja, os oficiais-generais das Forças Armadas (LOJMU, Lei nº 8.457/92, art. 6º, inciso I, letra "a"), excetuados os Comandantes da Marinha, Aeronáutica e Exército, cuja competência será do STJ (CF/88, art. 105, inciso I, letra "c"), quando o constrangimento ilegal à liberdade de locomoção fosse perpetrado pelo então Juiz-Auditor da Justiça Militar da União ou por Conselho de Justiça ou em grau de recurso. Como se sabe, a CF/88, através do inciso LXV do seu art. 5°, estabelece que a prisão ilegal será imediatamente relaxada pela autoridade judiciária (**ESDRAS DOS SANTOS CARVALHO, op. cit., p. 253**).

Como mencionado anteriormente, a Lei 13.774/2018 alterou profundamente a sistemática da competência da JMU em relação ao habeas corpus, qual seja: ***a) o art. 6º, inciso "I", alínea "c", da Lei 8.457/92, foi modificado pelo citado diploma normativo, competindo ao STM processar e julgar originariamente os pedidos de habeas corpus contra ato de Juiz Federal da Justiça Militar, de Juiz Federal Substituto da Justiça Militar e de oficial-general; b) de acordo com o artigo 30, inciso "I-C", da Lei 8.457/92, criado pela nova lei, compete ao Juiz Federal da Justiça Militar julgar, monocraticamente, os habeas corpus, habeas data e mandado de segurança contra ato de autoridade administrativa militar, praticado em razão da ocorrência de crime militar, exceto o perpetrado por oficial-general.***

3) IMPETRAÇÃO DE HABEAS CORPUS JUNTO AO STF CONTRA ACÓRDÃO PROFERIDO PELO STM

Tratando-se de acórdão proferido pelo STM prevê o art. 102, inciso II, alínea "a", da CF/88, o cabimento de recurso ordinário constitucional. Ocorre que muitos defensores preferem ajuizar habeas corpus diretamente no STF contra acórdão do STM, seja ele oriundo de outro habeas corpus ou não, já que é mais célere o trâmite do remédio heroico e, principalmente, viabilizar a concessão de liminar, o que não acontece com o recurso ordinário constitucional.

Atualmente, o STF tem decidido pelo não cabimento do habeas corpus originário e sim do recurso ordinário constitucional. No entanto, a própria Corte Suprema, embora não conheça do habeas corpus originário, ingressa na discussão do objeto da ação constitucional e, se for o caso, concede ou nega habeas corpus de ofício (**HABEAS CORPUS 117.680/SP, PRIMEIRA TURMA,**

REL. MIN. MARCO AURÉLIO, REDATOR P/ACÓRDÃO MIN, EDSON FACHIN, j. 29/9/2015). Em suma, o paciente poderá manejar contra um acórdão do STM tanto um recurso ordinário constitucional (art. 102, inciso II, alínea "a", CF/88), quanto um habeas corpus (art. 102, inciso I, alínea "i", CF/88), ambos tendo como destinatário a Corte Máxima da Justiça brasileira.

4) IMPETRAÇÃO DE HABEAS CORPUS JUNTO AO STF CONTRA DECISÃO DE MINISTRO RELATOR DO STM QUE INDEFERE LIMINAR EM HABEAS CORPUS

No tocante à impetração de habeas corpus contra o indeferimento de liminar em habeas corpus de Ministro Relator do STM, esclareça-se que de tal decisão caberá Agravo Interno, sem efeito suspensivo, no prazo de cinco dias, contados da intimação, a teor do art. 123, § 1º, do RI-STM. Poderá o Ministro Relator do STM reconsiderar o seu ato ou, caso contrário, submeterá o referido Agravo Interno ao julgamento do Plenário, computando-se também o seu voto (art. 123, § 2º, RI-STM). Caso o interessado não interponha o Agravo Interno, discute-se a respeito da possibilidade de impetrar habeas corpus diretamente ao STF de decisão que indeferir liminar, prolatada pelo Ministro Relator do STM.

A competência do STF para julgar habeas corpus quando o coator for Tribunal Superior está clarificada no art. 102, inciso II, letra "i", da CF/88, onde não se lê "decisão monocrática do relator". A Súmula 691 é incisiva a respeito: **"Não compete ao STF conhecer de habeas corpus impetrado contra decisão do relator que, em habeas corpus requerido a Tribunal Superior, indefere a liminar".** Sem embargo do afirmado, de forma categórica, na citada súmula 691, o STF, a partir de 2005 – **HABEAS CORPUS 86.864/SP, PLENÁRIO, REL. MIN. CARLOS VELLOSO, j. 21/10/2005** – vem abrandando a sua interpretação, dela fugindo, quando: ***a) seja premente a necessidade de concessão do provimento***

cautelar para evitar flagrante constrangimento ilegal; b) a negativa de decisão pelo Tribunal Superior importe na caracterização ou na manutenção de situação que seja manifestamente contrária à jurisprudência do STF. Ou, como afirmado no **AGRAVO REGIMENTAL** no **HABEAS CORPUS 130.376/RJ, SEGUNDA TURMA, Rel. MIN. TEORI ZAVASCKI,** julgado em **13/10/2015,** quando a jurisprudência da Corte Suprema admite o abrandamento da Súmula 691 apenas em casos teratológicos, isto é, em decisões absurdas, que contrariem a lógica, o bom senso etc. e em hipóteses excepcionais. Na nossa **LOJMU ANOTADA, p. 66-65,** já tínhamos abordado o tema antes exposto.

A CORREIÇÃO PARCIAL NO PROCESSO PENAL MILITAR

CABIMENTO

Correição Parcial destina-se à impugnação de decisões judiciais que possam importar em inversão tumultuária do processo, sempre que não houver recurso previsto legalmente. Esta é a definição clássica.

A) Antes do advento da Lei nº 13.774/2018

Eram duas as hipóteses legais que amparavam a interposição da Correição Parcial perante o STM: **1) art. 498, CPPM**: ***"O STM poderá proceder à correição parcial: a) a requerimento das partes, para o fim de ser corrigido erro ou omissão inescusável, abuso ou ato tumultuário, em processo, cometido ou consentido por juiz, desde que, para obviar tais fatos, não haja recurso previsto no CPPM; b) mediante representação do Auditor Corregedor, para corrigir arquivamento irregular em inquérito ou processo"***; **2) art. 14, inciso I, alínea "c", Lei nº 8.457/92 – LOJMU**: ***"Compete ao Juiz-Auditor Corregedor: I – proceder às correições: c) nos autos de inquérito mandado arquivar pelo Juiz-Auditor, representando ao Tribunal, mediante despacho fundamentado que entenda existentes indícios de crime e de autoria"***.

Como visto, a Correição Parcial poderia ser interposta em duas situações: **1)** para corrigir erro ou omissão inescusáveis, abuso ou ato tumultuário em processo, cometido ou consentido por juiz, desde que incabível qualquer recurso previsto no CPPM (**art. 498, alínea "a", CPPM**); **2)** para possibilitar, se for o caso, que o MPM desarquive Inquérito Policial Militar (**art. 498, letra "b", CPPM, e art. 14, inciso I, letras "b" e "c", LOJMU**). Vejamos.

A primeira possibilidade – ***art. 498, letra "a", do CPPM*** – visa atacar as decisões ou despachos do juiz não impugnáveis por outro recurso e que se consubstanciem em ***erro ou abuso, inversão tumultuária dos atos e fórmulas legais processuais***, o que, de plano, se constata que serve unicamente para corrigir ***error in procedendo***, não o ***error in judicando***. Por exemplo, o Conselho de Justiça promove a oitiva das testemunhas de defesa antes das arroladas pela acusação, violando norma procedimental encartada no CPPM. Com relação à legitimidade para interposição da Correição Parcial, objetivando corrigir erro ou omissão inescusáveis, abuso ou ato tumultuário (art. 498, letra "a", CPPM), são partes legítimas o MPM e a defesa do réu. Esta motivação não sofreu qualquer modificação, permanecendo em vigor.

A segunda motivação legal – ***art. 14, inciso I, letra "c", LOJMU*** – tinha como alvo submeter ao STM as razões que respaldaram o entendimento de arquivamento supostamente equivocado do IPM, procedido pelo então Juiz-Auditor da Auditoria Militar Federal, sendo que somente o então Juiz-Auditor Corregedor estaria legitimado para a interposição da Correição Parcial junto àquele Tribunal. Esta última previsão legal – **art. 14, inciso I, letra "c", da LOJMU** – era a que causava maior polêmica.

Assinale-se, desde logo, que a redação da alínea "b", do art. 498, do CPPM, tendo em vista que a Lei nº 7.040/82, que a alterava para substituir a expressão ***"Auditor Corregedor"*** para ***"Ministro Corregedor Geral"***, fora suspensa pela Resolução 27/96, do Senado Federal, dada a sua declaração de inconstitucionalidade pelo STF. Assim, pelo princípio da repristinação, a redação anterior voltaria a vigorar, qual seja, "**mediante representação do Auditor Corregedor para corrigir arquivamento irregular em inquérito ou processo**", fazendo com que importantes editoras de livros jurídicos nas edições do Código de Processo Penal

Militar continuassem ignorando a decisão do STF. A Lei nº 13.774/2018 voltaria a modificar a legitimidade para interpor a referida medida como se verá adiante.

B) Após o advento da Lei nº 13.774/2018

O que provocava um grande rebuliço era o referente ao art. 14, inciso " I", letra "c", da Lei nº 8.457/92, que possibilitava que o então Juiz-Auditor Corregedor impugnasse diretamente junto ao STM uma decisão judicial de primeira instância que tivesse promovido o arquivamento de IPM por falta de indícios de autoria e de crime.

Como dito anteriormente, é importante mencionar que existiam dois preceitos que amparavam o pedido de sugestão – e não determinação – ao MPM de desarquivamento de IPM, via Correição Parcial, com base no princípio da obrigatoriedade da ação penal militar, no que tocava a sua motivação legal: a ***do art. 498, "b", do CPPM***, rezava que a Correição Parcial deverá ser intentada para corrigir arquivamento irregular em inquérito ou processo, enquanto a do ***art. 14, inc. I, letra " c", da Lei nº 8.457/92 – LOJMU***, disciplinava que o Juiz-Corregedor representaria nos autos de inquérito mandados arquivar pelo então Juiz-Auditor mediante despacho fundamentado, desde que entendesse existentes indícios de crime e de autoria. Em resumo, o artigo do CPPM fala em ***"arquivamento irregular"*** e o da Lei nº 8.457/92 em ***"existência de indícios de crime e de autoria"***.

No STM, discutia-se a respeito da inconstitucionalidade do art. 14, inc. I, letra "c", da Lei nº 8.457/92, sendo rejeitada, por maioria de votos, tal interpretação. Esta corrente vencedora embasava sua argumentação na competência do então Juiz-Auditor Corregedor para fiscalizar a aplicação do princípio da obrigatoriedade da ação penal militar, tanto na hipótese do art. 498, letra "b", do CPPM, como na do art. 14, inciso I, letra "c", da LOJMU, não especificando os citados dispositivos legais em que circunstâncias deveriam ser oferecidas as representações e não fazendo qualquer referência a erro de ***procedimento*** ou a erro ***de direito.*** As seguintes decisões repeliam qualquer eiva de inconstitucionalidade do art. 14, inciso I, letra "c", da LOJMU: **CORREIÇÕES PARCIAIS 2005.01.001904-1/DF, de 18/8/2005; 2005.01.001907-6/DF, de 6/12/2005; 2005.01.01917-3/DF, de 14/2/2006; 2007.01.001949-1/DF, de 28/6/2007; 0000090-64.2009.7.11.0011/DF, de 18/2/2010; 206-27.2010.7.01.0201/DF, de 10/8/2011; 9-22.2008.7.02.0102/SP, de 2/12/2012; 79-17.2009.7.01.0301, de 8/2/2012.**

Por outro lado, a corrente minoritária, que se posicionava pela inconstitucionalidade deste dispositivo da LOJMU, sustentava que não havia qualquer antinomia entre o art. 498, letra "b", do CPPM, e o art. 14, inciso I, letra "c", da LOJMU, já que este último diploma legal quando previa que ao Juiz-Auditor Corregedor competia proceder a Correição Parcial, ***"desde que entenda existentes indícios de crime e da autoria"***, partia da premissa de que tenha havido ***"arquivamento irregular".***

E diziam mais os defensores dessa corrente: atendendo à natureza jurídica da Correição Parcial, que não é um recurso, só cabendo quando não há previsão legal, torna-se impossível, através dela, apreciar-se o *error in judicando* ou o *error in procedendo,* mas podendo ser unicamente examinadas as formalidades extrínsecas, o aspecto formal do procedimento do arquivamento, daí a expressão ***"arquivamento irregular"***, citando como exemplos a hipótese do juiz determinar o arquivamento de um inquérito, sem requerimento nesse sentido do MPM, tendo como origem o Encarregado do inquérito, despachos de arquivamento que não estão devidamente motivados (CF/88, art. 93, inciso IX), conferindo, assim, tal dispositivo (LOJMU, art. 14, inciso I, letra "c") ao Juiz-Auditor Corregedor um papel inquisidor que a CF/88 não lhe reconhece, vulnerando o postulado da imparcialidade e da inércia judicial (**STM, CORREIÇÃO PARCIAL 1713-8/DF, Rel. MIN. ANTONIO CARLOS NOGUEIRA, decisão de 6/6/2000; CORREIÇÃO PARCIAL 1923-8/DF, Rel. MIN. FLÁVIO BIERRENBACH, decisão de 25/5/2006; CORREIÇÃO**

PARCIAL 94/2010, Rel. Min. MARIA ELIZABETH GUIMARÃES TEIXEIRA ROCHA, DJE 20/2011, p. 3).

No **HC nº 0000090-64.2009.7.11.0011/DF**, tramitado no **STM**, impetrado pelo Promotor da Justiça Militar da União, **SOEL ARPINI**, julgado em **21/9/2010**, da Relatoria do Ministro **OLÍMPIO PEREIRA DA SILVA JUNIOR**, declarou-se a nulidade do despacho do Juiz Corregedor da Justiça Militar da União que determinou o retorno dos autos à origem para diligências com o objetivo de ser redigida sentença escrita, o que foi cumprido pelo Conselho Permanente de Justiça, tendo a Corte Castrense ao julgar o habeas corpus, restabelecido o trânsito em julgado da decisão proferida em audiência que extinguiu o feito sem julgamento de mérito. No citado HC, o relator acolheu e adotou como razões de decidir, integralmente, o parecer do MPM de segunda instância, alegando que a atividade correcional, por seu caráter anômalo, não pode invadir a competência de órgãos judiciários sobre os quais exerce atribuições extremamente restritas, sob pena de hierarquizar a Justiça e contribuir para supressão da independência das decisões e julgados somente modificáveis segundo o rito legal, e pelo Tribunal ***ad quem***.

Para **SOEL ARPINI**, a letra "b", do art. 498, do CPPM, continua em pleno vigor, salvo no que se relaciona à expressão "***arquivamento irregular do processo***", visto que a Lei nº 8.457/92 teria restringido a atuação processual do então Juiz-Auditor Corregedor, pois se limitou a prever que a ele compete proceder às correições nos autos de inquérito mandado arquivar pelo então Juiz-Auditor de primeira instância, representando ao STM, mediante despacho fundamentado, desde que entenda existentes indícios de crime e de autoria (art. 14, inciso I, letra "c"), não tendo, expressamente, previsto a competência para representar na hipótese de arquivamento irregular de processo, sendo eloquente o silêncio do legislador (**Limites à atividade processual do Juiz-Corregedor na Justiça Militar da União, www.jusmilitaris.com.br, Revista Jus Militaris, nº 2, dezembro de 2010, ano I, p. 33-35**).

NUCCI, no seu **CPPM COMENTADO, p. 522**, faz severa crítica a esta previsão, tachando-a de inútil, em virtude de que a única possibilidade de haver alguma irregularidade no inquérito no arquivamento seria o juiz determiná-lo sem passar pelo crivo do Ministério Público Militar.

Acresce notar, ainda, a respeito da alínea "b" deste art. 498, que, no passado, como já dito alhures, o STF declarou inconstitucional toda a Lei nº 7.040/82, que transferia para o Ministro Vice-Presidente do STM a função de Corregedor-Geral, extinguindo, inclusive, o cargo de Juiz-Auditor Corregedor e colocando em disponibilidade o seu titular na época, que, inconformado com aquela insólita e injusta situação, socorreu-se das vias judiciais adequadas, conseguindo o seu intento. Esta declaração de inconstitucionalidade pela Corte Suprema deu origem à Resolução nº 27/96 do Senado Federal, e, nos termos do art. 52, inciso X, da CF/88, toda a lei foi suspensa, sem explicitação de ter sido alcançado ou não o instituto da Correição Parcial.

A redação anterior da letra "b", do art. 498, do CPPM, antes do advento da Lei nº 7.040/82, era a seguinte: "***mediante representação do Auditor Corregedor, para corrigir arquivamento irregular em inquérito ou processo***". Ora, como se sabe, na esteira dos ensinamentos dos constitucionalistas pátrios, a declaração de inconstitucionalidade da lei revogadora, por força de uma decisão que produza efeito ***erga omnes***, como a mencionada Resolução do Senado Federal, é o que se chama na doutrina de repristinação constitucional, o que faz com que a lei revogada seja restaurada. Portanto, continuava em pleno vigor aquela redação da letra "b", do art. 498 do CPPM que autorizava o então Juiz-Auditor Corregedor a interpor Correição Parcial, na hipótese de arquivamento irregular de IPM. É de se observar também que este mecanismo da Correição Parcial, no caso de seu acolhimento pelo STM, não teria o condão de determinar, automaticamente, o desarquivamento do IPM porque a CF/88 não lhe outorga nem o poder de substituir-se ao MPM na iniciativa do processo penal militar, nem o de ordenar que o *Parquet* Militar proponha a ação penal militar. O que, na verdade, ocorre é que tal decisão da Corte Máxima Castrense simplesmente devolve o caso ao Chefe do MPM, que, a seu juízo, poderá ou não propô-la.

Outro aspecto de grande relevância abordado por esta corrente relacionava-se a não possibilidade de o indiciado, que teve o seu IPM arquivado na primeira instância da Justiça Militar da União, com integral obediência aos parâmetros legais, poder oferecer suas razões na Correição Parcial interposta pelo então Juiz-Auditor Corregedor, contraditando sua argumentação, visto que não há qualquer previsão legal nesse sentido. Acentuavam, assim, os juristas defensores deste posicionamento que, na medida em que há uma imputação a pessoa certa e determinada feita pela autoridade judiciária, passa-se a invadir a esfera do patrimônio jurídico desse cidadão, campo onde existem disposições constitucionais que regulam a atuação estatal, mesmo que no nascedouro da persecução penal, especialmente, aquele previsto no art. 5º, inciso LV, da CF/88, que assegura tanto em processo judicial quanto administrativo, os meios e recursos a ampla defesa, sendo exatamente por isso inconstitucional a atribuição da lei ao Juiz Auditor Corregedor para arguir Correição Parcial contra decisão de arquivamento de IPM, sem que também estabeleça a previsão do exercício da ampla defesa.

Com relação a este argumento, o STF decidiu que o pronunciamento do STM, que defere a Correição Parcial, simplesmente devolve o caso ao Procurador-Geral da JMU, com o que o problema de propor ou não a ação penal militar remanesce na esfera do MPM, que é parte, e em cujas decisões não há princípio que imponha a audiência de terceiro interessado, não afastando, não obstante o caráter não jurisdicional do incidente, que o indiciado, a exemplo do que o art. 14 do CPP Comum (***O ofendido, ou seu representante legal, e o indiciado poderão requerer qualquer***

diligência, que será realizada, ou não, a juízo da autoridade) lhe faculta no curso do inquérito policial comum, que é procedimento administrativo, possa nele intervir espontaneamente para alegar e requerer o que entender, negando que tenha direito à citação para contra-atacar a argumentação expendida pelo Juiz-Auditor Corregedor em sua Correição Parcial (**Ed no HC 68.739-3, PRIMEIRA TURMA, Rel. MIN. SEPÚLVEDA PERTENCE, j. 12/11/1991; HC 74.816/MG, PRIMEIRA TURMA, Rel. MIN. MOREIRA ALVES, j. 15/4/1997**).

É por demais interessante assinalar que a Lei nº 13.964/2019, ao dar nova redação ao art. 28 do CPP Comum, disciplinando que o MP ordenará o arquivamento do IP ou de quaisquer elementos informativos da mesma natureza, afastando o controle judicial sobre a promoção de arquivamento apresentada pelo Parquet, o que é o correto, também determina que terá que haver uma obrigatória comunicação à vítima, ao investigado e à autoridade policial, encaminhando os autos para a instância de revisão ministerial para fins de homologação, na forma da lei. Ora, era exatamente isto que o STF decidiu pela negativa da comunicação àquele que sofrera prejuízo com a correição parcial intentada pelo então Juiz Auditor Corregedor (**Ed HC 68.734**). Este art. 28 do CPP, entretanto, como já dito anteriormente, teve a sua eficácia suspensa em virtude de medida cautelar concedida pelo Ministro **LUIZ FUX** nos autos da **ADI 9.305 (j. 22/1/20).**

Enfim, tínhamos, assim, dois caminhos e as respectivas consequências jurídicas da decisão do STM sobre a Correição Parcial, a saber:

1) O STM negava provimento à Correição Parcial do então Juiz-Auditor Corregedor

O IPM continuaria arquivado e somente poderia ser desarquivado pelo MPM, mediante o surgimento de novas provas (CPPM, art. 25).

2) O STM dava provimento à Correição Parcial, acolhendo os fundamentos do então Juiz-Auditor Corregedor, no sentido de que realmente existiam indícios de autoria e de crime

Os autos do IPM seriam encaminhados ao MPM, cabendo ao Procurador-Geral da Justiça Militar da União provocar a manifestação da Câmara de Coordenação e Revisão do MPM (LC 75/93, art. 136, inciso IV, CPPM, art. 397). Neste último caso, se o MPM decidisse pela mantença da decisão de arquivamento do IPM, por não ter enxergado qualquer irregularidade no procedimento adotado ou mesmo na existência de indícios de autoria e de crime, o desarquivamento somente poderia ser concretizado se surgissem novas provas com relação ao fato, ao indiciado ou à terceira pessoa, na forma do art. 25 do CPPM. Aquele IPM que foi alvo da Correição Parcial continuaria arquivado.

Assim, como se nota, o deferimento da Correição Parcial pelo STM, embora importante, teria uma função meramente opinativa, não vinculando o MPM. O juízo de valor seria do MPM. A instância revisora é o próprio MPM. Aliás, nada de estranho nos caminhos e suas consequências jurídicas acima elencados. Afinal de contas, o dono da ação penal militar é o MPM (CF/88, art. 129, inciso I). O dono do IPM também é o MPM. A PJM investiga para municiar o MPM de elementos probatórios que possam servir de base para o início da ação penal militar, na forma do art. 30 do CPPM (***indícios de autoria e prova da materialidade do crime***).

Para finalizar, é bom relembrar que não há necessidade de se submeter ao magistrado qualquer proposta de desarquivamento de IPM, eis que a retomada das investigações, ante o surgimento de novas provas (CPPM, art. 25), não atingirá a atividade persecutória do Estado, cabendo-lhe examinar, quando do oferecimento da denúncia, se as novas provas darão lastro suficiente para o recebimento da exordial acusatória. O controle do arquivamento do IPM, no sistema atual, na forma do art. 397, do

CPPM, é da competência do juiz para fiscalizar o princípio da obrigatoriedade da ação penal militar, mas não sobre o seu desarquivamento, não tendo legitimidade para tanto.

Pode-se dizer que a decisão do STM que acolhia os argumentos do então Juiz-Auditor Corregedor seria uma espécie de aplicação em grau máximo do art. 397 do CPPM que admite o encaminhamento pelo então juiz-auditor da Auditoria Militar dos autos do IPM à PGJMU, por discordar do MPM quanto ao pedido de arquivamento. Já na Correição Parcial, com base no antigo art. 14, inciso I, letra "c", LOJMU, o Juiz-Auditor Corregedor discordava dos dois órgãos envolvidos que se manifestaram favoravelmente pelo arquivamento do IPM, o MPM e o então Juiz-Auditor.

As duas vias desembocariam, inexoravelmente, na PGJMU, a quem caberia a palavra final sobre o arquivamento definitivo ou o desarquivamento do IPM. Reafirme-se que o órgão que tem atribuição para deliberar sobre o tema é a Câmara de Coordenação e Revisão do MPM (LC 75/93, art. 136, IV). A decisão favorável do STM à Correição Parcial, interposta pelo então Juiz-Auditor Corregedor, não desarquivaria o IPM – e nem poderia – pois o sistema acusatório não permite que o Poder Judiciário assim se posicione numa investigação policial, salvo para tutelar as liberdades públicas do investigado, como ressaltado anteriormente. Neste caso, o STM apenas deverá rever a regularidade da decisão de arquivamento, à luz dos mesmos elementos informativos que serviram de base para o arquivamento, proferindo sua opinião de idêntica maneira que aquela prevista no art. 397 do CPPM, quando o magistrado discorda do pedido de arquivamento do IPM, formulado pelo MPM e envia os autos ao PGJMU. As manifestações das duas instâncias da JMU – STM, via Correição Parcial e Juiz-Auditor, via remessa do IPM – não tem caráter vinculativo em relação ao MPM.

Isto comprova, cristalinamente, que em um sistema acusatório, o magistrado deve se manter distante das investigações policiais militares, somente interferindo para garantir as liberdades públicas do investigado e assegurar a efetividade da jurisdição penal militar. É a sua imparcialidade que está em jogo. Juiz não investiga, não acusa, só julga. O controle do arquivamento e do desarquivamento do IPM, na realidade, deve ficar a cargo do MPM, garantindo-se, obviamente ao ofendido sua manifestação. Lamentavelmente, o primeiro controle – o do arquivamento – ainda permanece sob o abrigo do Poder Judiciário.

Em boa hora, repita-se, a Lei nº 13.964/2019 – Pacote Anticrime – deu nova redação ao art. 28 do CPP Comum, expurgando o Poder Judiciário da esdrúxula – e esquisita – função de fiscal do princípio da obrigatoriedade referente ao controle do arquivamento do inquérito policial ou de quaisquer elementos informativos da mesma natureza, vez que o MP não mais requer tal pedido e sim ele mesmo ordena, qual seja, determina tal medida. O verbo ordenar empregado na redação do *caput* do art. 28 tem cunho ditatorial incompatível com o atuar do Parquet. Infeliz o emprego de tal verbo.

Diga-se que esta situação anômala já tinha sido colocada de lado pela Justiça Federal, com base no art. 62, inciso IV, da Lei Complementar nº 75/93, que atribui às Câmaras de Coordenação e Revisão do MP Federal competência para **"manifestar-se sobre o arquivamento de inquérito policial, inquérito parlamentar ou peças de informação, exceto nos casos de competência originária do Procurador-Geral"**. No mesmo passo, renove-se, o art. 136, inciso IV, da citada Lei Complementar, no âmbito do Ministério Público Militar da União, dispõe que cabe a decisão final à Câmara de Coordenação e Revisão do MPM da União, exceto nos casos de competência originária do Procurador-Geral.

Entretanto, como já dito, a eficácia do art. 28 do CPP Comum, com a redação dada pela Lei nº 13.964/2019, foi suspensa em face de medida cautelar concedida pelo **Min. LUIZ FUX** nos autos da **ADI nº 6.305 (j. 22/01/2020)**, determinando, inclusive, com base no art. 11 da Lei nº 9.868/99, que a redação revogada do art. 28 permaneça em vigor enquanto perdurar esta medida cautelar.

Por fim, faça-se justiça ao brilhante jurista **EUGENIO PACELLI** que no seu Anteprojeto de lei enviado ao Congresso Nacional, há alguns anos, já previa este mecanismo de supressão do controle judicial, embora não contemplasse a revisão obrigatória da decisão de arquivamento prevista nos §§ 1º e 2º.

A respeito da discussão sobre a inconstitucionalidade da letra "c", do inciso "I", do art. 14, da Lei nº 8.457/92, o cenário era o seguinte.

No passado, o STF decidiu pela legalidade da representação formulada pelo então Juiz Auditor Corregedor da JMU, no sentido da compatibilidade do desfazimento do arquivamento, sendo legítima a atuação do MPM, inexistindo ofensa ao princípio da independência do juiz por subordinar o órgão julgador de primeira instância ao controle administrativo, até porque a decisão judicial que defere o arquivamento do inquérito policial não tem caráter jurisdicional (**HC 74.816/MG, PRIMEIRA TURMA, Rel. Min. MOREIRA ALVES, j. 15/4/97**).

Por derradeiro, esclareça-se que uma Ação Direta de Inconstitucionalidade, foi interposta em 7/10/2008 pelo Procurador-geral da República no **STF – ADI 4.153, Rel. Min. TEORI ZAVASCKI** – questionando a constitucionalidade do polêmico art. 14, inciso I, letra "c", da LOJMU – Lei nº 8.457/92, já que, diante do sistema acusatório que informa o processo penal brasileiro, não há como considerar legítimo um procedimento que é iniciado pela Representação de um magistrado, Juiz-Auditor Corregedor, em função administrativa, contra arquivamento já determinado, de forma regular, por uma autoridade judiciária no pleno exercício de suas funções institucionais, a requerimento do MPM, a quem compete exercer o papel de ***dominus litis,*** nos termos do art. 129, incisos I e VIII, da CF/88, além da gravidade do fato de que o investigado, em momento posterior, seja surpreendido com eventual deferimento da Correição Parcial, sem que a ele tenha sido dada a oportunidade de defesa ou de qualquer forma de participação, violando-se os princípios do contraditório e da ampla defesa. Obviamente que esta **ADI** perdeu seu objeto com o advento da Lei nº 13.774/2018, tendo em **7/5/2019**, o Min. **ALEXANDRE DE MORAES** julgado extinto o processo sem resolução do mérito, com base nos arts. 21, IX, do RI-STF e 485, VI, do CPC, já que, na hipótese de revogação do ato impugnado, antes do julgamento final da ação, ocorrerá a sua prejudicialidade por perda de objeto (**ADI QO748-3/RS, PLENO, Rel. Min. CELSO DE MELLO, DJ de 15/10/2006**).

Consigne-se que a Chefia do MPM, desde 2008, passou a não conhecer da Correição Parcial que tenha sido deferida pelo STM, com base no citado dispositivo legal – LOJMU, art. 14, inciso I, letra "c" – determinando o retorno dos autos à origem para as providências cabíveis, isto é, a manutenção do arquivamento original, ou melhor dizendo, tornando inútil a interposição da Correição Parcial via Juiz-Auditor Corregedor (consulte-se a respeito a nossa **LOJMU ANOTADA, p. 168-173**).

Diga-se, ainda, que o STF, ultimamente, vinha decidindo que a Correição Parcial mediante representação do Corregedor da Justiça Militar, com fulcro no art. 498, letra "b", do CPPM, destina-se a corrigir erro de procedimento incidente sobre o arquivamento irregular do inquérito ou processo e não para impugnar ato jurisdicional, tendo contornos de revisão criminal *pro societate*, inadmissível no ordenamento jurídico, não sendo cabível para atacar decisão de primeiro grau que declarou a extinção da punibilidade pela ocorrência da prescrição da pretensão punitiva, para anulá-la e determinar o desarquivamento dos autos, com o consequente retorno ao Juiz-Auditor para aguardar a apresentação ou captura do acusado, isto é, a perda do ***jus puniendi*** diz respeito à matéria de direito e não a erro procedimental, tornando-se imutável a decisão do juiz-auditor de primeira instância, acobertada que está pela coisa julgada material (**HC 113.036/PR, PRIMEIRA TURMA, Rel. Min. DIAS TOFFOLI, DJE 3/10/2012; HC 110.538/DF,**

SEGUNDA TURMA, Rel. MIN. GILMAR MENDES, j. 5/2/2013; HC 108.952/RJ, Rel. MIN LUIZ FUX, PRIMEIRA TURMA, j. 2/4/2013; HC 112.530/RS, SEGUNDA TURMA, Rel. Min. TEORI ZAVASCKI, j. 30/6/2013).

Assim, poder-se-ia concluir que estas últimas decisões da Corte Suprema estariam a sinalizar que o art. 14, inciso I, letra "c", da LOJMU, seria, em tese, inconstitucional, e que se aguardava, para tanto, a sua manifestação a respeito da Ação Direta de Inconstitucionalidade, proposta pelo Procurador-geral da República, tendo em vista que, conforme a Representação da Procuradoria Geral da JMU que respaldou a interposição da ADI em tela, repita-se, em 2008, as decisões do STF nos **HC 61.301, 68.739, ED no HC 68.739** diziam respeito à alínea "b", do art. 498, do CPPM, e não ao art. 14, inciso I, letra "c", da LOJMU, anteriores a este diploma legal, e mesmo os posteriores pronunciamentos, quais sejam, **HCs 72.925, 74.816 e 78.309-0**, tiveram como paradigma os julgados antes citados, concluindo-se, naquela época, que o STF ainda não tinha se manifestado sobre o polêmico art. 14, inciso I, letra "c". Já existiam manifestações explícitas da Suprema Corte, conforme citado anteriormente, no sentido de que a Correição Parcial intentada pelo então Juiz-Auditor Corregedor não se prestaria para impugnar ato jurisdicional, tendo contornos de revisão criminal ***pro societate***, inadmissível no ordenamento jurídico.

Esta polêmica toda acabou com a revogação expressa do famigerado art. 14, inciso I, letra "c", da Lei nº 8.457/92, concretizado pela Lei nº 13.774/2018. Entretanto, o art. 498, letra "b", do CPPM, voltou a sua redação anterior, qual seja, agora, nos termos dos arts. 12 e 13 da Lei nº 8.457/92, com a nova redação dada pela Lei nº 13.774/2018, a Corregedoria será ocupada pelo Ministro Vice-Presidente do STM e não mais por um Juiz-Auditor Corregedor. Assim, o Ministro Vice-Presidente do STM será parte legítima para intentar correição parcial, tendo como motivação um possível arquivamento irregular em inquérito ou processo (art. 498, letra "b", CPPM).

O art. 160, inciso II, do Regimento Interno do STM, dispõe: *"Art. 160. Admitir-se-á Correição Parcial: II – para corrigir arquivamento irregular, decidido na primeira instância, em inquérito ou processo, em caso de erro de procedimento".* Agora, somente erro de procedimento e não erro de direito permitirá a interposição da Correição Parcial pelo Ministro Corregedor, com base na alínea "b", do art. 498 do CPPM. No entanto, em face do advento do novo art. 28 do CPP, já exaustivamente mencionado, em nosso olhar, esta alínea "b" do art. 498 do CPPM, também não sobreviverá, já que o controle judicial do arquivamento do IPM ou de quaisquer peças informativas foi afastado pelo citado art. 28 do CPP, embora com eficácia suspensa pelo STF. Juiz não tem que controlar arquivamento de IPM, isto já foi dito com todas as letras. O mesmo art. 160, inciso I, do RI, do STM, trata da hipótese de Correição Parcial da alínea "a", do mesmo art. 498 do CPPM, só que interposta pelas partes, qual seja, para ***corrigir erro ou omissão inescusáveis, abuso ou ato tumultuário, em processo cometido ou consentido por Juiz, desde que para obviar tais fatos não haja recurso previsto no Código de Processo Penal Militar e no Regimento da Corte Suprema Castrense.*** Este tipo de correição parcial permanece intocável.

PRAZO PARA INTERPOSIÇÃO DA CORREIÇÃO PARCIAL PELO MINISTRO CORREGEDOR

O prazo para interposição da Correição Parcial pelo então Juiz-Auditor Corregedor, hoje pelo Vice-Presidente do STM, está estabelecido em dois diplomas legais: no **CPPM, art. 498, § 1º** (***É de cinco dias o prazo para o requerimento ou a representação, devidamente fundamentado, contados da data do ato que os motivar***) e no **RI-STM: art. 160, § 2º** (***Na hipótese do inciso II, a Correição Parcial será promovida por Representação do Ministro-Corregedor, com os respectivos relatório e voto, e dirigida ao Tribunal, no prazo de cinco dias da conclusão dos autos de inquérito ou processo mandado arquivar***).

A interposição da Correição Parcial com base na alínea "a", do art. 498, do CPPM dar-se-á através de ***requerimento*** das partes – MPM e defesa – objetivando corrigir erro ou omissão inescusável, abuso ou ato tumultuário em processo, cometido ou consentido por juiz, desde que, para obviar tais fatos, não haja recurso previsto no CPPM. Já a Correição Parcial interposta agora pelo Ministro Vice-Presidente Corregedor para corrigir arquivamento irregular de IPM, estatuída na alínea "b" do art. 498 do CPPM, concretizar-se-á através de ***representação.*** Inicialmente, deve ser ressaltado que, com o advento da Emenda nº 19, de 26/6/2011 ao Regimento que vigia, já revogada pelo novo texto do RI de 2020, que entrou em vigor em 16/7/2020, o STM tinha passado a considerar que o prazo do então Juiz-Auditor Corregedor, no caso de interposição da Correição Parcial para possibilitar o desarquivamento do IPM pelo MPM, iniciar-se-ia a partir ***da conclusão dos autos do IPM arquivado*** ao Juiz-Auditor Corregedor e não ***da data do recebimento no protocolo da Auditoria de Correição*** dos referidos autos do IPM arquivado, como era anteriormente, até a protocolização do pedido no tribunal (STM).

Na ocasião, alguns juristas – **DENILSON FEITOZA, op. cit., p. 1159** – sustentavam, com justa razão, que, tendo em vista o princípio constitucional da liberdade, o Juiz Auditor Corregedor não poderia ficar indefinidamente com o poder de manter o inquérito policial militar em aberto, o que seria um indevido constrangimento à liberdade dos eventuais suspeitos ou indiciados, razão pela qual o prazo de cinco dias deveria ser contado do momento em que o Corregedor tivesse ciência do arquivamento, qual seja, a partir da data de entrada no protocolo da Auditoria de Correição. Se assim não fosse, isso poderia fazer com que, em tese, os autos ficassem aguardando a ciência do Juiz Corregedor, ou seja, a Justiça Militar estaria com os autos, mas poderia declarar a sua inexistência. Em outras palavras, quem fixava o termo *a quo* do prazo para interposição da Correição Parcial era o então Juiz-Auditor Corregedor, pois o marco inicial para a contagem do prazo processual – 5 dias – seria a partir da conclusão dos autos e não da protocolização na

Auditoria de Correição, o que significava que entre esta protocolização e a conclusão não existia prazo estipulado em qualquer dispositivo legal, ficando integralmente em aberto.

Agora, o equívoco foi corrigido conforme se vê do Regimento Interno de 2020, sendo dada nova redação ao § 2° e acrescentado um novo § 3° ao art. 160, *in verbis: "**Art. 160. § 2° Na hipótese do inciso II, a Correição Parcial será promovida por Representação do Ministro Corregedor, com os respectivos relatório e voto, e dirigida ao Tribunal, no prazo de cinco dias da conclusão dos autos de inquérito ou processo mandado arquivar. § 3° A conclusão de que trata o § 2° deste artigo será realizada em até 15 (quinze) dias do registro em protocolo dos autos do inquérito ou processo mandado arquivar à Corregedoria da Justiça Militar**"*.

Portanto, no procedimento anterior, a data do registro do protocolo da então Auditoria de Correição concernente à entrada dos autos da peça inquisitorial arquivada é que seria determinante para a fixação do prazo do então Juiz-Auditor Corregedor para interposição da Correição Parcial, pois, seria a partir dela – ***data do registro da entrada dos autos do IPM arquivado no protocolo da Auditoria de Correição*** – que a **conclusão** ao Juiz-Auditor Corregedor ficaria limitada ao prazo em até 15 dias e não indefinidamente como era antigamente. Dessa forma, na realidade, o prazo do Juiz-Auditor Corregedor para interposição da Correição Parcial seria, no máximo, de **20 dias**, visto que, caso fosse utilizado o total do prazo estabelecido na antiga versão do art. 160, § 3°, isto é, supondo que a data da conclusão ao Juiz-Auditor Corregedor tivesse ocorrido no décimo quinto dia a partir da data do registro no protocolo da Auditoria de Correição, teríamos 15 dias (***da data do registro no protocolo da Auditoria de Correição até a conclusão***) mais 5 dias (***da data da conclusão até a data do protocolo no STM***) para interposição da Correição Parcial (consulte-se a respeito nossa **LOJMU ANOTADA, op. cit., p. 94-95).** Confira-se: **STF, HC 112.977/RJ, SEGUNDA TURMA, Rel. Min. CARMEM LÚCIA, j. 25/2/2014, v.u. O RI-STM-20 manteve este procedimento para o Ministro Corregedor.**

Acentue-se que a Emenda Regimental nº 34/2019 já tinha adaptado o RI do STM à Lei nº 13.774/2018 ao prever, em seu art. 152 que ao invés de "Auditoria de Correição" deveria ser lido "Corregedoria da Justiça Militar", em nada mudando a sistemática que a então Emenda Regimental nº 19/2011 disciplinou anteriormente. Com o surgimento do Regimento Interno de 2020 as emendas referidas foram revogadas. Atualmente, pelo RISTM de 2020, o § 2º, do art. 160, também menciona a competência do Ministro Corregedor.

RITO DA CORREIÇÃO PARCIAL

a) Hipótese da alínea "a", do art. 498, do CPPM

Na hipótese de interposição da Correição Parcial para o fim de ser corrigido erro ou omissão inescusáveis, abuso ou ato tumultuário, em processo, cometido ou consentido por juiz, desde que, para obviar tais fatos, não haja recurso previsto no CPPM, o requerimento da parte, se apresentado no prazo legal, será recebido pelo Juiz Federal da JMU, que ouvirá a outra parte e o encaminhará ao Tribunal com as razões de sustentação do ato impugnado conforme estabelece o § 1º, do art. 160, do Regimento Interno do STM.

b) Hipótese da alínea "b", do art. 498, do CPPM

Na hipótese de interposição mediante representação do Ministro Corregedor, para corrigir arquivamento irregular em inquérito ou processo, nos termos do preceituado no § 2º, do art. 160, do Regimento Interno do STM, a Correição Parcial será promovida pelo Ministro Corregedor, com os respectivos relatório e voto, no prazo de cinco dias da conclusão dos autos de inquérito ou processo mandado arquivar, bem como será realizada em até quinze dias da remessa dos autos do inquérito ou processo mandado arquivar à Corregedoria da Justiça Militar (art. 160, §§ 2º e 3º), no prazo de cinco dias da conclusão, após o recebimento na

Corregedoria, dos autos de inquérito mandado arquivar ou de processo findo. Como falamos anteriormente, em face do advento do novo art. 28 do CPP, já exaustivamente mencionado, em nosso pensar, esta alínea "b", do art. 498, do CPPM, também não sobreviverá, já que o controle judicial do arquivamento do IPM ou de quaisquer peças informativas foi afastado pelo citado art. 28 do CPP, embora com eficácia suspensa pelo STF. Juiz não tem que controlar arquivamento de IPM, isto já foi dito com todas as letras.

c) No STM

A Correição Parcial será processada e julgada no rito estabelecido no Regimento Interno para o Recurso em Sentido Estrito na conformidade do previsto no seu no art. 162.

LEGITIMIDADE DO ASSISTENTE DE ACUSAÇÃO NO PROCESSO PENAL MILITAR

1) Na esfera processual penal comum

De acordo com a dicção do § 1º, do art. 65, do CPPM, *in fine*, não poderá o Assistente de Acusação interpor recurso salvo da decisão que indeferir o pedido de Assistência. No CPP Comum, tem o Assistente de Acusação legitimidade recursal para recorrer da decisão de ***impronúncia*** (art. 416), da ***absolvição definitiva*** (art. 598) e da ***absolvição sumária por extinção da punibilidade*** (art. 397, IV), sempre na hipótese de inércia do MP, verdadeira condição de admissibilidade recursal.

Juristas de renome – **FERNANDO DA COSTA TOURINHO FILHO, "PROCESSO PENAL", vol. 2, Editora Saraiva, 2012, p. 610** – ponderam que tal possibilidade relaciona-se ao interesse de obtenção de uma sentença condenatória para fins eminentemente patrimoniais causados pela prática do delito, já que o *decisum* definitivo constitui título executivo judicial (CPC, art. 475-N, inciso II, já revogado, e atualmente, CPC/2015, art. 515, inciso VI). Enfim, na esteira deste pensamento doutrinário, o Assistente de Acusação deverá perseguir a consecução de uma sentença condenatória com trânsito em julgado, seja para que possa proceder a execução no cível do valor mínimo nela fixado para reparação dos danos causados pela infração, a teor do previsto no art. 387, inciso IV, do CPP Comum, seja para posterior liquidação para apuração do dano efetivamente sofrido (CPP Comum, art. 63, parágrafo único), possuindo, assim, legitimidade para interpor os recursos de apelação contra a impronúncia e absolvição definitiva e o Recurso em

Sentido Estrito contra a decisão que julgar extinta a punibilidade (**AURY LOPES JR, op. cit., p. 768**).

Por outro lado, determinada corrente de doutrinadores posiciona-se no sentido do interesse do Assistente de Acusação em uma condenação justa e proporcional (**STJ, REsp. 135.549, SEXTA TURMA, Rel. Min. LUIZ VICENTE CERNICHIARO, DJ 26/10/98**), já tendo o STJ decidido favoravelmente à interposição recursal para afirmar a legitimidade do Assistente para agravar a pena (**HABEAS CORPUS 49.566/MG, SEXTA TURMA, Rel. Min. PAULO GALLOTTI, DJU 26/5/2008**).

O STF possui duas súmulas a respeito da legitimidade do assistente de acusação: **Súmulas 210** ***(o assistente do Ministério Público pode recorrer extraordinariamente, na Ação Penal, nos casos dos artigos 584, § 1º e 598 do Código de Processo Penal)*** e **208** (***o assistente do Ministério Público não pode recorrer, extraordinariamente, de decisão concessiva de Habeas Corpus***).

Com a reforma de 2008 – Leis 11.689/2008 e 11.719/2008 – e com o advento da Lei nº 12.403/2011, aumentaram as atribuições dessa figura, como, por exemplo, sua legitimidade para requerer ***o desaforamento*** (CPP Comum, art. 427) e a viabilidade para requerer ***a decretação da prisão preventiva*** (CPP Comum, art. 311). Quanto ao prazo do Assistente de Acusação para recorrer será iniciado a partir do término daquele reservado ao MP e, no caso de já habilitado nos autos ao tempo da sentença, o seu prazo será igual ao do MP (CPP Comum, art. 593) e, se não estiver habilitado, será de 15 dias, com início na mesma data, desde que tenha o prazo terminado para o *Parquet* (CPP Comum, art. 598).

De se registrar o disposto na **Súmula 448,** do STF: ***"o prazo para o assistente recorrer supletivamente começa imediatamente após o transcurso do prazo para o Ministério Público".*** Este, em linhas gerais, o panorama com relação ao Assistente de Acusação na legislação processual penal comum.

2) Na esfera processual penal militar

No processo penal militar, como já afirmado anteriormente, existe dispositivo legal expresso vedando tal pretensão de recurso ao Assistente de Acusação (art. 65, § 1º), a ele competindo, com a concordância do magistrado e ouvido o MPM: a) ***propor meios de prova***; b) ***requerer perguntas às testemunhas, fazendo-o depois do procurador;*** c) ***apresentar quesitos em perícia determinada pelo juiz e ou requerida pelo MPM***; d) ***juntar documentos***; e) **arrazoar *os recursos interpostos pelo MPM***; f) ***participar do debate oral***. Este rol é taxativo, e não ampliativo (*Numerus clausus*).

Já parcela de estudiosos do Direito Militar alega, inobstante as restrições existentes no processo penal militar, tendo em vista as peculiaridades de sua índole (CPPM, art. 3º, letra "a"), ser possível transportarem-se as normas processuais penais comuns que regem a matéria da Assistência de Acusação para a legislação castrense, de modo a suprir suas omissões, especialmente, devido à finalidade da sua intervenção: ***reparação do dano causado pelo delito militar*** (**JORGE CESAR DE ASSIS, COMENTÁRIOS AO CPPM, Artigos 1º a 383, 4ª edição, Juruá Editora, 2012, p. 135). NUCCI, CPPM COMENTADO, 2014, p. 99,** insurge-se igualmente com tal vedação, sob alegação de que a vítima tem o direito de participar do processo de forma integral, valendo-se de todos os recursos admissíveis para o órgão acusatório e para a defesa.

O **STM** tem posição solidificada a respeito sob a argumentação de que qualquer legislação extravagante estranha ao processo penal militar, que não seja inerente à ação penal pública, implica haver prejuízo a sua índole (CPPM, art. 3º, letra "a"), como também por não contemplar o Código Adjetivo Castrense a figura do Assistente como parte legítima para recorrer, a teor do disposto nos arts. 511 e 530 (**APELAÇÃO 037-87.20008.02.0102, Rel. Min. JOSÉ AMÉRICO DOS SANTOS, j. 16/12/2010**).

Seguindo essa linha de entendimento da Corte Máxima Castrense, o **STJ,** em época passada, ao abordar o tema relativo à incidência dos arts. 88 e 91 da Lei nº 9.099/95 – obrigatoriedade da representação como condição de procedibilidade no delito militar de lesão corporal leve – explicitou considerações a respeito da estrutura sistêmica, quase fechada, das legislações penal e processual penal militares, válidas para o ora questionamento, deixando consignado que a reparação do dano se apresenta no CPM, na forma de arrependimento ***post factum***, como, por exemplo, nos arts. 123, 250, 253, 254, 260, parágrafo único e 303, § 4º, inciso VI, do mesmo diploma legal.

Na concepção da citada Corte de Justiça (STJ), no terreno penal militar não há qualquer preocupação, ou ainda, consideração em relação aos efeitos concretamente danosos para o eventual ofendido (ou sua família) em decorrência da ação penal militar. O *strepitus fori* não é levado em conta, como, por exemplo, nos crimes contra a honra – arts. 214 a 221, no delito de ameaça – art. 223, no crime de corrupção de menores – art. 234, etc., tendo em vista que, ao contrário da legislação penal comum, a ação penal militar é pública incondicionada, já que o bem jurídico tutelado apresenta contornos diferentes da esfera do Direito Penal comum, pois o Estado é diretamente atingido pela conduta delituosa, apresentando-se como sujeito passivo material, e não apenas formal, podendo ser o único ou acompanhado de outro prejudicado pelo comportamento criminoso, mas é o Estado, efetivamente, em todos os casos, o sujeito passivo (**RECURSO ESPECIAL 126.654, QUINTA TURMA, Rel. MIN. FELIX FISCHER, j. 19/5/1988).**

De todo o exposto, sem embargo dos importantes fundamentos que amparam a impossibilidade do Assistente de Acusação recorrer na esfera processual militar, não resta a menor dúvida que seu interesse em tal pretensão, na omissão do MPM, é perfeitamente válido, como, por exemplo, no caso de uma sentença absolutória por crime de homicídio em que o membro do

Parquet adere ao pronunciamento judicial, nada impedindo que venham a interpor recurso de apelação os pais ou avós da vítima, seus filhos ou netos e também o seu cônjuge, embora este último não esteja relacionado no art. 60, parágrafo único, do CPPM, devendo ser manejado o art. 2º, § 1º – interpretação extensiva – para sua inclusão no rol dos legitimados. Na ausência dos ascendentes, se o ofendido for menor de 18 anos, deverá se habilitar o seu tutor e, se incapaz, o seu curador.

Não deve ser esquecido que a função do Assistente de Acusação é de auxiliar, assistir, ajudar o MPM e, de forma secundária, garantir os seus reflexos quanto à indenização civil dos danos causados pelo autor do crime, o que é confirmado pelo art. 109, inciso I, do CPM, quando dispõe que a indenização civil dos danos é um dos efeitos da condenação penal e pelo art. 515, inciso VI, do novo Código de Processo Civil de 2015, que elenca a sentença condenatória transitada em julgado, seja ela oriunda da Justiça Comum ou da Justiça Militar, como documento hábil para promoção da execução civil.

RECURSOS CONSTITUCIONAIS DE COMPETÊNCIA DO STF RELATIVOS À JUSTIÇA MILITAR DA UNIÃO

São os seguintes os recursos constitucionais de competência do STF que atualmente podem ser manejados no que concerne à Justiça Militar da União:

I) Recurso ordinário

Com o advento da CF/88 foram revogados os arts. 563, alínea "a" e 564 do CPPM que diziam respeito ao recurso ordinário para o STF contra as instituições militares e contra a segurança nacional. Assim, somente as alíneas "b" (decisões denegatórias de habeas corpus) e "c" (recurso extraordinário) do art. 563 do CPPM estão em vigor, com base, respectivamente, no art. 102, inciso II, alínea " a", da CF/88, e nos arts. 568 e 569 do citado Código. É cabível o recurso ordinário das seguintes decisões proferidas pelo STM:

1) De decisão denegatória em mandado de segurança (art. 102, inciso II, alínea "a", CF/88; arts. 33 a 35, Lei nº 8.038/90; arts. 307 a 309, RI-STF; arts. 133 e 135, RI-STM)

Este recurso está previsto no art. 102, inciso II, alínea "a", da CF/88, sendo cabível de decisão denegatória em mandado de segurança, proferida pelo STM. Conforme decidiu o **STF** no **RMS 22.406, PRIMEIRA TURMA, Rel. Min. CELSO DE MELLO, j. 19/3/1996**, para efeito de interposição de recurso ordinário, qualificam-se como decisões denegatórias tanto as que indeferem o mandado de segurança quanto aquelas que dele não o conhecem, com a consequente extinção do processo, sem julgamento da controvérsia material suscitada.

a) Procedimento

No que concerne aos requisitos de admissibilidade e de procedimento aplicam-se as regras relativas à apelação do CPC (art. 133, parágrafo único, RI-STM). Instruído o recurso com os documentos que o recorrente houver anexado, subirão eletronicamente ao STF, logo depois de lavrado o termo de recurso, dentro do prazo de quinze dias, contados da apresentação das contrarrazões, e com os esclarecimentos que ao Presidente do STM parecer convenientes (art. 135, RI-STM).

b) Prazo (art. 133, RI-STM)

O prazo será de 15 dias com base no art. 33 da Lei nº 8.038/90 e no art. 1.003, § 5º, do CPC/2015, sendo o termo inicial a data da intimação do impetrante do acórdão que denegou o *writ*, seguindo a regra geral do art. 798, § 5º, do CPP Comum, aplicável ao CPPM, por analogia (art. 3º, alínea "e", CPPM). No mesmo passo, o art. 133 do RI-STM.

2) De decisão denegatória em habeas corpus (art. 102, inciso II, alínea "a", CF/88; arts. 568 e 569, CPPM; arts. 30 a 32 da Lei nº 8.038/90; arts. 310 a 312, RI-STF; arts. 134 e 135, RI-STM)

O art. 102, inciso II, alínea "a", da CF/88, prevê a interposição de recurso ordinário em habeas corpus para o STF da decisão denegatória em habeas corpus proferida em única instância pelos Tribunais Superiores (STM). É denegatória a decisão que julga o habeas corpus em seu mérito, isto é, julgando-o improcedente.

Também será denegatória a decisão que não conhece do habeas corpus por impropriedade da via eleita.

a) Procedimento

Será interposto nos próprios autos em que foi proferida a decisão recorrida, por petição eletrônica dirigida ao Presidente do STM, com as razões do pedido de reforma. Os autos subirão ao STF com os documentos oferecidos pelo recorrente, dentro de 15 dias, como também com os esclarecimentos que ao Presidente do STM e ao Procurador-Geral da JMU parecerem convenientes (art. 569, CPPM). Assinale-se que o recurso ordinário em habeas corpus não se sujeita ao requisito do prequestionamento na decisão impugnada para o seu conhecimento, bastando que a coação seja imputável ao órgão de instância inferior, o que tanto ocorre quando esse haja examinado e repelido a ilegalidade aventada, quando se omite de decidir sobre a alegação do impetrante ou de matéria sobre a qual, no âmbito de conhecimento da causa a ele devolvida, devesse se pronunciar de ofício (**STF, HABEAS CORPUS 85.702/PE, PRIMEIRA TURMA, REL. MIN. SEPÚLVEDA PERTENCE, j. 13/9/2005**).

b) Prazo (art. 134, RI-STM)

Deverá ser interposto nos próprios autos em que for proferida a decisão recorrida, por petição eletrônica dirigida ao Presidente, no prazo de cinco dias, contados da publicação do acórdão ou da intimação em pública audiência na presença das partes (art. 30, Lei nº 8.038/90, art. 310, RI-STF e art. 134, RI-STM). Releva notar que a intempestividade do recurso ordinário em habeas corpus não inviabiliza a análise de fundo, situação em que o recurso é conhecido como pedido originário de habeas corpus conforme vem decidindo o STF (**RHC 91.442/RJ, PRIMEIRA TURMA, REL. MIN. CARLOS BRITTO, j. 11/9/2007**).

Anteriormente, o entendimento da Suprema Corte era que seria intempestivo recurso interposto fora do prazo, contado a partir da publicação do acórdão, quanto aquele apresentado antes dessa publicação (**RHC 83.662/RJ, PRIMEIRA TURMA, REL. MIN. EROS GRAU, j. 3/8/2004**). No tocante a este último ponto – recurso interposto antes da publicação do acórdão – o § 4º, do art. 218, do novo CPC, determina que será considerado tempestivo o ato praticado antes do termo inicial do prazo. Igualmente a Corte Máxima de Justiça do nosso país vem decidindo que contra a denegação de habeas corpus por Tribunal Superior prevê a Carta Magna remédio jurídico expresso, que é o recurso ordinário, sendo assim, na dicção do seu art. 102, inciso II, alínea "a", trata-se de manifesta burla ao preceito constitucional em tela a impetração de novo habeas corpus em caráter substitutivo, escamoteando o instituto recursal próprio (**HABEAS CORPUS 114.821/MG, PRIMEIRA TURMA, REL. MIN. ROSA WEBER, j. 18/3/2014**).

No mesmo sentido ao inadmitir habeas corpus substitutivo de recurso ordinário (**HABEAS *CORPUS* 109.956/PR, PRIMEIRA TURMA, REL. MIN. MARCO AURÉLIO, DJe de 11/9/2012; HABEAS CORPUS 104.045/RJ, PRIMEIRA TURMA, REL. MIN. ROSA WEBER, DJe de 6/9/2012; HABEAS CORPUS 108.181/RS, PRIMEIRA TURMA, REL. MIN. LUIZ FUX, DJe de 6/9/2012**).

II) Recurso extraordinário

1) Regime jurídico (art. 102, inciso III, alíneas "a" a "d", CF/88; arts. 1.029 a 1.042, CPC/2015; arts. 321 a 329, RI-STF; arts. 136 a 139, RI-STM)

O recurso extraordinário tem por objetivo a preservação da autoridade e da integridade da Constituição, tutelando o direito objetivo e não os direitos subjetivos. Sua principal finalidade é a questão constitucional decidida. É dela que se alimenta o recurso extraordinário. Com o advento da Lei nº 13.105, de 16/3/2015, que criou o CPC, as normas sobre os recursos especial e extraordinário e agravos contra a denegação dos referidos recursos devem ser buscadas neste novel Código. Advirta-se que o art. 1.072, inciso IV, do CPC de 2015, revogou, de modo expresso, os arts. 26 a 29 da Lei nº 8.038/90 que regulavam o recurso extraordinário.

GUSTAVO HENRIQUE BADARÓ, em seu excelente **"MANUAL DOS RECURSOS PENAIS", Editora Revista dos Tribunais, 2018, p. 376,** critica tal revogação, já que, na sua opinião, deixou de haver uma disciplina específica para o recurso extraordinário, recurso especial e os agravos em recurso especial e extraordinário no âmbito do processo penal, devendo assim as regras pertinentes a tais recursos serem pautadas pelo novo CPC. E diz ainda **BADARÓ, op. cit., p. 377**, que a disciplina unitária, não é em si, criticável, citando **FREDERICO MARQUES** que em suas **"INSTITUIÇÕES DE DIREITO PROCESSUAL CIVIL", 3ª edição, Forense, 1996, v. 2, p. 353-354,** já afirmava que o recurso extraordinário não pertence ao processo civil nem ao processo penal e tampouco ao processo trabalhista, ou ao processo comum, ou ao processo penal militar ou ao processo eleitoral, superpondo-se a todos esses segmentos de regulamentação da atividade jurisdicional, ele somente pode localizar-se na esfera jurídica em que diretamente incide a Constituição Federal.

2) Cabimento (art. 102, inciso III, alíneas "a" a "d", CF/88)

O recurso extraordinário tem o seu cabimento no art. 102 inciso III, alíneas "a" a "d", da CF/88, *verbis*: ***"art. 102. Compete ao Supremo Tribunal Federal, precipuamente, a guarda da Constituição, cabendo-lhe: III) julgar, mediante recurso extraordinário, as causas decididas em única ou última instância, quando a decisão recorrida: a) contrariar dispositivo desta Constituição; b) declarar a inconstitucionalidade de tratado ou lei federal; c) julgar válida lei ou ato de governo local contestado em face desta Constituição; d) julgar válida lei local contestada em face de lei federal".***

Pode-se dizer que somente as duas primeiras hipóteses constitucionais são cabíveis em virtude da competência restrita da Justiça Militar conforme assinala **CÉLIO LOBÃO, op. cit., p. 621**. Assim, caberá recurso extraordinário para o STF das decisões proferidas em última ou única instância pelo STM nos casos das alíneas "a" e "b", do inciso III, do art. 102, da CF/88, ou seja, quando não couber, na Justiça de origem, mais qualquer recurso ordinário. A Súmula 281 do STF disciplina, categoricamente, que ***"é inadmissível o recurso extraordinário quando couber, na Justiça de origem, recurso ordinário da decisão impugnada"***. Sobre a interpretação da expressão "***causas decididas***", anote-se que a decisão tem que ser jurisdicional, não havendo qualquer óbice no que concerne à natureza do processo, isto é, seja ele de conhecimento, executório ou cautelar, somente sendo excluído aquele de cunho administrativo. No que diz respeito ao objeto da decisão a questão poderá ser de cunho processual e de mérito.

3) Prequestionamento

3.1) Prequestionamento explícito

É sólido o entendimento do STF no sentido de que não será admitido recurso extraordinário quando a matéria não for objeto de manifestação explícita no juízo de origem, bem como se não forem oferecidos embargos declaratórios com a finalidade de ver discutida a questão constitucional controvertida, isto é, o prequestionamento da matéria que se objetivava ver submetida à instância extraordinária. Isto quer significar que a matéria central do recurso extraordinário, obrigatoriamente, deva ter sido examinada, de alguma forma, na decisão recorrida. A expressão "***causas decididas***" é suficientemente clara no sentido de que o tema relativo ao enquadramento constitucional tenha sido debatido e decidido pela instância inferior. De decisão que omite qualquer discussão sobre questão constitucional, não cabe o manejo do recurso extraordinário.

Diz-se prequestionado determinado tema quando o órgão julgador tenha adotado entendimento explícito a respeito, contando a parte sequiosa de ver o processo guindado à sede extraordinária como remédio legal para compeli-lo a tanto – os embargos declaratórios (**RE 128.518-4/DF, TRIBUNAL PLENO, Rel. Min. MARCO AURÉLIO, j. 27/9/1990**). Certo também é que em recurso extraordinário criminal perde relevo a discussão em torno de requisitos específicos, qual o do prequestionamento, sempre que – evidenciando-se a lesão ou a ameaça à liberdade de locomoção – seja possível a concessão de habeas corpus de ofício (**RE 273.363-6/MG, PRIMEIRA TURMA, Rel. Min. SEPÚLVEDA PERTENCE, j. 5/9/2000**).

As Súmulas do STF **282** (***é inadmissível o recurso extraordinário, quando não ventilada, na decisão recorrida, a questão federal suscitada***) e **356** (***o ponto omisso da decisão, sobre o qual não foram opostos embargos declaratórios, não pode ser objeto de recurso extraordinário, por faltar o requisito do prequestionamento***) são incisivas nesse sentido. Nada impede que os embargos declaratórios sejam esgrimados caso a matéria não tenha sido, expressamente, debatida no acórdão recorrido, justamente com o fito de forçar o prequestionamento.

Tais embargos declaratórios pressupõem que a matéria já foi apontada pelas partes, diretamente, nas razões recursais para o tribunal local, omitindo-se, entretanto, no acórdão que se pretende alvejar. Repita-se: a **Súmula 356** do STF não deixa dúvidas a respeito: "***o ponto omisso da decisão, sobre o qual não foram opostos embargos declaratórios, não pode ser objeto de recurso extraordinário, por faltar o requisito do prequestionamento***".

Diga-se, ainda, que o art. 1.025 do CPC, por analogia, é aplicável ao processo penal ao determinar que se consideram incluídos no acórdão os elementos que o embargante suscitou, para fins de prequestionamento, ainda que os embargos de declaração sejam inadmitidos ou rejeitados caso o tribunal superior, diga-se o STM, considere existente erro, omissão, contradição ou obscuridade.

3.2) reexame de prova

Incabível a utilização do recurso extraordinário para impugnação de matéria de fato. Somente a questão constitucional é que serve de base para cabimento do recurso extraordinário. Não é admitido o reexame de questão de fato conforme prevê a **Súmula 279 (para simples reexame de prova, não cabe recurso extraordinário).**

4) Repercussão geral (art. 102, § 3º, CF/88; art. 1.035, §§ 1º, 2º e 3º, CPC/2015; arts. 13, inciso V, letra "c", 322 a 329, RI-STF).

A Emenda Constitucional 45/2004, incluindo um § 3º ao art. 102 da CF/88, obrigou que a questão constitucional embutida nos recursos extraordinários possua repercussão geral a fim de que seja analisada pelo STF, sendo o instituto regulamentado mediante alterações no Código de Processo Civil e no Regimento Interno do STF. Com o advento da Lei nº 13.256/2016, o art. 1.035 do novo CPC foi reformulado, provocando mudanças significativas no panorama da repercussão geral. Trata-se de um requisito especial para exame da admissibilidade do recurso extraordinário. A exigência da demonstração formal e fundamentada no recurso extraordinário da repercussão geral das questões constitucionais discutidas só incide quando a intimação do acórdão recorrido tenha ocorrido a partir de 3/5/2007, data da publicação da Emenda Regimental 21, de 3/4/2007 (**STF, QO no AI 664.567/RS**).

É um instrumento que filtra as questões de maior relevo que o STF deverá apreciar para cumprir seu papel constitucional. Daí a razão do quorum de 2/3 da Corte Máxima de Justiça para que essa questão seja admitida, legitimando tal admissibilidade de forma contundente. Consigne-se, por outro lado, que, embora o novo CPC – Lei nº 13.105, de 16/3/2015 – aborde a repercussão geral, isto não quer significar que não seja aplicável na esfera penal. Aliás, de acordo com a tradição da Corte Suprema de Justiça, os requisitos do recurso extraordinário cível são aplicáveis ao recurso extraordinário criminal. O art. 1.035 do CPC disciplina que o STF não conhecerá do recurso extraordinário, em decisão irrecorrível, quando a questão constitucional nele versada não tiver repercussão geral.

Quando ocorrerá a repercussão geral? O § 1° do citado art. 1.035 do novo CPC responde ao questionamento: "***para efeito de repercussão geral será considerada a existência, ou não, de questões relevantes do ponto de vista econômico, político, social ou jurídico, que ultrapassem os interesses subjetivos da causa***". Também no § 3° do mesmo art. 1.035 indicam-se dois casos em que ocorrerá a repercussão geral, quais sejam, "***sempre que o recurso impugnar acórdão que contrarie súmula ou jurisprudência dominante do STF (inciso I) ou que tenha reconhecido a inconstitucionalidade de tratado ou lei federal, nos termos do artigo 97 da CF (inciso III)***". Por sua vez, na forma do § 2° do referido dispositivo legal – art. 1.035 – o recorrente deverá demonstrar a existência de repercussão geral para apreciação exclusiva pelo STF. A decisão de repercussão geral é irrecorrível a teor do art. 326, 1ª parte, do RI-STF.

5) Repercussão geral no processo penal

A temática da repercussão geral, como referido anteriormente, foi instituída com o advento da Emenda Constitucional 45, de 30/12/2004, que acrescentou um § 3° ao art. 102, da CF/88, impondo como núcleo do recurso extraordinário tal instituto, *verbis:* "***No recurso extraordinário o recorrente deverá demonstrar a repercussão geral das questões constitucionais discutidas no caso, nos termos da lei, a fim de que o tribunal examine a admissão do recurso, podendo recusá-lo pela manifestação de dois terços de seus membros***". Antes da chegada do CPC/2015, a regulamentação desse dispositivo sobreveio com a Lei n° 11.418/2006 que se limitou a alterar o então texto vigente do CPC, deixando um vazio no que tocava à disciplina do recurso extraordinário de natureza criminal.

Naquela ocasião, portanto, repita-se, bem antes do ora vigorante CPC de 2015, discutiu-se em **18/6/2007**, na **QUESTÃO DE ORDEM NO AGRAVO DE INSTRUMENTO 664.567-QO/RS**, no **PLENO** do **STF**, sendo relator **Min. SEPÚLVEDA PERTENCE, j. 6/9/2007**, esta questão referente à incidência ou não da repercussão geral no recurso extraordinário criminal. A indagação que se fazia era a seguinte: **Todo recurso extraordinário criminal, por sua natureza protetiva da liberdade de locomoção, já possui, internamente, repercussão geral, sendo despicienda sua demonstração formal?** Ou em outras palavras: **O fato de a matéria ser de natureza criminal torna-a *ipso facto* relevante para fins de admissibilidade do recurso extraordinário?** Vejamos, de forma sumária, o que ficou acertado no acórdão entelado.

De início, admitiu-se que os recursos criminais de um modo geral possuíssem um regime jurídico dotado de certas peculiaridades que não afetariam substancialmente a disciplina constitucional comum reservada a todos os recursos extraordinários, como, por exemplo: ***a) aplicabilidade da Lei nº 8.038/90 somente ao recurso extraordinário criminal, o mesmo não ocorrendo com relação às causas cíveis, especialmente no tocante ao prazo de 5 dias para sua interposição, de acordo com a citada lei, não se aplicando o disposto a respeito nas alterações da Lei nº 8.950/94 ao Código de Processo Civil (Súmula 699 do STF); b) dispensabilidade do preparo no recurso extraordinário criminal em ações penais públicas; c) incidência do princípio da isonomia, sendo inaplicável ao processo penal o prazo em dobro para recorrer que possui o MP nos processos cíveis; d) contagem do prazo a partir da intimação do MP e do defensor Público e não da juntada aos autos do mandado conforme reza a Súmula 710 do STF; e) a regra geral no processo penal (CPP, art. 798), que os prazos processuais fluem nas férias, não é válida para o recurso extraordinário criminal desde o advento da Lei Complementar 35/79 – LOMAN e, finalmente; f) o prazo para interposição de embargos declaratórios contra decisões do STF seria de 5***

dias e não de 2 dias (CPP, art. 619). Enfim, o Ministro Relator **SEPÚLVEDA PERTENCE** explicitou em seu voto que tais peculiaridades dizem respeito a requisitos formais ligados a prazos, formas de intimação e outros, que não alteram o modelo constitucional aplicável independentemente da matéria discutida, modelo esse decorrente, precipuamente, do próprio âmbito de admissibilidade e devolutividade que a Constituição Federal estabelece para o recurso extraordinário (art. 102, inciso II).

Acentuou, ainda, naquela oportunidade, o Ministro Relator que, apesar da alteração formalmente ter atingido apenas o CPC, a regulação se aplicava plenamente ao recurso extraordinário criminal, seja porque a repercussão geral passou a integrar a disciplina constitucional de todos os recursos extraordinários, seja porque parecia inequívoca a finalidade da então vigente Lei nº 11.418/2006 de regulamentar o instituto nessa mesma extensão, não emprestando maior relevo a circunstância de ter sido alterado apenas texto do CPC, tendo em vista o caráter geral das normas nele inseridas pela citada lei, e que, de qualquer modo, não haveria nenhum óbice à sua aplicação subsidiária ou por analogia.

Dessa maneira, esta decisão na **QUESTÃO DE ORDEM** no **AGRAVO DE INSTRUMENTO 664.567-2/RS** especificou, taxativamente, as condições que devem ser observadas no recurso extraordinário de natureza criminal, a saber: ***1) deve ser exigida a demonstração da repercussão geral das questões constitucionais discutidas em qualquer recurso extraordinário seja de natureza criminal, seja de natureza cível, já que o regramento é unificado; 2) não há que se falar em uma imanente repercussão geral de todo recurso extraordinário em matéria criminal, porque em jogo, de regra, a liberdade de locomoção.*** É dizer: não é o fato de a matéria ser de cunho criminal que a torna, automaticamente, relevante para fins de admissibilidade do recurso extraordinário, já que este tem como alvo preservar a autoridade e a uniformidade da inteligência da Constituição Federal, o que se reforça com a necessidade de repercussão geral das questões constitucionais nele versadas, assim entendidos aquelas que ultrapassem os interesses subjetivos da causa (art. 1.035, § 1º, CPC/2015), entendimento esse que tem sido reiterado (**AGRAVO REGIMENTAL 702.088-60/GO, PRIMEIRA TURMA, DJ em 21/11/2008**).

E continua o Ministro Relator **SEPÚLVEDA PERTENCE** a sustentar em seu denso e brilhante voto que relevo para as partes sempre haverá num conflito entre a pretensão de punir do Estado e o direito de liberdade de determinado cidadão, e que para efeito de repercussão geral, contudo, considera-se, mais do que isso, a existência ou não, de questões relevantes do ponto de vista econômico, político, social ou jurídico, que ultrapassem os interesses subjetivos da causa, sendo o habeas corpus o remédio constitucional para obviar a ameaça ou lesão à liberdade de locomoção, não havendo uma questão sequer passível de discussão no recurso extraordinário da defesa que não possa ser discutida naquela ação autônoma de impugnação com muito mais vantagens, como, por exemplo, a não sujeição a prazos, pouco importando se a ofensa à Constituição ocorra de modo indireto ou reflexo, a não exigência de prequestionamento, enquanto, no recurso extraordinário devem ser considerados os fatos da causa embutidos no acórdão recorrido, permissão de análise de prova documental inequívoca em sede de habeas corpus, complementação de diligências determinadas pelo relator do habeas corpus, a prioridade de julgamento cuja consequência tem feito com que as partes suscitadas cheguem ao STF antes mesmo do julgamento definitivo do processo principal.

Na realidade, como é notório, parte dos recursos de natureza extraordinária do réu em matéria criminal revelam-se como instrumentos utilizados para ganhar tempo, na expectativa da consumação da prescrição, sobretudo pelo nosso sistema que admite que se tome por base a pena concretizada na sentença. Enfim, o *habeas corpus* é o remédio constitucional super-extraordinário, superando qualquer outro previsto na CF/88, tornando o recurso extraordinário criminal mero instrumento para discussões acadêmicas, sem nenhum efeito imediato para a liberdade do cidadão – objeto principal de qualquer recurso criminal. Remédio constitucional de mil e uma utilidades é o *habeas corpus*. Reveste-se de tanta importância no cenário jurídico criminal como instrumento multifacetário que, por vezes, serve para determinar a liberação do cidadão que está segregado cautelarmente pela primeira instância, ultrapassando todas as instâncias, em decisão *per saltum*, bastando que se interprete, com a largueza necessária, o famoso ***habeas corpus*** de ofício previsto no art. 654, § 2º (**MEDIDA CAUTELAR 24.506/SP, de 29/6/2016, Rel. Min. DIAS TOFFOLI, decisão monocrática**). E mais uma vez isto restou devidamente patenteado, de forma cristalina, quando a defesa de um preso temporariamente – Lei nº 7.960/89 – peticionou diretamente nos Autos da **ADPF 444** que estabeleceu a inconstitucionalidade da condução coercitiva, sob o argumento que sua segregação cautelar seria condução coercitiva travestida de prisão temporária e que burlaria o que ficara decidida na citada ADPF. Contra essa decisão, a PGR agravou regimentalmente, destacando em seu arrazoado que acatar esta inusitada interpretação significa abrir espaço para que todas as prisões temporárias decretadas no país possam ser submetidas ao Relator da ADPF que será doravante o revisor direto e universal dessa modalidade de custódia, não se admitindo que esse tipo de ação comporte pleitos de índole individual e subjetiva.

O STF também já decidiu que inexiste repercussão geral da matéria constitucional discutida quando se mostrar imprescindível o exame de normas de natureza infraconstitucional, o que foi resultado da aplicação da tese firmada no julgamento do **ARE 748.371-RG/MT, Rel. Min. GILMAR MENDES, TEMA 600:** ***"Violação dos princípios do contraditório e da ampla defesa quando o julgamento da causa depender de prévia análise da adequada aplicação das normas infraconstitucionais. Extensão do entendimento ao princípio do devido processo legal e aos limites da coisa julgada".***

Em **7/6/2017**, no **RE 966.177-RG/RS, Rel. Min. LUIZ FUX**, seis teses foram fixadas sobre essa problemática resumidas por **PACELLI, PROCESSO PENAL, 2020, p.** 771: "***i) no sentido de que há possibilidade de sobrestamento dos processos pendentes que versem sobre o mesmo tema (prevista no § 5º do art. 1.035) até nos processos de natureza penal; ii) que esta suspensão é facultativa, cabendo ao relator do recurso paradigma determiná-la ou modulá-la; iii) que a prescrição dos crimes será imediatamente suspensa, na hipótese de haver efetivamente o sobrestamento dos processos relacionados ao tema de repercussão geral; IV) que o mencionado sobrestamento não atingirá inquéritos policiais e procedimentos investigatórios em curso) que tal possibilidade jamais abarcará aqueles processos nos quais haja réu preso provisoriamente; vi) que o juiz de primeiro grau poderá determinar a produção de provas urgentes, caso julgue necessário***".

Como se falou anteriormente, o STF decidiu que não há que se falar em imanente repercussão geral de todo recurso extraordinário criminal porque está em jogo, em regra, a liberdade de locomoção. Por outro lado, entendeu que há repercussão geral nos seguintes casos conforme elenca **BADARÓ, MANUAL DOS RECURSOS PENAIS, 2018, p. 401-404:** "***Tema 114 – É constitucional a aplicação da reincidência como agravante da pena em processos criminais (CP, art. 61, I); Tema 154 – O controle jurisdicional prévio de admissibilidade de qualquer acusação penal, mesmo em âmbito de habeas corpus, além de plenamente legítimo, não ofende a cláusula constitucional do monopólio da titularidade do Ministério Público em ação penal de iniciativa pública, bem como não viola o princípio do juiz natural nos procedimentos penais inerentes ao tribunal do júri; Tema 59 – A exigência de cumprimento de 1/6 da pena para a progressão de regime se aplica a crimes hediondos praticados antes da vigência da Lei nº 11.464/2007, que, ao alterar a redação do art. 2º da Lei nº 8.072/1990, estabeleceu o requisito temporal de 2/5, para condenado primário, e 3/5, para reincidente;***

Tema 626 – É inconstitucional a vedação à conversão da pena privativa de liberdade em restritiva de direitos, prevista nos artigos 33, § 4º, e 44, caput, da Lei nº 11.343/2006; Tema 650 – A reabertura de prazo para registro ou renovação de registro de arma de fogo de uso permitido prevista pela Lei nº 11.706/2008, que deu nova redação ao art. 30 da Lei nº 10.826/2003, não constitui abolitio criminis; Tema 169 – É vedada a incidência da causa de diminuição do art. 33, § 4º, da Lei nº 11.343/2006 (§ 4º Nos delitos definidos no caput e no § 1º deste artigo, as penas poderão ser reduzidas de um sexto a dois terços, desde que o agente seja primário, de bons antecedentes, não se dedique às atividades criminosas nem integre organização criminosa), combinada com as penas previstas na Lei nº 6.368/1976, no tocante a crimes praticados durante a vigência desta norma; Tema 113 – O art. 25 da Lei de Contravenções Penais – LCP (Decreto-Lei nº 3.688/1941: Art. 25. Ter alguém em seu poder, depois de condenado, por crime de furto ou roubo, ou enquanto sujeito à liberdade vigiada ou quando conhecido como vadio ou mendigo, gazuas, chaves falsas ou alteradas ou instrumentos empregados usualmente na prática de crime de furto, desde que não prove destinação legítima: Pena – prisão simples, de dois meses a um ano, e multa de duzentos mil réis a dois contos de réis) não é compatível com a Constituição de 1988, por violar os princípios da dignidade da pessoa humana (CF, art. 1º, III) e da isonomia (CF, art. 5º, caput e I); Tema 661 – Possui repercussão geral a controvérsia relativa à possibilidade de prorrogações sucessivas do prazo de autorização judicial para interceptação telefônica, por decisão judicial fundamentada, ainda que de forma sucinta; Tema 712 – A natureza e a quantidade da droga apreendida apenas podem ser levadas em consideração em uma das fases da dosimetria da pena, sendo vedada sua apreciação cumulativa para fins de dosimetria em casos de condenação por tráfico ilícito de entorpecentes; Tema 713 – Os crimes de lesão corporal praticados contra a mulher no âmbito doméstico e familiar são de ação penal pública incondicionada; Tema 453 – O foro especial por prerrogativa de função não se estende a magistrados aposentados; Tema 129 – A existência de inquéritos policiais ou de ações penais sem trânsito em julgado não pode ser considerada como maus antecedentes para fins de dosimetria da pena; Tema 788 – Possui repercussão geral a controvérsia relativa ao termo inicial para a contagem da prescrição da pretensão executória: a partir do trânsito em julgado da sentença condenatória para a acusação ou para esta e a defesa; Tema 758 – Possui repercussão geral a controvérsia relativa à necessidade do trânsito em julgado da condenação por crime doloso para caracterização da falta grave, sob pena de ofensa ao princípio da não culpabilidade; Tema 187 – As consequências jurídicas extrapenais, previstas no art. 91 do CP, são decorrentes de sentença penal condenatória. Isso não ocorre, portanto, quando há transação penal, cuja sentença tem natureza meramente homologatória, sem qualquer juízo sobre a responsabilidade criminal do aceitante. As consequências geradas pela transação penal são essencialmente aquelas estipuladas por modo consensual no respectivo instrumento de acordo; Tema 184 – O Ministério Público dispõe de competência para promover, por autoridade própria, e por prazo razoável, investigações de natureza penal, desde que respeitados os direitos e as garantias que assistem a qualquer indiciado ou a qualquer pessoa sob investigação do Estado, observadas, sempre, por seus agentes, as hipóteses de reserva constitucional de jurisdição e, também, as prerrogativas profissionais de que se acham investidos, em nosso País, os advogados (Lei nº 8.906/1994, art. 7º, notadamente os incisos I, II, III, XI, XIII, XIV e XIX), sem prejuízo da possibilidade – sempre presente no Estado Democrático de Direito – do permanente controle jurisdicional dos atos, necessariamente documentados (Enunciado 14 da Súmula Vinculante), praticados pelos membros dessa Instituição; Tema 811 – O ajuizamento de ação penal privada pode ocorrer após o decurso do prazo legal, sem que seja oferecida denúncia, ou promovido o arquivamento, ou requisitadas diligências externas ao Ministério Público. As diligências internas à instituição são irrelevantes. Ademais, a conduta do Ministério Público posterior ao surgimento do direito de queixa não prejudica sua propositura. Assim, o oferecimento de denúncia, a promoção do arquivamento ou a requisição de diligências externas ao Ministério Público, posterior ao decurso do prazo legal para a propositura da ação penal, não afastam o direito de queixa. Nem mesmo a ciência da vítima ou da família quanto a tais diligências afasta esse direito, por não representar concordância com a falta de iniciativa da ação penal pública; Tema 280 – A entrada forçada em domicílio sem mandado judicial só é lícita, mesmo em período noturno, quando amparada em fundadas razões, devidamente justificadas a posteriori, que indiquem que dentro da casa ocorre situação de flagrante delito, sob pena de responsabilidade disciplinar, civil e penal do agente ou da autoridade, e de nulidade dos atos praticados; Tema 393 – Compete à Justiça Federal processar e julgar os crimes consistentes em disponibilizar ou adquirir material pornográfico envolvendo criança ou adolescente (ECA, artigos 241, 241-A e 241-B), quando praticados por meio da rede mundial de computadores; Tema 371 – Reveste-se de legitimidade jurídica a concessão, pelo presidente da República, do benefício constitucional do indulto (CF, art. 84, XII), que traduz expressão do poder de graça do Estado, mesmo se se tratar de indulgência destinada a favorecer pessoa que, em razão de sua inimputabilidade ou semi-imputabilidade, sofre medida de segurança, ainda que de caráter pessoal e detentivo; Tema 857 – Possui repercussão geral a controvérsia relativa à tipicidade da conduta de porte de arma branca, à luz do princípio da legalidade penal, diante da ausência da regulamentação exigida no art. 19 da Lei de Contravenções Penais; Tema 423 – A falta de estabelecimento penal adequado não autoriza a manutenção do condenado em regime prisional mais gravoso. Assim, os juízes da execução penal poderão avaliar os estabelecimentos destinados aos regimes semiaberto e aberto, para qualificação como adequados a tais regimes. São aceitáveis estabelecimentos que não se qualifiquem como "colônia agrícola, industrial" (regime semiaberto) ou "casa de albergado ou estabelecimento adequado" (regime aberto)

(CP, art. 33, § 1º, b e c). Além disso, havendo déficit de vagas, deverá ser determinada: 1) a saída antecipada de sentenciado no regime com falta de vagas; 2) a liberdade eletronicamente monitorada ao sentenciado que sai antecipadamente ou é posto em prisão domiciliar por falta de vagas; 3) o cumprimento de penas restritivas de direito e/ou estudo ao sentenciado que progride ao regime aberto. Logo, até que sejam estruturadas as medidas alternativas propostas, poderá ser deferida a prisão domiciliar ao sentenciado; Tema 905 – Possui repercussão geral a controvérsia relativa ao exame da constitucionalidade, à luz de direitos da personalidade e do princípio da não autoincriminação, do art. 9º-A da Lei de Execução Penal (Lei nº 7.210/1984), introduzido pela Lei nº 12.654/2012, que prevê a identificação e o armazenamento de perfis genéticos de condenados por crimes violentos ou por crimes hediondos; Tema 613 – É constitucional a citação com hora certa, prevista no art. 362 do Código de Processo Penal; Tema 925 – A execução provisória de acórdão penal condenatório proferido em grau recursal, ainda que sujeito a recurso especial ou extraordinário, não compromete o princípio constitucional da presunção de inocência afirmado pelo art. 5º, LVII, da Constituição Federal; Tema 907 – Possui repercussão geral a controvérsia relativa ao exame da constitucionalidade, à luz do art. 5º, LXIII, da Constituição Federal, da tipificação da conduta prevista no art. 305 do Código de Trânsito Brasileiro (Afastar-se o condutor do veículo do local do acidente, para fugir à responsabilidade penal ou civil que lhe possa ser atribuída); Tema 924 – Possui repercussão geral a controvérsia relativa à compatibilidade do art. 50 da Lei das Contravenções Penais (Decreto-Lei nº 3.688/1941) – que prevê a infração penal do jogo de azar em face da Constituição Federal. Por outro lado, foi negada repercussão geral nos seguintes temas: Tema 734: Não possui repercussão geral a controvérsia relativa à aplicação retroativa de lei mais benéfica quanto à sanção administrativa cominada à infração de trânsito; Tema 929 – Não possui repercussão geral a controvérsia relativa à possibilidade ou não de compensação da agravante da reincidência com a atenuante da confissão espontânea".

6) Prazo (art. 1.003, § 5º, CPC; art. 136, RI-STM)

O recurso extraordinário deverá ser interposto no prazo de 15 dias, contados da intimação, na forma do § 5º, do art. 1.003, do CPC, não sendo mais a hipótese regulada pelos arts. 26 a 29 da Lei nº 8.038/90, revogados expressamente pelo inciso IV, do art. 1.072, do novo CPC. Obviamente que o art. 571 do CPPM também está revogado que previa o prazo de 10 dias para interposição do citado recurso, revogação essa que já se fazia presente quando da incidência da Lei nº 8.038/90. O prazo para oferecimento das contrarrazões igualmente será de 15 dias (CPC/2015, art. 1.030, *caput*). Caso haja a interposição de embargos de declaração com o fito de prequestionar o dispositivo constitucional, o prazo será interrompido, conjugando-se para tanto o art. 3º, alínea "e", do CPPM, com o art. 1.026, *caput*, do CPC/2015.

Acentue-se, mais uma vez, que o § 4º, do art. 218, do novo CPC, admite a tempestividade do ato praticado antes do termo inicial do prazo. **BADARÓ, MANUAL DOS RECURSOS PENAIS, 2018, p. 421**, chama a atenção para a contagem do prazo recursal, qual seja, no regime do novo CPC a regra do art. 219, *caput*, é a computação por dias úteis, enquanto no art. 798, *caput*, do CPP Comum, aplicável igualmente na seara processual militar, dada a sua omissão, dar-se-á por dias corridos e contínuos, não se interrompendo em férias, domingos e feriados. Na opinião do festejado jurista, a contagem do prazo para interposição do recurso extraordinário na área criminal deve seguir as regras do CPP e não aquelas do novo CPC. Em nossa opinião, correta tal interpretação, o mesmo devendo ocorrer na hipótese de recurso extraordinário interposto contra acórdão proferido pelo STM.

7) Procedimento (arts. 1.029 a 1.041, CPC; arts. 136 a 139, RI-STM)

Renove-se que, em virtude do disposto no art. 1.072, inciso IV, do CPC/2015, como também no disposto no art. 2º da Lei nº

13.256/2016, revogando o disposto nos arts. 26 a 29 da Lei nº 8.038/90, a matéria procedimental passou a ser regulada pelos arts. 1.029 e seguintes do novo CPC. Assim, o recurso extraordinário deverá ser interposto por petição, dirigida ao Presidente ou Vice-Presidente do STM, na forma do art. 1.029, *caput*, do CPC/2015, devendo conter as seguintes exigências: **I) a exposição do fato e do direito; II) a demonstração do cabimento do recurso interposto; III) as razões do pedido de reforma ou de invalidação da decisão recorrida.** Partes legitimadas para intentar o recurso extraordinário são o MPM ou o réu, seu procurador ou defensor (art. 511, CPPM). Prevê também o § 3º, do art. 1.029, do CPC/2015, que o STF poderá desconsiderar vício formal de recurso tempestivo ou determinar sua correção, desde que não o repute grave. Recebida a petição do recurso pela secretaria do STM, o recorrido terá vista na forma de acesso ao processo eletrônico para apresentar contrarrazões no prazo de 15 dias, findo o qual os autos serão remetidos ao Presidente ou Vice-Presidente do STM para realização do juízo de admissibilidade, nos termos do art. 1.030, inciso IV, do CPC/2015. Tal juízo de admissibilidade não vinculará o STF, podendo, para tanto, afastar os requisitos examinados pelo STM, sendo a última palavra da Corte Suprema.

Como não poderia deixar de ser, o Regimento Interno do STM, via seu art. 136, estipula o prazo de 15 dias para interposição do Recurso Extraordinário contra decisões do Tribunal, diretamente nos autos principais, contados da intimação da decisão recorrida ou da sua publicação em petição dirigida ao Presidente, devendo conter **I) exposição do fato e do direito; II) demonstração do cabimento do recurso interposto; III) as razões do pedido de reforma ou da invalidação da decisão**. O recorrido terá vista, na forma de acesso ao processo eletrônico, pelo prazo de quinze dias para apresentar contrarrazões.

8) Efeito suspensivo (art. 1.029, § 5º, CPC; art. 139, RI-STM)

O art. 995 do CPC dispõe que os recursos não impedem a eficácia da decisão, salvo disposição legal ou decisão judicial em sentido diverso. Por sua vez, o § 5º, do art. 1.029, do mesmo diploma legal, estabelece a possibilidade de o recorrente requerer a concessão de efeitos suspensivos ao relator do recurso ou ao presidente do tribunal local, que poderá deferir se da imediata produção de efeitos do acórdão houver risco de dano grave, de difícil ou impossível reparação, e ficar demonstrada a probabilidade de provimento do recurso. O art. 139 do RI-STM disciplina que o pedido de concessão de efeito suspensivo a Recurso Extraordinário poderá ser formulado por requerimento dirigido ao Presidente do Tribunal, no período compreendido entre a interposição do recurso e a publicação da decisão de admissão do recurso, assim como no caso de o recurso ter sido sobrestado, nos termos do art. 1.037 do CPC.

No **HC 126.292/SP**, Rel. **Min. TEORI ZAVASCKI**, em **17/2/2016**, posteriormente referendado pelo Plenário, por 7 a 4 votos, através das **ADCs 43 e 44,** em 5/10/2016, decidiu-se que o início da execução da pena condenatória após a confirmação da sentença em segundo grau não ofenderia o princípio constitucional da presunção da inocência, já que o encerramento do exame de fatos e provas que embasaram a culpa do condenado ocorreu em segundo grau, o que autorizaria, assim, o início da execução da pena. Em 7/11/2019, mais uma vez, o Plenário do STF voltaria a se manifestar sobre o intrincado tema, mudando integralmente o seu entendimento, vedando a execução provisória da condenação conforme **ADCs 43, 44 e 54/DF, Rel. Min. MARCO AURÉLIO**. Portanto, o recurso extraordinário teria efeito suspensivo antes da mudança de entendimento do STF com relação à execução provisória da pena.

III) Agravo contra decisão denegatória de recurso extraordinário

1) Agravo em recurso extraordinário (art. 1.042, CPC; art. 140, I e II, RI-STM)

a) Cabimento

Antes da entrada em vigor do CPC/2015, o agravo de instrumento era o recurso cabível contra decisão denegatória de admissibilidade do recurso extraordinário, com base no art. 28 da Lei nº 8.038/90, expressamente revogado pelo novo CPC (art. 1.072, inciso IV). O sistema vigorante atual de interposição no processo penal comum, inclusive no processo penal militar, está regrado pelo art. 1.042 do CPC/2015, na redação conferida pela Lei nº 13.256/2016.

O recurso extraordinário terá o início do seu processamento perante o STM que proferiu a decisão recorrida, havendo um duplo juízo de admissibilidade recursal, sendo um de caráter provisório (STM) e outro definitivo (STF). É através do agravo contra decisão denegatória do recurso extraordinário, onde o recorrido teve inadmitido o seu recurso no STM, que possibilita que o STF avalie se este recurso, ao qual se negou processamento, será admissível ou inadmissível.

Caberá agravo contra decisão do Presidente do tribunal recorrido (STM) que inadmitir recurso extraordinário, salvo quando fundada na aplicação de entendimento firmado em regime de repercussão geral ou em julgamento de recursos repetitivos ou contra decisão do Presidente do STM que, apesar de admitir o apelo extremo, não lhe dê seguimento (art. 140, I e II, RI-STM). Anteriormente, o regime para o processo penal era diverso daquele previsto para o processo civil, o que não ocorre mais, havendo uma unificação para as duas áreas do direito. Arremate-se que é entendimento pacífico do STF que não mais cabem embargos de declaração contra decisão que analisa a admissibilidade do recurso extraordinário

(**Agravo no Recurso Extraordinário com Agravo nº 877.694/DF, PRIMEIRA TURMA, Rel. Min. ROBERTO BARROSO, j. 9/6/2015**). No entanto, na dicção do art. 1.022 do CPC/2015, cabem embargos declaratórios contra qualquer decisão.

Em suma, caberá agravo para o STF contra a decisão do Presidente ou do Vice-Presidente do tribunal ***a quo*** que proferir juízo negativo de admissibilidade (art. 1.030, inciso V, CPC), a ser interposto no prazo de 15 (quinze) dias (art. 1.003, § 5°, CPC). No caso de o tribunal de origem negar seguimento (art. 1.030, inciso I, CPC) ao recurso extraordinário, o recurso cabível é o Agravo Interno (art. 1.021, CPC) para o Colegiado respectivo do mesmo tribunal.

Caso o órgão colegiado do tribunal mantenha a decisão recorrida por Agravo Interno, seja porque não o conheceu, seja porque lhe negou provimento, dessa decisão colegiada caberá o Agravo do *caput*, do art. 1.042, do CPC, visto que a competência definitiva para a admissibilidade será sempre do tribunal *ad quem*.

Como se disse antes, a lei é clara ao distinguir as hipóteses em que o Presidente ou Vice-Presidente do tribunal *a quo* "**nega seguimento**" (art. 1.030, inciso I, CPC) ao recurso, das hipóteses em que ele próprio profere juízo de admissibilidade (art. 1.030, inciso V, CPC). Mas, o que é "**negar seguimento**"? **NELSON NERY JUNIOR E ROSA MARIA DE ANDRADE NERY, *in* "CPC COMENTADO", 16ª edição, Revista dos Tribunais, 2016, p. 2330-2331**, respondem, com acerto: "***Na verdade negar seguimento significa proferir juízo negativo de admissibilidade, pois tranca a via recursal e impede que o recurso seja julgado pelo mérito. A distinção é prática e tem utilidade para aferir-se a recorribilidade da decisão fundada num (CPC art. 1.030, I) e noutro (CPC art. 1.030, V) dispositivo legal: a) decisão que nega seguimento com base no CPC 1.030, I, desafia impugnação pelo agravo interno do CPC (CPC 1.030, § 2º); b) decisão que mediante recurso com base no CPC 1.030, V, é impugnável por agravo do CPC 1.042, para o STF e/ou STJ (CPC 1.030, § 1º). Doutra parte, não é ocioso dizer que, como negativa de seguimento (CPC***

1.030, I) caracteriza situação detrimentosa, restritiva de direito do recorrente, as hipóteses em que a lei prevê deva o tribunal a quo negar seguimento ao recurso são de interpretação estrita, vedada a aplicação analógica ou extensiva a situações assemelhadas".

b) Prazo (art. 1.003, § 5º, CPC; art. 140, § 1º, RI-STM)

No regime anterior, o prazo era de 5 dias, com respaldo no art. 28 da Lei nº 8.038/90, revogado expressamente, como já dito, pelo inciso IV, do art. 1.072, do novo CPC. Atualmente, com fulcro no art. 1.070 do mesmo Codex, é de 15 dias o prazo para a interposição de qualquer agravo, previsto em lei ou regimento interno de tribunal contra decisão de relator ou outra decisão unipessoal proferida em tribunal. No mesmo passo, o § 1º, do art. 140, do RI-STM. Neste sentido, consulte-se o **ARE 100.9351 AgR/SE, PRIMEIRA TURMA, Rel. Min. LUIZ FUX, j. 7/3/2017,** onde se confirmou o prazo de 15 dias para a interposição do agravo em recurso extraordinário (arts. 1.003, § 5º e 1.042 do CPC/2015), bem como a sistemática contínua da contagem dos prazos, na forma do art. 798 do CPP Comum. Esclareça-se, ainda, que pela Resolução nº 450, de 3/12/2010, o STF instituiu esta nova classe processual, denominada de **"RECURSO EXTRAORDINÁRIO COM AGRAVO"**, batizando-a com a sigla "**ARE**".

c) Procedimento (art. 140, §§ 1º a 3º, RI-STM)

O agravo contra decisão denegatória de recurso extraordinário deverá ser interposto por petição eletrônica, sendo dirigido ao Presidente ou Vice-Presidente do tribunal (art. 1.042, § 2º, CPC/2015). Na petição com os seguintes requisitos: **I – a exposição do fato e do direito; II – as razões do pedido de reforma de decisão e III – o nome e o endereço completo dos Advogados, constantes do processo (art. 140, § 1º, I, II e III, RI-STM).** Não há necessidade de indicação de peças na petição de interposição, visto que o agravo subirá nos próprios autos do recurso extraordinário. A teor do § 1º, do art. 140, do RI-STM, o agravo será interposto no prazo de 15 dias, mediante petição eletrônica dirigida ao Presidente do STM. O agravado terá o prazo de 15 dias para oferecer contrarrazões ao agravo, podendo juntar documentação que entender necessária (art. 140, § 2º, RI-STM). Com ou sem contrarrazões, o agravo deverá subir necessariamente ao STF, não podendo o Presidente do tribunal recorrido negar-lhe seguimento conforme explicita claramente o § 4º, do art. 1.042, do CPC/2015, e o § 3º, do art. 140, do RI-STM. A Súmula 727 do STF (***não pode o magistrado deixar de encaminhar ao STF o agravo de instrumento interposto da decisão que não admite recurso extraordinário, ainda que referente à causa instaurada no âmbito dos juizados especiais***) é clara, quando ainda existia o agravo de instrumento.

Por fim, restou revogada pelo novo CPC a Súmula 699 que determinava que o prazo para interposição de agravo, em processo penal, seria de cinco dias, de acordo com a Lei nº 8.038/90. Portanto, o prazo para interposição de agravo contra decisão denegatória de recurso extraordinário, proferida pelo Presidente ou Vice-Presidente do STM, é de 15 dias, cujo termo inicial do prazo é a data da intimação da decisão que denegou o recurso (art. 798, § 5º, CPP Comum, c/c art. 3º, alínea "e", CPPM).

2) Agravo interno (art. 1.021, art. 1.030, I, "a", CPC; art. 123, I, II, III e IV, RI-STM)

a) Cabimento

Como se viu, contra a decisão do Presidente ou Vice-Presidente do Tribunal local que negar processamento ao recurso extraordinário caberá **Agravo em Recurso Extraordinário** com base no art. 1.042, *caput*, primeira parte, do CPC, com a redação dada pela Lei nº 13.256/2016.

A decisão que inadmitir o Recurso Extraordinário enseja a interposição de Agravo Interno, nos termos do art. 1.030, inciso I, alínea "a", do CPC, cabendo ao Presidente ou o Relator, conforme a hipótese, reconsiderar a decisão impugnada ou, em caso contrário, submeter o Agravo ao julgamento do Plenário, computando-se também o seu voto (art. 123, § 2º, RI-STM).

Na hipótese de o STF já ter decidido sobre o tema, caberá ao tribunal de origem tão somente verificar se foi adotado o entendimento do Excelso Pretório.

Entretanto, caso a inadmissão do recurso extraordinário se dê fundada na ***aplicação de entendimento firmado em regime de repercussão geral ou em julgamento de recursos repetitivos***, o agravo do art. 1.042 do CPC não é cabível, e sim o **Agravo Interno**. Vejamos, então, as hipóteses em que se deve manejar o **Agravo Interno**.

a.1) Aplicação de entendimento firmado em regime de repercussão geral

Se o STF negou repercussão geral à questão constitucional, outro caminho não terá o Presidente do Tribunal local a não ser negar seguimento ao recurso extraordinário, com base no art. 1.030, I, "a", primeira parte, do CPC, com a redação da Lei nº 13.256/2016, e exatamente dessa decisão caberá **Agravo Interno**, estatuído no art. 1.021 do CPC, de acordo com o disposto no § 2º, do art. 1.030, do mesmo Código.

Por outro lado, suponhamos que o STF tenha reconhecido a repercussão geral para questão constitucional e cujos recursos extraordinários tenham sido sobrestados, caso o Presidente do Tribunal local denegue o seu seguimento, se o acórdão recorrido estiver em conformidade com a posição adotada pelo STF no julgamento de repercussão geral – art. 1.030, *caput*, inciso I, alínea "a", segunda parte, CPC – contra esta decisão caberá o **Agravo Interno**, com fulcro no art. 1.030, § 2º, do CPC.

No Agravo Interno **700017.2019.7.00.0000**, tramitado no STM, **Rel. Min. JOSÉ COELHO FERREIRA, j. em 12/3/2019**, apontou-se, com precisão cirúrgica, que: *"1. Assim, a Decisão impugnada observou o entendimento da Suprema Corte em relação ao emprego da sistemática da repercussão geral pelos demais Tribunais, segundo o qual podem esses, no exercício de suas atribuições, obstar o seguimento dos Apelos Extremos que versem sobre temas que não se revestem de repercussão geral. Vale dizer que essa orientação nada mais é do que o cumprimento da disposição constante no art. 1.030, inciso I, alínea "a", do Código de Processo Civil".*

a.2) Aplicação de entendimento de julgamentos repetitivos (art. 1.036 e 1.037, CPC)

Outra hipótese de não admissibilidade do **Agravo em Recurso Extraordinário** é aquela fundada na aplicação de entendimento firmado no julgamento de recursos repetitivos. A matéria está regrada pelo art. 1.036 do CPC que dispõe que *"sempre que houver multiplicidade de recursos extraordinários ou especiais com fundamento em idêntica questão de direito, haverá afetação para julgamento de acordo com as disposições desta Subseção, observado o disposto no Regimento Interno do Supremo Tribunal Federal e no Superior Tribunal de Justiça".*

a.3) Outras decisões do STM (art. 1.070, CPC; arts. 112 e 123, RI-STM)

O art. 1.070 do CPC dispõe que caberá agravo, previsto em lei ou em regimento interno de tribunal, contra decisão de relator ou em outra decisão proferida em tribunal. Ressaltam **NERY JUNIOR** e **ROSA NERY, op. cit., p. 2.427-2.428, nota 2**, que *"não existe agravo ou qualquer outro recurso que tenha previsão exclusivamente em regimento interno de tribunal, texto normativo administrativo que regula apenas o funcionamento interna corporis do tribunal, não podendo criar direitos nem obrigações. A competência para legislar sobre direito processual – e recurso é matéria de estrito direito processual – é privativa do Poder Legislativo da União Federal (CF 22I)".*

O Regimento Interno do STM prevê também a interposição de Agravo Interno contra a decisão do Relator que, nos autos de Inquérito Policial Militar ou de Ação Penal Originária, nas hipóteses estampadas no art. 112, quais sejam: **I – rejeitar a denúncia; II – decretar a prisão preventiva ou temporária: III – julgar extinta a ação penal; IV – concluir pela incompetência do foro militar; IV – concluir pela incompetência do foro militar; V – concluir ou negar menagem.**

Por sua vez, o art. 123, como já dito, também do Regimento Interno da Corte Máxima Castrense, estabelece que caberá Agravo Interno contra decisões do Tribunal nos seguinte casos: **I – sem efeito suspensivo, contra decisão do Relator que causar prejuízo às partes; II – sem efeito suspensivo, contra a decisão proferida nos casos do art. 112 deste Regimento; III – contra decisão do Presidente nos casos do inciso XXVIII do art. 6º deste Regimento; IV – contra decisão do Presidente que aplica a sistemática da repercussão geral na admissibilidade do Recurso Extraordinário.** O inciso XXVIII, do art. 6º, do RI-STM, trata da competência do Presidente relativa à prática de todos os atos processuais nos recursos e feitos da competência do Tribunal, antes da efetiva distribuição e depois de exaurida a competência do Relator, e declarar a extinção da punibilidade, com fundamento nas situações previstas no inciso XI, do art. 13, do respectivo Regimento.

b) Prazo (art. 1.003, § 5º e art. 1.042, § 2º, CPC; art. 123, § 1º, RI-STM)

Nos termos do preceituado no § 1º, do art. 123, do RI-STM, será de quinze dias, contados da intimação, o prazo de interposição do Agravo Interno. Após registro eletrônico, será submetido ao Relator ou ao Presidente, conforme o caso. Nas hipóteses dos incisos I (contra decisão do relator que causar prejuízo às partes) e III (contra a decisão do Presidente nos casos do inciso XXVIII, do art. 6º, do RI-STM), o prolator da decisão agravada ouvirá a Procuradoria-Geral da Justiça Militar, que se manifestará no prazo de cinco dias. Na incidência dos incisos II (contra decisão do relator proferida nos casos do art. 112 do RI-STM) e IV (contra decisão do Presidente que aplica a sistemática da repercussão geral na admissibilidade do Recurso extraordinário), as partes terão o prazo de quinze dias para contra-arrazoar o Agravo interposto.

c) Procedimento (art. 123, §§ 1º a 3º, RI-STM)

Será de quinze dias, contados da intimação, o prazo de interposição do Agravo Interno. Após registro eletrônico, será submetido ao Relator ou ao Presidente, conforme o caso. Nas hipóteses dos incisos I e III, o prolator da decisão agravada ouvirá a Procuradoria-Geral da Justiça Militar, que se manifestará no prazo de cinco dias. Na incidência dos incisos II e IV, as partes terão o prazo de quinze dias para contra-arrazoar o Agravo interposto. O Presidente ou o Relator, conforme o caso, poderá reconsiderar a decisão impugnada; caso contrário, submeterá o Agravo ao julgamento do Plenário, computando-se, também, o seu voto. A decisão do Plenário constará de Acórdão lavrado de acordo com o art. 52, aplicando-se, no que couber, as disposições constantes dos arts. 53, 54 e 55.

PROCESSO DE EXECUÇÃO PENAL MILITAR

A) EXECUÇÃO PROVISÓRIA

O título executivo necessário e imprescindível do processo executório penal militar é a sentença transitada em julgado (CPPM, art. 592). No que concerne ao seu início, o tema foi amplamente discutido no Plenário do STF no julgamento do **HABEAS CORPUS 126.292/SP**, realizado em **17/2/2016**, da Relatoria do Ministro **TEORI ZAVASCKI**, onde, por maioria, decidiu-se que a execução provisória de acórdão penal condenatório, proferido em julgamento de apelação, ainda que sujeito a recurso especial ou extraordinário, não compromete o princípio constitucional de presunção de inocência, tendo a Corte Máxima de Justiça denegado o *writ* visando a desconstituição de acórdão que, em sede de apelação, determinara a imediata prisão do condenado por força de sentença condenatória de primeiro grau. Em **5/10/2016**, igualmente por maioria apertada – 6 x 5 – o **Plenário** do **STF**, nas **ADCs 43** e **44**, manteve tal posicionamento, interpretando que o art. 283 do CPP Comum não impede o início da execução da pena após condenação em segunda instância.

Para melhor entendimento do turbulento tema, achamos por bem transcrever as notas constantes do Informativo do STF nº 56 de fevereiro/2016. ***"A Corte afirmou que o tema relacionado com a execução provisória de sentenças penais condenatórias envolveria reflexão sobre a) o alcance do princípio da presunção da inocência aliado à b) busca de necessário equilíbrio entre esse princípio e a efetividade da função jurisdicional penal. Tal equilíbrio deveria*** *atender a valores caros não apenas aos acusados, mas também à sociedade, diante da realidade do intrincado e complexo sistema de justiça criminal brasileiro. A possibilidade da execução provisória da pena privativa de liberdade seria orientação a prevalecer na jurisprudência do STF, mesmo na vigência da CF/1988 (HC 68.726/DF, DJU de 20.11.1992, e HC 74.983/RS, DJU de 29.8.1997). Essa orientação seria ilustrada, ainda, pelos Enunciados 716 e 717 da Súmula do STF ('Admite-se a progressão de regime de cumprimento da pena ou a aplicação imediata de regime menos severo nela determinada, antes do trânsito em julgado da sentença condenatória', e 'Não impede a progressão de regime de execução da pena, fixada em sentença não transitada em julgado, o fato de o réu se encontrar em prisão especial', respectivamente). O plexo de regras e princípios garantidores da liberdade previsto em nossa legislação – princípios do devido processo legal, da ampla defesa, do contraditório, do juiz natural, da inadmissibilidade de obtenção de provas por meios ilícitos, da não autoincriminação, com todos os seus desdobramentos de ordem prática, como o direito de igualdade entre as partes, o direito à defesa técnica plena e efetiva, o direito de presença, o direito ao silêncio, o direito ao prévio conhecimento da acusação e das provas produzidas, a possibilidade de contraditá-las, com o consequente reconhecimento da ilegitimidade de condenação que não esteja devidamente fundamentada e assentada em provas produzidas sob o crivo do contraditório – revelaria quão distante se estaria da fórmula inversa, em que ao acusado incumbiria demonstrar sua inocência, fazendo prova negativa das faltas que lhe fossem imputadas. O Plenário ressaltou que, antes de prolatada a sentença penal, haveria de se manter reservas de dúvida acerca do comportamento contrário à ordem jurídica, o que levaria a atribuir ao acusado, para todos os efeitos – mas, sobretudo, no que se refere ao ônus da prova da incriminação –, a presunção de inocência. Nessa senda, a eventual condenação representaria juízo de culpabilidade, que deveria decorrer da logicidade extraída dos elementos de prova produzidos em regime de contraditório no curso da ação penal. Para o sentenciante de primeiro grau, ficaria superada a presunção de inocência por um juízo de culpa – pressuposto inafastável para condenação – embora não definitivo, já que sujeito, se houver recurso, à revisão por tribunal de hierarquia imediatamente superior. Nesse juízo de apelação, de ordinário, ficaria definitivamente exaurido o exame sobre os fatos e provas da causa, com a fixação, se fosse o caso, da responsabilidade penal do acusado. Então, ali que se concretizaria, em seu sentido genuíno, o duplo grau de jurisdição, destinado ao reexame de decisão judicial em sua inteireza, mediante ampla devolutividade da matéria deduzida na ação penal, tivesse ela sido apreciada ou não pelo juízo 'a quo'. Ao réu ficaria assegurado o direito de acesso, em liberdade, a esse juízo de segundo grau, respeitadas as prisões cautelares porventura decretadas. Desse modo, ressalvada a estreita via da revisão criminal, seria, portanto, no âmbito das instâncias ordinárias que se exauriria a possibilidade de exame de fatos e provas e, sob esse aspecto, a própria fixação da responsabilidade criminal do acusado. Portanto, os recursos de natureza extraordinária não configurariam desdobramentos do duplo grau de jurisdição, porquanto não seriam recursos de ampla devolutividade, já que não se prestariam ao debate da matéria fática e probatória. Noutras palavras, com o julgamento implementado pelo tribunal de apelação, ocorreria uma espécie de preclusão da matéria envolvendo os fatos da causa. Os recursos ainda cabíveis para instâncias extraordinárias do STJ e do STF – recurso especial e extraordinário – teriam âmbito de cognição estrito à matéria de direito. Nessas circunstâncias, tendo havido, em segundo grau, juízo de incriminação do acusado, fundado em fatos e provas insuscetíveis de reexame pela instância extraordinária, pareceria inteiramente justificável a relativização e até mesmo a própria inversão, para a situação concreta, do princípio da presunção de inocência até então observado. Faria sentido, portanto, negar efeito suspensivo aos recursos extraordinários, como o fazem o art. 637 do CPP e o art. 27, § 2º, da Lei nº 8.038/1990. A Corte destacou, outrossim, que, com relação à previsão constitucional da presunção de não culpabilidade, ter-se-ia de considerá-la a sinalização de um instituto jurídico, ou o desenho de garantia institucional, sendo possível o estabelecimento de determinados limites. Assim, a execução da pena na pendência de recursos de natureza extraordinária não comprometeria o núcleo essencial do pressuposto da não culpabilidade, na medida em que o acusado tivesse sido tratado como inocente no curso de todo o processo ordinário criminal, observados os direitos e as garantias a ele inerentes, bem como respeitadas as regras probatórias e o modelo acusatório atual. Nessa trilha, aliás, haveria o exemplo recente da LC 135/2010 – Lei da Ficha Limpa, que, em seu art. 1º, I, expressamente consagraria como causa de inelegibilidade a existência de sentença condenatória por crimes nela relacionados, quando proferidas por órgão colegiado. A presunção de inocência não impediria que, mesmo antes do trânsito em julgado, o acórdão condenatório produzisse efeitos contra o acusado. De todo modo, não se poderia desconhecer que a jurisprudência que assegura, em grau absoluto, o princípio da presunção da inocência – a ponto de negar executividade a qualquer condenação enquanto não esgotado definitivamente o julgamento de todos os recursos, ordinários e extraordinários – teria permitido e incentivado a indevida e sucessiva interposição de recursos da mais variada espécie, com indisfarçados propósitos protelatórios. Visaria, não raro, à configuração da prescrição da pretensão punitiva ou executória. Cumpriria ao Poder Judiciário e, sobretudo, ao STF, garantir que o processo —único meio de efetivação do 'jus puniendi' estatal —resgatasse sua inafastável função institucional. A retomada da tradicional jurisprudência, de atribuir efeito apenas devolutivo aos recursos especial e extraordinário – como previsto em textos normativos – seria, sob esse aspecto, mecanismo legítimo de harmonizar o princípio da presunção de inocência com o da efetividade da função jurisdicional. O Plenário asseverou que seria possível tanto a ocorrência de equívocos nos juízos condenatórios proferidos pelas*

instâncias ordinárias quanto em relação às instâncias extraordinárias. Todavia, para essas eventualidades, sempre haveria outros mecanismos aptos a inibir consequências danosas para o condenado, suspendendo, se necessário, a execução provisória da pena. Assim sendo, medidas cautelares de outorga de efeito suspensivo ao recurso extraordinário ou especial seriam instrumentos inteiramente adequados e eficazes para controlar situações de injustiça ou excessos em juízos condenatórios recorridos. Por outro lado, a ação constitucional do 'habeas corpus' igualmente comporia o conjunto de vias processuais com inegável aptidão para controlar eventuais atentados aos direitos fundamentais decorrentes da condenação do acusado. Portanto, mesmo que exequível provisoriamente a sentença penal contra si proferida, o acusado não estaria desamparado da tutela jurisdicional em casos de flagrante violação de direitos. Vencidos os Ministros Marco Aurélio, Rosa Weber, Celso de Mello e Ricardo Lewandowski (Presidente), que, ao concederem a ordem, mantinham a jurisprudência firmada a partir do julgamento do HC 84.078/MG (DJe de 26.2.2010), no sentido de que a prisão antes do trânsito em julgado da condenação somente poderia ser decretada a título cautelar, e de que a ampla defesa não poderia ser visualizada de modo restrito, porquanto englobaria todas as fases processuais, inclusive as recursais de natureza extraordinária".

Entretanto, o STF, na Sessão de **7/11/2019**, no julgamento do mérito das **ADCs 43, 44 e 54**, Rel. **Min. MARCO AURÉLIO**, como acentuado anteriormente, decidiu que é constitucional o art. 283 do Código de Processo Penal, quando impõe o trânsito em julgado da condenação para o início do cumprimento da pena, prevalecendo o entendimento de que a referida decisão não implicaria a automática expedição do alvará de soltura dos réus presos em segunda instância, notadamente porque a prisão antes do exaurimento dos recursos cabíveis permanece possível quando presentes os requisitos que autorizam a prisão preventiva, previstos no art. 312 do CPP Comum.

B) CUMPRIMENTO DA PENA PELOS MILITARES CONDENADOS ATÉ DOIS ANOS DE RECLUSÃO E DETENÇÃO E PROGRESSÃO DE REGIME PRISIONAL DOS MILITARES CUMPRINDO PENA EM ORGANIZAÇÕES MILITARES

Na Justiça Militar, a execução da pena privativa será sempre a de prisão, nos termos do art. 59 do CPM, isto é, a pena de militar da ativa até dois anos é convertida em prisão e ele a cumprirá preso. Já o civil, cumprirá a pena em estabelecimento comum, fixando o Conselho de Justiça o regime prisional. Se for praça e condenado a uma pena superior a dois anos será automaticamente excluído, havendo que se fixar o regime. No que concerne a oficial, se maior de dois anos for a pena imposta, o juiz deverá fixar o regime, na hipótese de cumprimento em estabelecimento comum. Se permanecer na ativa, cumprirá a pena sempre preso, já que inexistente no CPM qualquer regime, o que acarretará que o seu cumprimento dar-se-á em estabelecimento militar.

De acordo com o art. 59 do CPM, a pena de reclusão ou detenção até dois (dois) anos será convertida em pena de prisão, quando não cabível a suspensão condicional da pena e será cumprida, pelo oficial, em recinto de estabelecimento militar e, pela praça, em estabelecimento penal militar. Consulte-se a nossa **LOJMU ANOTADA, p. 262**, a respeito da diferença entre estabelecimento militar, estabelecimento penal militar e penitenciária militar.

No que se relaciona ao regime prisional, como se sabe, se a pena privativa de liberdade for superior a dois anos de detenção ou reclusão será cumprida pela praça ou oficial em penitenciária militar e, na ausência dessas, em estabelecimento prisional civil, ficando o militar sujeito ao regime conforme a legislação penal comum, de cujos benefícios e concessões também poderá gozar, nos termos do preceituado no art. 61 do CPM. Dessa maneira, à Justiça Militar compete a execução das penas dos condenados a crimes militares cumpridas em estabelecimento militar, o que não ocorre com aqueles condenados que estejam cumprindo pena sob jurisdição comum em estabelecimentos ordinários.

Como civis podem ser condenados na Justiça Militar da União pela prática de crime militar, é da sua competência a execução das penas. Se forem recolhidos a estabelecimentos penais civis, a Lei de Execução Penal – LEP, Lei nº 7.210/84, através do seu parágrafo único do art. 2º, os alcançará, o que é confirmado pela **Súmula 192** do **STJ** (***compete ao juízo das execuções penais do Estado a execução das penas impostas a sentenciado pela Justiça Federal, Justiça Militar da União ou Eleitoral, quando recolhidos a estabelecimento sujeito à administração estadual***). Vejamos, então, a posição da doutrina e dos tribunais a respeito do tema.

I) Posicionamentos da doutrina

JORGE CESAR DE ASSIS e **CLÁUDIA ROCHA LAMAS**, na obra jurídica denominada **"EXECUÇÃO DA SENTENÇA NA JUSTIÇA MILITAR", Juruá Editora, 3ª edição, 2011, p. 59**, admitem que, em virtude de condenações de militares a penas privativas de liberdade superiores a 2 (dois) anos, estes militares permanecerão na Força Armada, cumprindo então sua pena em presídio militar ou em unidade militar, na falta do primeiro, motivo pelo qual a fixação do regime de cumprimento inicial da pena é importante, devendo-se, por analogia, aplicar-se o art. 33 do Código Penal Comum, onde se verifica a existência de três regimes, fechado, semiaberto e aberto, cujo regramento está sediado nos arts. 34 a 38 do mesmo diploma legal, ainda que o sentenciado esteja cumprindo pena em estabelecimento militar.

Também o jurista **RONALDO ROTH,** no livro **"DESERÇÃO, UM ESTUDO MINUCIOSO SOBRE O CRIME MILITAR POR EXCELÊNCIA", Juruá Editora, 2015, p. 255**, no artigo denominado **"QUESTÕES PROCESSUAIS DO CRIME DE DESERÇÃO"**, é de opinião que a definição do regime prisional na sentença, embora não havendo previsão expressa no CPM, integra a garantia da individualização da pena (art. 5º, XLVI, da CF/88), e a garantia da ressocialização do condenado, sendo cabível ainda, a analogia *in bona partem* no âmbito penal militar com a legislação penal comum (CP Comum e LEP).

II) Posicionamentos dos tribunais

1) STF

a) Posicionamento desfavorável à aplicabilidade do regime prisional

No **HABEAS CORPUS 81.306/RJ, SEGUNDA TURMA, Rel. MIN. NELSON JOBIM**, em **20/11/2001**, decidiu-se que a LEP – Lei de Execução Penal (Lei nº 7.210/84) só se aplica ao condenado pela Justiça Militar, quando ele estiver recolhido a estabelecimento sujeito à jurisdição ordinária conforme prevê o parágrafo único do seu art. 2º. Do mesmo modo: **HABEAS CORPUS 73.920-2/RJ, SEGUNDA TURMA, Rel. Min. CARLOS VELLOSO, j. 20/8/1996, HABEAS CORPUS 77.277-7/MG, PRIMEIRA TURMA, Rel. Min. MOREIRA ALVES, j. 16/6/1998**.

b) Posicionamento favorável à aplicabilidade do regime prisional

No **HABEAS CORPUS 104.174/RJ, SEGUNDA TURMA, Rel. Min. AYRES BRITTO,** julgado em **29/3/2011,** acentuou-se que os militares, indivíduos que são, não foram excluídos da garantia constitucional da individualização da pena, devendo, dessa forma, entender-se contrária ao texto constitucional a exigência do cumprimento de pena privativa de liberdade sob regime integralmente fechado em estabelecimento militar, seja pelo invocado fundamento da falta de previsão legal na lei especial, seja pela necessidade do resguardo da segurança ou do respeito à hierarquia e à disciplina o âmbito castrense. No mesmo caminho, a decisão monocrática do STF concedendo liminar no **HABEAS CORPUS 120.684 MC/BA, Rel. Min. GILMAR MENDES, j. em 19/12/2013.**

Em **29/6/2016**, o **Plenário** do **STF** aprovou Súmula Vinculante que trata da ausência de vaga no sistema prisional, súmula de número **56** e cuja redação é a seguinte: ***"A falta de estabelecimento penal adequado não autoriza a manutenção do condenado em regime prisional mais gravoso, devendo-se observar, nesta hipótese, os parâmetros fixados no Recurso Extraordinário 641.320".***

Dessa maneira, na ótica do STF, vê-se que o militar da ativa tem assegurado a progressão de regime em igualdade de condições com os civis, mesmo que cumprindo pena em estabelecimento militar, visto que a garantia da individualização da pena é um direito fundamental, seja o indivíduo militar ou civil, e que, em face da omissão do CPM, aplicam-se a Lei de Execução Penal – art. 112 – e o Código Penal Comum – art. 33 e seguintes.

2) STM

O entendimento reiterado do STM é no sentido de que a progressão do regime de cumprimento de pena incide somente ao condenado que detenha a qualidade de civil no momento da execução da pena, com respaldo no art. 62 do CPM e no art. 2° da LEP. Confira-se **HABEAS CORPUS 2007.01.03439-3/SP, Rel. Min. JOSÉ COELHO FERREIRA, j. 7/8/2007, HABEAS CORPUS 07-53.2010.7.00.0000/PE, Rel. MIN. FLÁVIO DE OLIVEIRA LENCASTRE, j. 1º/3/2010,** onde a Corte Máxima Militar diagnosticou que a LEP é inaplicável aos presos militares recolhidos em organizações militares, pois a adoção da progressão do regime prisional se chocaria com a segurança, a hierarquia e a disciplina das unidades militares.

Posteriormente, o STF declarou a inconstitucionalidade da Lei nº 8.072/90 relativa à vedação progressão de regime prisional aos crimes hediondos, vindo novamente o STM a ratificar sua visão jurídica sob a justificativa de que a declaração de inconstitucionalidade de dispositivo da citada lei, vedando a progressão de regime prisional aos crimes hediondos, não alcança os crimes militares, os quais são regidos por institutos próprios compatíveis com a CF/88 (**HABEAS CORPUS 000064-71.2010.7.00.0000/RJ, Rel. MIN. CLEONILSON NICÁCIO SILVA, j. 20/5/2010**).

Em suma, o STM já se pronunciou inúmeras vezes sobre a recepção constitucional dos arts. 59 e 61, do CPM, firmando o entendimento de que estes artigos vigoram em toda a sua plenitude, não havendo nenhuma ofensa aos Princípios da Dignidade da Pessoa Humana e da Individualização da pena, e, em sendo assim, como a legislação penal castrense não contemplou o instituto da progressão, deve permanecer na sentença condenatória o regime fechado fixado pelo juízo de primeira instância, sujeitando o sentenciado às regras disciplinares e jurídicas da unidade prisional militar em que for recolhido, além de que, sendo militar, o cumprimento da pena privativa de liberdade em penitenciária civil seria mais desfavorável ao apenado, dada a conhecida repercussão negativa dessas instalações carcerárias (**APELAÇÃO 139-39.2013.7.01.041/RJ, Rel. Min. ARTUR VIDIGAL, j. 12/11/2014; APELAÇÃO 94-52.2012.7.06.0006/BA, Rel. Min. JOSÉ BARROSO FILHO, j. 1º/8/2014; HABEAS CORPUS 84-23.2014.7.00.0000/RN, Rel. Min. ARTUR VIDIGAL, j. 1º/8/2014; APELAÇÃO 9-08.2008.7.06.0006/BA, Rel. Min. ÁLVARO LUIZ PINTO, j. 31/3/2015**).

No **HC 162-12.2017.7.00.0000/RS, Rel. Min. ODILSON SAMPAIO BENZI, j. em 31/08/2017**, o **STM** decidiu que o cumprimento da pena em regime aberto por militar da ativa deve ser em estabelecimento militar, de acordo com o que prescreve o art. 73, parágrafo único, alínea "c", do Estatuto dos Militares, sendo a prisão domiciliar uma exceção. Também na **APELAÇÃO 000114-84.2017.7.0401, Rel. Min. LUIS CARLOS GOMES MATTOS, j. 7/12/2017**, o tema sobre o cumprimento de pena em regime aberto foi abordado: *"PROCESSO DE EXECUÇÃO. PRISÃO DOMICILIAR. CUMPRIMENTO DE PENA EM* REGIME ABERTO. ***Inconformismo do MPM diante de Decisão, proferida em processo de execução, que concedeu prisão domiciliar a militar que se encontra cumprindo a pena de 2 anos e 8 meses de detenção em* regime *inicialmente* aberto, *como incurso no art. 240, § 2º, do CPM. Como é cediço, a Lei nº 7.210/84 – Lei de Execuções Penais, no seu artigo 197, consagra o Agravo em Execução como via*** *para o Ministério Público e a Defesa escoarem o seu inconformismo com as decisões proferidas pelo Magistrado no processo de execução. Apesar da sistemática recursal ora vigente na Justiça Militar da União não contemplar o referido Agravo como meio de impugnação de decisões do Magistrado no processo de execução, na ausência de recurso específico para o fim ora buscado pelo Parquet, cabível é a Apelação subsidiária prevista no artigo 526, alínea "b", do CPPM. Como assentado na Sentença, o* regime *prisional fixado para o cumprimento da pena privativa de liberdade foi o inicialmente* aberto, *sem qualquer outra adjetivação. Nessa perspectiva, forçoso é reconhecer que, diante do silêncio da legislação processual e penal militar a disciplinar o cumprimento da Sentença de militares em* regime *prisional inicialmente* aberto, *deve ser observado, quanto a esse* regime, *o que dispõe a legislação processual e penal comum, notadamente, para a hipótese, o que se expressa nos artigos 33, § 1º, alínea "c", e 36, § 1º, ambos do Código Penal. Nessa esteira – e obviamente sob a premissa de que não poderia o condenado sujeitar-se a condições mais gravosas que aquelas próprias do* regime aberto, *em face da ausência de adequadas instalações carcerárias para responder às exigências desse* regime *–, optou corretamente a Magistrada pela eleição do seu domicílio como lugar para o cumprimento de sua pena, seguindo, por aí, a linha jurisprudencial desenhada firmemente pelo direito pretoriano pátrio. Desprovimento do Apelo do MPM. Unânime".*

E igualmente no **HABEAS CORPUS 7000107-68.2018.7.00.0000, Rel. Min. LUIS CARLOS GOMES MATTOS, julgado em 28/2/2019**, o STM decidiu, por maioria: *"HABEAS CORPUS. ESPECIALIDADE DA JUSTIÇA MILITAR DA UNIÃO. RECEPÇÃO DOS ARTIGOS 59 E 61 DO CPM PELA CONSTITUIÇÃO DE 1988. AUSÊNCIA DE CONSTRANGIMENTO ILEGAL A PAIRAR SOBRE O PACIENTE. DENEGAÇÃO DA ORDEM. A Carta Magna preconiza, em diversos artigos, o tratamento que deve ser dispensado ao jurisdicionado militar. Consagra, em particular nos artigos 122, 123 e 124, uma Justiça especializada para processá-lo e julgá-lo, de acordo com uma codificação penal e processual penal, orientada para tutelar bens* *jurídicos cuja preservação é indispensável à manutenção da estabilidade e da operacionalidade das Forças Armadas. Nessa linha de compreensão, as dicções dos artigos 59 e 61 do CPM – ora questionadas em sua constitucionalidade – de nenhum modo maltratam a Constituição da República, não estando, pois, a significar qualquer afronta aos princípios aventados na Impetração, destacadamente os da individualização da pena e da isonomia. Como ressai com clareza meridiana do quanto fundamentado na Inicial, deixou a Impetrante de levar em conta, no seu juízo de ponderação dos princípios constitucionais a serem considerados na espécie, principalmente o da soberania, o qual avulta como razão maior para a existência das Forças Armadas e da própria Justiça Militar como um dos mais efetivos meios para garantir-lhes a estabilidade e a efetividade da sua destinação constitucional de defesa da Pátria, da garantia dos poderes constitucionais e, por iniciativa de qualquer deles, da lei e da ordem. Nessa perspectiva, os artigos 59 e 61 do CPM devem ser conceituados como preceitos regulatórios de cumprimento da pena de natureza especial, perfeitamente justificados, em última análise, pelo interesse das Forças Armadas, em determinadas hipóteses, de ver reprimidas condutas criminosas de seus integrantes, mas sem o comprometimento irreversível dos seus retornos às suas atividades na Caserna. Também na mesma perspectiva, não cabe dizer que seriam preceitos a conter lacunas, na medida em que, com clareza meridiana, estabelecem as condições que devem ser cumpridas na aplicação da pena dos sentenciados a que se referem; e, obviamente, no que diz respeito particularmente à dicção do art. 59 do CPM, há silêncio quanto aos regimes prisionais elencados no art. 33 do Código Penal, visto que, como norma especial não carente de complementação, dispensa alusão a qualquer outro dispositivo de lei, tendo, inclusive, justamente por essa sua natureza especial, prevalência sobre outra congênere de caráter geral. Desse modo – e mais uma vez realçada a natureza especial do direito penal militar como um todo harmônico e sistêmico –, não há que se ver constrangimento ilegal algum a pairar sobre o Paciente, em face de não estar cumprindo a reprimenda que lhe foi imposta em regime aberto, conforme pretendido pela Impetrante. Denegação da Ordem. Decisão majoritária".*

C) PENAS ACESSÓRIAS PREVISTAS NO CÓDIGO PENAL MILITAR

As penas acessórias estão previstas no art. 98 do CPM, a saber, ***a perda de posto e patente, a indignidade para o oficialato, a incompatibilidade com o oficialato, a exclusão das Forças Armadas, a perda da função pública, ainda que eletiva, a inabilitação para o exercício de função pública, a suspensão do pátrio poder, tutela ou curatela e a suspensão dos direitos políticos.*** Tais penas somente terão aplicação se houver a incidência das principais, das quais são dependentes. Ressalte-se que a perda do posto e da patente do Oficial das Forças Armadas em razão da indignidade e incompatibilidade para com o oficialato, ante o disposto no art. 142, § 3º, incisos VI e VII, da CF/88, cabe, exclusivamente, ao STM determiná-la.

D) APLICABILIDADE DAS PENAS RESTRITIVAS DE DIREITO, INSTITUÍDAS PELA LEI Nº 9.714, DE 25/11/1998, NA JUSTIÇA MILITAR DA UNIÃO

Conforme dispõe a Lei nº 9.714/98, ao dar nova redação ao art. 43 do CP Comum, são penas restritivas de direito: ***a prestação pecuniária, a perda de bens e valores, a prestação de serviços à comunidade ou a entidades públicas, a interdição temporária de direitos.***

Tais penas aplicam-se autonomamente e são substitutivas às penas privativas de liberdade, quando não forem superiores a quatro anos e o crime não for cometido com violência ou grave ameaça à pessoa, ou qualquer que seja a pena aplicada, quando o crime for culposo, a teor do disposto no art. 44, e atendidos os demais requisitos dos arts. 46 a 48, ambos do mesmo Código, com a nova redação da citada lei. Também como condições para a aplicabilidade das penas restritivas de direito, exige-se que o réu não seja reincidente em crime doloso e que a culpabilidade, ou os antecedentes, a conduta social, a personalidade do condenado e os modos e circunstâncias do caso sob julgamento indiquem ser suficiente a adoção da substituição. Estas são as regras relativas às penas restritivas de direito.

O questionamento que se faz é se tais regras são aplicáveis ao CPM, já que a Lei nº 9.174/98 não faz qualquer referência à legislação especial.

l) Posicionamentos da doutrina

JORGE CESAR DE ASSIS, em sua obra "**DIREITO MILITAR, ASPECTOS PENAIS, PROCESSUAIS PENAIS E ADMINISTRATIVAS", Juruá Editora, 3ª edição, 2012, p. 114-121**, assinala que deve haver uma cautela na eventual incidência da Lei nº 9.714/98 aos condenados pela Justiça Militar, e mesmo assim restrita ao condenado civil, sob pena de descaracterização da justiça especializada, somente podendo a citada legislação ser aplicada ao sentenciado dessa Justiça por força do art. 12 do CP Comum, que se dirige às leis especiais, dentre elas, o CPM, sendo importante que o Conselho de Justiça, por ocasião da sentença, fixe o regime inicial do cumprimento da pena privativa de liberdade, mantendo-se o juízo castrense como o juízo de execução até surgir circunstância que implique expedição do mandado de prisão do condenado. E mais: para o eminente jurista, o critério preponderante para a aplicação da Lei nº 9.714/98 à Justiça Militar deve ser o da condição pessoal de o réu ser civil e não apenas o da natureza do crime militar (impróprio).

Já **FERNANDO GALVÃO,** em artigo denominado "**APLICAÇÃO DE PENAS RESTRITIVAS DE DIREITOS NA JUSTIÇA MILITAR ESTADUAL", publicado na REVISTA DE ESTUDOS E INFORMAÇÕES, do TRIBUNAL DE JUSTIÇA MILITAR DO ESTADO DE MINAS GERAIS, novembro/2008, p. 23**, pensa que, diante do permissivo legal do art. 12 do CP Comum, que determina a aplicação das regras contidas em sua parte geral aos fatos incriminados por leis especiais, salvo disposição expressa, nada impede a incidência da Lei nº 9.714/98 à Justiça

Militar da União, vez que além da inexistência de dispositivo específico que vede a substituição da pena privativa de liberdade por restritiva de direitos, esta Justiça especial vem incorporando em seus julgados muitos dos avanços produzidos no âmbito do Direito Penal Comum, como, por exemplo, no que diz respeito às regras do crime continuado (aplicação do art. 71 do CP Comum ao condenado, por ser mais benéfico que o do art. 80 do CPM), devendo, no entanto, tal substituição incidir conforme as peculiaridades do caso concreto, cabendo tal tarefa ao magistrado avaliar se a substituição é medida necessária e suficiente para os fins de reprovar e prevenir o crime.

O membro do Ministério Público Militar, **AILTON JOSÉ DA SILVA**, na **REVISTA DO MPM, nº 22, de novembro/2011, p. 13-21,** em artigo denominado **"PENAS RESTRITIVAS DE DIREITO E O CPM",** sustenta que, embora não haja no CPM qualquer menção à aplicabilidade das penas restritivas de direito, bem como o silêncio da Lei nº 9.714/98, há que se dar ao sistema jurídico penal brasileiro uma interpretação para o fim de se atender à justiça e à paz social, assinalando, ainda, a existência de penas restritivas de direito no CPM como o impedimento (art. 63), a suspensão do exercício do posto, graduação, cargo ou função (art. 64) e a reforma (art. 65) e, por fim, entendendo que a adoção de tais penas restritivas de direito da referida lei, para delitos previstos no Código Castrense e praticados por civis, atendem as doutrinas mais recentes quanto a liberdade e a dignidade do homem.

II) Posicionamentos dos tribunais

1) STF

Na mesma toada, a Corte Suprema já firmou posição, por várias vezes, pela não incidência da Lei nº 9.714/98 aos crimes militares, já que se limitou a alterar o CP Comum, pois o art. 59 do CPM disciplinou de modo diverso as hipóteses de substituição cabíveis sob sua égide (**HABEAS CORPUS 86.079/SP, SEGUNDA**

TURMA, REL. MIN. JOAQUIM BARBOSA, j. 29/6/2006; RECURSO EXTRAORDINÁRIO 273.900/SC, PRIMEIRA TURMA, Rel. MIN. SEPÚLVEDA PERTENCE, j. 8/9/2000; HABEAS CORPUS 94.083/DF, SEGUNDA TURMA, MIN. JOAQUIM BARBOSA, j. 9/2/2010).

Admite-se, entretanto, a conversão em penas alternativas se o cumprimento da pena do crime militar ocorre em estabelecimento penal comum (**STF, HABEAS CORPUS 91.709/CE, PRIMEIRA TURMA, Rel. MIN. CARMEM LÚCIA, j. 16/12/2008**).

2) STM

A Corte Máxima Castrense vem entendendo que, por inequívoca falta de previsão no CPM, a teor do seu art. 55, a conversão trazida pela Lei nº 9.714/98 é inaplicável à Justiça Militar da União (**EMBARGOS 13.97.2006.7.033.0103/RS, Rel. MIN. WILLIAM DE OLIVEIRA BARROS, j. 21/5/2013; APELAÇÃO 2006.01.050448-6, Rel. MIN FLÁVIO DE OLIVEIRA LANCASTRE, j. 12/12/2007; APELAÇÃO 2006.01.050207-7/RS, REL. MIN. SERGIO ERNESTO ALVES CONFORTO, j. 29/6/2006; APELAÇÃO 2004.01.04687-4/SP, REL. MIN. JOSÉ ALFREDO LOURENÇO DOS SANTOS, j. 5/5/2006; APELAÇÃO 0000010-52.2013.7.01.0201/RJ, Rel. MIN. JOSÉ BARROSO FILHO, j. 3/8/2015; APELAÇÃO 0000124-20.2015.7.11.0111/DF, Rel. Min. ÁLVARO LUIS PINTO, j. 5/9/2016**).

E) A INADMISSIBILIDADE DA CONCESSÃO DA SUSPENSÃO CONDICIONAL DA PENA NO PROCESSO PENAL MILITAR

Dois dispositivos da legislação castrense tratam da inadmissibilidade da concessão do sursis: art. 88 do CPM e art. 617 do CPPM, *verbis:* "**Art. 88.** ***A suspensão condicional da pena não se aplica: I – ao condenado por crime cometido em tempo de guerra; II***

– em tempo de paz: a) por crime contra a segurança nacional, de aliciação e incitamento, de violência contra superior, oficial de serviço, sentinela, vigia ou plantão, de desrespeito a superior, de insubordinação ou de deserção; b) pelos crimes previstos nos artigos 160, 161, 162, 235, 291 e parágrafo único, incisos I e IV."; "Art. 617. A suspensão condicional da pena não se aplica: I – em tempo de guerra; II – em tempo de paz: a) por crime contra a segurança nacional, de aliciação e incitamento de violência contra superior, oficial de serviço, sentinela, vigia ou plantão, de desrespeito a superior e desacato, de insubordinação, insubmissão ou de deserção; b) pelos crimes previstos nos artigos 160, 161, 162, 235, 291 e parágrafo único, incisos I e IV, do Código Penal Militar".

De início, três observações pontuais devem ser feitas: **a primeira,** é que os Crimes contra a Segurança Nacional não são mais da competência da Justiça Militar da União e sim da Justiça Federal, na forma do art. 109, IV, da CF/1988 (crimes políticos), tornando-se inválidos os arts. 88, II, alínea "a", do CPM, e 617, II, alínea "a", do CPPM, quando fazem referência a tais tipos de crimes, bem como aos crimes contra a segurança externa, elencados no CPM – arts. 136 a 148 – os quais, em sua grande maioria, a aplicabilidade do benefício perdeu sentido, em virtude de possuírem como sanção mínima estabelecida pena privativa de liberdade superior a dois anos, o que conflita com o requisito objetivo do art. 84, *caput*, do CPM, a **segunda,** é que o art. 88 do CPM tem a mesma redação do art. 617 do CPPM, salvo que a Lei Adjetiva Castrense incluiu também em sua alínea "a" o crime de insubmissão, previsto no art. 183 do CPM, bem como os dois tipos de crimes de desacato, estatuídos nos arts. 298 e 299 do CPM, e, finalmente, a **terceira**, é que o CPPM, no art. 617, inciso II, alínea "a", alinha o crime de Desrespeito a Superior e, na alínea 'b' do mesmo inciso, aponta o art. 160 do CPM, que nada mais é que o delito de Desrespeito a Superior, inserido na alínea "a". Da mesma forma equivocada, no art. 88, inciso II, alíneas "a" e "b", do CPM, há a repetição de tal crime.

Pode-se assim perceber que a diferença entre as duas alíneas "a" dos respectivos incisos II, do art. 88 do CPM, e do art. 617 do CPPM sobre a aplicabilidade do sursis aos crimes de Desacato e de Insubmissão é que, no art. 617, inciso II, alínea "a", do CPPM, inclui-se os crimes de desacato (arts. 298 e 299 do CPM) e de insubmissão (art. 183 do CPM), enquanto no art. 88, inciso II, alínea "a", do CPM, não se faz menção a tais crimes.

De se indagar: **Qual artigo deverá prevalecer: o da lei substantiva – art. 88 do CPM – ou o da lei adjetiva – art. 617 do CPPM?** E surge outro questionamento de grande relevância e de maior amplitude: **É inconstitucional a alínea "a", do inciso II, do art. 88, do CPM, que veda a suspensão condicional da pena – sursis – para os crimes propriamente militares ali elencados?** É o que veremos a seguir.

I) Posicionamentos da doutrina

Discute-se também na doutrina a respeito da inconstitucionalidade do art. 88, inciso II, alínea "a", do CPM, no caso da não concessão do sursis a autor de crime propriamente militar. Para alguns estudiosos, os rigores da legislação penal militar nos Crimes contra o Serviço e o Dever Militares justificam-se enquanto o sentenciado detiver a condição de militar. Para outros juristas, tal dispositivo não foi recepcionado pela Carta Magna por ofensa aos princípios da razoabilidade e da proporcionalidade (**JORGE CESAR DE ASSIS, COMENTÁRIOS AO CPM, Artigos 1º a 383, Juruá Editora, 2012, 4ª edição, p. 209**).

No artigo denominado "**A inconstitucionalidade do art. 88, II, alínea "a", do CPM – Ofensa ao Princípio da Isonomia"**, publicado na ***Revista de Informação Legislativa,*** **Brasília, nº 124, ano 31, p. 13-5, outubro/dezembro 1994**, o jurista **CARLOS FREDERICO DE OLIVEIRA** argumenta que essa vedação violaria o princípio da isonomia.

Por sua vez, **ALEXANDRE SARAIVA, op. cit., p. 186**, sobre a temática, posiciona-se no sentido de que apenas a disposição do inciso I encontra perfeita acolhida na ordem constitucional vigente, diante da excepcionalidade do tempo de guerra e que os casos remanescentes devem ser apreciados à luz das circunstâncias subjetivas e objetivas, nos moldes do art. 84 do CPM, ou seja, ficaria ao prudente convencimento do juiz apreciar se a gravidade do crime e a personalidade do agente recomendam ou não o benefício, concluindo o jurista que, a rigor, os crimes arrolados no inciso II deste art. 88 são incompatíveis com o sursis.

II) Posicionamentos dos tribunais

1) STF

Para o STF, a respeito da não concessão do sursis ao autor do crime de ***deserção***, inexiste conflito entre o art. 88, II, alínea "a", do CPM e o disposto no art. 5º, XLVI, da CF/1988. Os decisórios nessa direção, adiante elencados, foram proferidos pelas Turmas do STF e decisões monocráticas: **HC 76.411-2, SEGUNDA TURMA, Rel. MIN. NELSON JOBIM, DJU de 30/10/1998; AGRAVO DE INSTRUMENTO 778.604, Rel. MIN. RICARDO LEWANDOWSKI, DJE 23/2/2010, DECISÃO MONOCRÁTICA; HC 109.390/MS, SEGUNDA TURMA, Rel. MIN. GILMAR MENDES, DJE 9/10/2012; HC 117. 880/SP, Rel. MIN. LUIZ FUX, DJE 24/5/2013 – DECISÃO LIMINAR; AGRAVO REGIMENTAL no RE C/AGRAVO 674.822, PRIMEIRA TURMA, Rel. MIN. ROBERTO BARROSO, decisão de 8/10/2013; AGRAVO REGIMENTAL NO RE C/AGRAVO 758.084, SEGUNDA TURMA, Rel. MIN. GILMAR MENDES, decisão de 15/10/2013; ARE 646.091, Rel. Min. LUIZ FUX, j. 4/8/2011.**

Consigne-se que, no **HABEAS CORPUS 99.743**, julgado em **6/10/2011**, o **Tribunal Pleno**, por unanimidade de votos, denegou a ordem a militar processado por crime de deserção que pleiteava a aplicabilidade da suspensão condicional do processo, nos termos do estampado no art. 89 da Lei nº 9.099/95, bem como a suspensão condicional da pena, prevista no art. 84 do CPM, declarando que o art. 90-A, com a nova redação dada pela Lei nº 9.839/99, não afronta o art. 98, inciso I, § 1º, da Carta da República, que veda a suspensão condicional do processo ao militar processado por crime militar. No tocante ao crime de prática de atos libidinosos em área sujeita à administração militar – art. 235, CPM – qual seja, crime impropriamente militar e não crime propriamente militar, o STF entende que não há qualquer incompatibilidade entre o art. 88, II, letra "b", do citado diploma legal castrense, que veda a concessão do sursis por tal crime, e outros, e o art. 5º, inciso XLVI da CF/88 (**HC 79.824, SEGUNDA TURMA, Rel. MIN. MAURÍCIO CORREA, decisão de 23/5/2000; HABEAS CORPUS 109.390, SEGUNDA TURMA, Rel. Min. GILMAR MENDES, decisão de 18/9/2012).**

Ocorre que, em **5/12/2013**, o **Plenário** do **STF** no **HABEAS CORPUS 113.857**, concedeu a ordem para admitir o sursis, em virtude de empate na votação, o que fez prevalecer à decisão mais benéfica ao réu, não declarando, entretanto, a não recepção pela CF/88 da parte da alínea "a", do inciso II, do art. 88, do CPM. Naquela oportunidade, o Ministro Relator **DIAS TOFFOLI** afirmava que a proibição do sursis ofendia a garantia constitucional da individualização da pena (inciso XLVI, do art. 5º, da CF/88), aviltando a norma em questão – art. 88, inciso II, alínea "a", do CPM – mais diretamente a equidade, pela qual se espera harmonia na aplicação dos princípios constitucionais e das normas infraconstitucionais.

Em **22/5/2014**, novamente o tema veio a ser discutido no **Plenário** do STF, através **HABEAS CORPUS 119.567**, quando, por maioria, sendo Relator para o acórdão o **Min. LUIZ ROBERTO BARROSO**, decidiu-se pela não concessão do benefício do sursis aos condenados pelo crime de deserção, já que recepcionadas pela CF/88 a alínea "a" do inciso II do art. 88, do CPM, e alínea "a", do inciso II, do art. 617, do CPPM, que vedam tal instituto aos autores desse delito. No voto vencedor declarou-se a necessidade de que, no âmbito das Forças Armadas, exista um regime jurídico diferenciado ante a natureza constitucional existente, embora não seja o tratamento jurídico mais desejável.

2) STM

Quanto aos pronunciamentos da Corte Militar Federal, acentue-se que na **APELAÇÃO 6-20.2007.7.05.0005/PR,** em **20/6/2010,** da relatoria do **Ministro RAYMUNDO NONATO DE CERQUEIRA FILHO e na APELAÇÃO (FO) 20-33.2009.7.05.0005/PR**, em **16/5/2011,** da relatoria do **Ministro REINALDO QUINTAS MAGIOLI,** foi concedido o benefício do sursis para réus condenados pelo art. 163 do CPM (recusa de obediência), a despeito da vedação do art. 88 da Lei Substantiva Castrense. Em tais decisões, a suspensão condicional da pena contemplou apenas civis que, enquanto militares, cometeram os delitos sobre os quais pesa a vedação legal em comento.

Mais precisamente na **APELAÇÃO 95-10.2013.7.09.0009/MS, Rel. Min. FERNANDO SÉRGIO GALVÃO, DJe 5/5/2015,** decidiu-se que, a despeito da regra proibitiva do art. 88, inciso II, alínea "a", do CPM, é preciso interpretar o citado artigo sob o prisma restritivo, mitigando sua aplicação para réus que não mais ostentam a condição de militar e, assim, conceder a suspensão condicional da pena, por nítida isonomia jurídica e por aferir a sua necessidade como imprescindível medida de natureza de política criminal, acentuando, ainda, o veredicto citado que o fundamento para a proibição da concessão do benefício do sursis para os crimes de insubordinação não permanece quando se está diante de réu civil, já desincorporado.

A Ministra **MARIA ELIZABETH GUIMARÃES TEIXEIRA ROCHA**, na **APELAÇÃO 47-78.2012.7.07.0006,** julgada em **26/11/2013**, em seu voto vencido, entendeu ser cabível a suspensão condicional da reprimenda também ao militar, porquanto o que deve ser levado em consideração é o indivíduo, e não a sua condição funcional, e que, a despeito da relevância dos princípios maiores norteadores das Forças Armadas, não podem eles preponderar sobre outros, não menos relevantes e que há de ser ressaltada a dignidade humana, fundamento basilar do Estado Democrático de Direito, consentânea do princípio da individualização da pena, de índole constitucional, em face do qual deve se afastar a vedação instituída pelos arts. 88 e 617, respectivamente, dos Códigos Penal e Processual Penal Militares.

Entretanto, o posicionamento do STM é pela não concessão do benefício, na esteira do decidido pelo **Plenário** do STF no **HABEAS CORPUS 119.567,** antes mencionado, conforme se comprova nos seguintes decisórios: **APELAÇÃO 041/RJ, Rel. MINISTRO JOSÉ AMÉRICO DOS SANTOS, decisão de 26/9/2011; APELAÇÃO 00001148-70.2010.7.030103/RS, Rel. Min. JOSÉ AMÉRICO DOS SANTOS, decisão de 9/4/2012; APELAÇÃO 000035.-41-2008.7.01.0201/RJ, Rel. MIN. WILLIAM DE OLIVEIRA BARROS, decisão de 19/6/2012; EMBARGOS 000050-86.2008.7.12.0012/DF, Rel. Min. FERNANDO SÉRGIO GALVÃO, decisão de 25/6/2012; APELAÇÃO 47-78.2012.7.06.0006/BA, Rel. MIN. MARCOS TORRES, decisão de 2/9/2013; 105-88.2012.7.09.0009/MS, Rel. MIN. LUIS CARLOS GOMES MATTOS, decisão de 27/11/2013; APELAÇÃO 0000158-97.2012.7. 01.0201/RJ, REL. MIN. CLEONILSON NICACIO SILVA, j. 12/12/2013; APELAÇÃO 7000078-52.52.2018.7.00.0000, REL. MIN. CLEONILSON NICÁCIO SILVA, j. 10/5/2018.**

Cabe mais uma indagação: **O crime de Insubmissão admite o sursis?** Como já dito anteriormente, o art. 88, inciso II, alínea "a" do CPM tem a mesma redação do art. 617, inciso II, alínea "a", do CPPM, sendo que este último diploma legal inseriu também o crime de insubmissão previsto no art. 183 do CPM, não relacionado na citada alínea do Código Penal Castrense. Dessa forma, o CPPM veda o sursis ao insubmisso, enquanto o CPM se omitiu.

Prevalece, no nosso pensar, o estatuído no CPM, vez que a matéria em questão é de direito substantivo e não de direito adjetivo, bem como por ser mais favorável ao réu. Para **CLÁUDIO AMIM MIGUEL e IONE DE SOUZA CRUZ, "ELEMENTOS DE DIREITO PENAL MILITAR, PARTE ESPECIAL", Lumen Juris Editora, 2013, p. 115**, torna-se impossível a concessão do sursis visto que tal benefício aplica-se tão somente às penas privativas de liberdade, enquanto a pena fixada no art. 183 do CPM, de impedimento, é restritiva da liberdade por não haver o encarceramento do indiciado pelo crime de insubmissão.

AUDIÊNCIA DE CUSTÓDIA NA JUSTIÇA MILITAR DA UNIÃO

Com o advento da Lei nº 13.964/2019, chamada de Pacote Anticrime, criou-se no art. 310 do CPP Comum a Audiência de Custódia e Apresentação, determinando que, após receber o auto de prisão em flagrante, no prazo máximo de 24 (vinte e quatro) horas após a realização da prisão, o juiz deverá promover a Audiência de Custódia com a presença do acusado, seu advogado constituído ou membro da defensoria pública e o Membro do Ministério Público, devendo, ainda, fundamentadamente, relaxar a prisão ilegal ou converter a prisão em flagrante em prisão preventiva, quando presentes os requisitos constantes do art. 312 do CPP Comum, se revelarem inadequadas ou insuficientes as medidas cautelares diversas da prisão, ou conceder liberdade provisória, com ou sem fiança, tudo de acordo com o que rezam os incisos I, II e III do mesmo artigo.

Anote-se que o § 4º, do art. 310, do CPP Comum, que prevê o relaxamento da prisão pela não realização tempestiva da Audiência de Custódia, teve seus efeitos suspensos pelas **ADIs 6.298,6.299,6.300 e 6.305**.

Na Justiça Militar temos duas situações: a Estadual, por intermédio de seus tribunais máximos, os Tribunais Militares do RS, MG e SP, os únicos Estados que os possuem, regulamentaram o instituto, o mesmo fazendo a Justiça Militar da União através da **RESOLUÇÃO nº 228, de 26/10/2016**, baixada pelo STM, tendo este tribunal máximo, inclusive, enviado anteprojeto de lei à Câmara dos Deputados, alterando vários artigos do CPPM, e já transformado no Projeto de Lei nº 9.346/2017.

Neste PL, inseriu-se um novo Capítulo IX, ao Título XIII, do Livro I, do CPPM, denominado "Audiência de Custódia", onde no art. 276-K se regula a matéria.

Entretanto, devido as peculiaridades da Justiça Militar, sua aplicabilidade já vem sofrendo críticas de estudiosos. É o caso do artigo denominado "**A AUDIÊNCIA DE CUSTÓDIA NA JUSTIÇA CASTRENSE, ASPECTOS PRÁTICOS E CONTROVERSOS**", de autoria do Juiz Federal da JMU **FERNANDO PESSOA DA SILVEIRA**, publicado na **REVISTA DO STM, nº 27, julho a dezembro/2017, p. 86-103,** onde seu articulista sustenta que a designação de Audiência de Custódia na Justiça Castrense ganha contornos próprios, obedecendo a preceitos fáticos-jurídicos distintos das demais Justiças Criminais, não podendo seguir idêntica adoção, devendo ser interpretada esta audiência no processo judicial militar de forma a perquirir o correto sentido da expressão "circunstância excepcional", estatuída no art. 5º, § 4º, da Resolução nº 228/STM, para sua dispensa à luz desta Resolução. E diz mais o jurista em tela que inexiste população carcerária militar, sendo ínfima a quantidade de presos nesta seara, além do que crimes militares de grande incidência na Justiça Castrense submetem o preso à inspeção de saúde para fins de aptidão, o que, por si só, afasta a necessidade da sua oitiva para fins de aferir sua integridade física, concluindo que, no entendimento do STJ, a não realização da Audiência de Custódia não acarreta qualquer nulidade à prisão e ao bom andamento da ação penal, eis que a conversão da prisão em flagrante em preventiva a torna dispensável.

RESOLUÇÃO Nº 228, DE 26/10/2016 DO STM

Pelo seu art. 1º, a Audiência de Custódia visa assegurar a apresentação, sem demora da pessoa presa a um juiz, nos casos de prisão em flagrante delito, de prisão decorrente de apresentação voluntária ou captura relativas aos delitos de deserção ou insubmissão, ou, ainda, de cumprimento de mandados de prisão cautelar ou definitiva.

Nos termos do art. 2º da Resolução em epígrafe, a finalidade do instituto é controlar a legalidade e a necessidade da prisão, bem como avaliar eventuais ocorrências de torturas, maus-tratos ou outras irregularidades, resguardando a integridade física e psíquica do detido.

Da Audiência de Custódia será lavrada ata, da qual constará, dentre outros conteúdos, o teor da deliberação fundamentada do juiz quanto à legalidade da prisão efetuada, a premência de sua manutenção, o cabimento de liberdade provisória, a necessidade de adoção de medidas cautelares não detentivas, a apreciação de eventuais pleitos defensivos ou provenientes do MPM, assim como as providências adotadas nas hipóteses de constatação de indícios compatíveis com a sujeição do detido à tortura e/ou maus tratos.

Releva notar que no PL 9.346/2017 prevê-se a inserção do Capítulo VIII, no Título XIII, do Livro I, do CPPM, estabelecendo a possibilidade de concessão de medidas cautelares pessoais diversas da prisão, afastando a restrição de liberdade do indivíduo nos casos em que outra medida cautelar seja possível, compatibilizando as legislações processuais penais com a militar.

REFERÊNCIAS BIBLIOGRÁFICAS

DIREITO PENAL MILITAR/DIREITO PROCESSUAL PENAL MILITAR

ARÁUJO, João Vieira. *Direito Penal do Exército e Armada*: Laemmert&C, 1898.

ARÁUJO, Wendel Petrachim. Crime de deserção e a criação de uma ficção jurídica de militar para prosseguimento da ação penal na justiça castrense. Perspectivas da Justiça Militar contemporânea: Editora Lumen Juris, 2018.

ASSIS, Jorge César. *Código de Processo Penal Militar Anotado*. 1° volume, Artigos 1° a 383: Juruá, 2012.

______. *Comentários ao Código Penal Militar*: Juruá, 2012.

______. *Direito Militar*. Aspectos penais, processuais penais e administrativos. 3ª edição: Juruá, 2012.

______; LAMAS, Cláudia Rocha. *Execução da sentença na Justiça Militar*: Juruá, 2011.

______. *Deserção*: um estudo minucioso sobre o crime militar: Juruá, 2015.

______. *Crime Militar & Processo*. Comentários à Lei n° 13.941/2017: Juruá, 2018.

______. *Direito Militar em movimento*: Juruá, 2015.

______; CAMPOS, Mariana Queiroz Aquino. *Comentários à Lei de Organização da Justiça Militar da União*: Juruá, 2019.

BANDEIRA, Esmeraldino. *Direito, Justiça e Processo Penal Militar.* 2ª edição: Livraria Francisco Alves, 1919.

CARVALHO, Esdras dos Santos. *O Direito Processual Penal Militar numa visão garantista*: Lumen Juris, 2010.

DUARTE, Antônio Pereira. *Direito Militar em movimento*: Juruá, 2015.

ESTRELA, Eládio Pacheco. *Direito Militar Aplicado*. vol. I: Lucano, 2000.

FERREIRA, Avilmar Santos. *Inquérito Policial Militar e Sindicância*: Del Rey, 1996.

FREYESLEBEEN, Márcio Luís Chila. *A Prisão Provisória no CPPM*: Del Rey, 1987.

GIULIANI, Ricardo Henrique Alves. *Direito Penal Militar*: Verbo Jurídico, 2007.

______. *Direito Processual Penal Militar*: Verbo Jurídico, 2007.

LOBÃO, Célio. *Direito Penal Militar*. 3ª edição: Brasília Jurídica, 2006.

______. *Comentários ao Código Penal Militar*. vol. 1. Parte geral: Gen/ Forense, 2012.

______. *Direito Processual Penal Militar*. 2ª edição: Gen/Forense, 2011.

LOUREIRO NETO, José da Silva. *Direito Penal Militar*. 3ª edição: Atlas, 2000.

______. *Lições de Processo Penal Militar*: Saraiva, 1992.

______. *Processo Penal Militar*. 5ª edição: Atlas, 2000.

MIGUEL, Cláudio Amim Cruz, Ione de Souza. *Elementos de Direito Penal Militar* – Parte Geral: Lumen Juris, 2005.

______; CRUZ, Ione de Souza. *Elementos de Direito Penal Militar* – Parte Especial: Método, 2013.

______; COLDIBELLI, Nelson. *Elementos de Direito Processual Penal Militar*. 3ª edição: Lumen Juris, 2011.

MARTINS, Eliazar Pereira; CAPANO, Evandro Fabiani. *Inquérito Policial Militar*: Editora de Direito, 1996.

NEVES, Cícero Robson Coimbra. *Manual de Direito Processual Penal Militar (em tempo de paz)*. São Paulo: Saraiva, 2018.

______; STREIFINGER, Marcelo. *Manual de Direito Penal Militar*. 4ª edição: Saraiva, 2014.

NUCCI, Guilherme de Souza. *Código Penal Militar Comentado*: Thomson Reuters/Revista dos Tribunais, 2013.

______. *Código de Processo Penal Militar Comentado*: Thomson Reuters/ Revista dos Tribunais, 2013.

PINTO, Airton de Oliveira. *Elementos de Direito Penal Militar*: Apex, 1975.

ROMEIRO, Jorge Alberto. *Curso de Direito Penal Militar*: Saraiva, 1994.

ROTH, Ronaldo. *Justiça Militar e as Peculiaridades na Atuação Jurisdicional*: Juarez de Oliveira, 2003.

______. *Temas de Direito Militar*: Suprema Cultura, 2004.

______. *Deserção, um estudo minucioso sobre o crime militar por excelência*. Questões Processuais do crime de deserção: Juruá, 2015.

SARAIVA, Alexandre José de Barros Leal. *Inquérito Policial e Auto de Prisão em Flagrante nos Crimes Militares*: Atlas, 1999.

______. *Código Penal Militar Comentado*. Parte Geral: Gen/Método, 2009.

TEIXEIRA, Paulo Ivan de Oliveira. *1000 Perguntas acerca da estrutura e legislação penal e administrativa militar*: Juruá, 2006.

______. *Lei de Organização da Justiça Militar anotada*: Edipro, 2013.

TEIXEIRA, Sílvio Martins. *Novo Código de Direito Penal Militar*: Livraria Freitas Bastos, 1946.

TORRECILHAS, Dirceo; RAMOS, Ilton Garcia da Costa; Roth, Ronaldo. *Direito militar*: doutrinas e aplicações: Elsevier, 2011.

CADERNO JURÍDICO da Escola Superior do Ministério Público de São Paulo. *Direito Penal Militar e Processual Penal Militar*: Imprensa Oficial, ano III, vol. 6, nº VI, junho/dezembro 2004.

Revista de Estudos e Informações do Tribunal de Justiça Militar do Estado de Minas Gerais.

Revista Direito Militar da Amajme. Associação dos Magistrados das Justiças Militares Estaduais.

Revista do Ministério Público Militar.

Revista do Superior Tribunal Militar.

Revista de Informações Legislativa.

DIREITO PENAL COMUM/DIREITO PROCESSUAL PENAL COMUM/EXECUÇÃO PENAL/DIREITO PROCESSUAL CIVIL

BADARÓ, Gustavo. Correlação entre a acusação e sentença: Revista dos Tribunais, 2013.

______. *Manual dos Recursos Penais*: Editora Revista dos Tribunais, 2018.

______. *Processo Penal*: Thomsom Reuters/Revista dos Tribunais, 2015.

BARROS, Romeu Pires de Campos. *Sistema do processo penal brasileiro.* vol. II: Forense, 1987/1990.

CARDOSO, Sady Gusmão. *Código de Processo Penal* – breves anotações: Jacintho, 1942.

CARVALHO, Wladimir Souza. *Competência da Justiça Federal*: Juruá, 1998.

DELMANTO, Celso. *Código Penal Comentado*: Renovar, 2004.

ESPÍNOLA, Eduardo Filho. *Código de Processo Penal Brasileiro Anotado*: Editora Rio, 1980.

FEITOZA, Denílson. *Direito Processual Penal*: teoria, critica e práxis: Impetus, 2010.

FERREIRA, Dennis Aceti Brasil; SEGAL, Marcelo. *1000 Perguntas – Direito Processual Penal*: Universidade Estácio de Sá, 2004.

GOMES, Suzana de Camargo. *Crimes Eleitorais*. 3ª edição: Revista dos Tribunais, 2008.

GRINOVER, Ada Pellegrini; GOMES FILHO, Antônio Magalhães; SCARANCE, Antônio Fernandes. *Nulidades do Processo Penal*: Revista dos Tribunais, 2010.

JARDIM, Afrânio Silva; AMORIM, Pierre Souto Maior Coutinho. *Direito Processual Penal, Estudos e Pareceres*. 12ª edição: Lumen Juris, 2013.

JESUS, Damásio de. *Código de Processo Penal Anotado*: Saraiva, 2012.

______. *Direito Penal*. Parte Geral. 1º vol.: Saraiva, 1999.

KARAM, Maria Lúcia. *Competência no Processo Penal*: Revista dos Tribunais, 2005.

LIMA, Renato Brasileiro. *Manual de Processo Penal*: JusPodivm, 2020.

LOPES JR., Aury. *Direito Processual Penal*: Saraiva, 2013.

______. *O novo regime jurídico da prisão provisória, liberdade provisória e medidas cautelares diversas*. Lei nº 12.403: Lumem Juris, 2011.

MARQUES, José Frederico. *Elementos de Direito Processual Penal*. vol. II: Millennium, 2009.

______. *Instituições de Direito Processual Civil*. 3ª edição: Forense, 1996.

MIRABETE, Júlio Fabbrini. *Código de Processo Penal Interpretado*: 11ª edição: Atlas, 2013.

NERY JUNIOR, Nelson; NERY JUNIOR, Rosa Maria de Andrade. *Código de Processo Civil Comentado*. 16ª edição. Editora Revista dos Tribunais, 2016.

NUCCI, Guilherme de Souza. *Código de Processo Penal Comentado*. 12ª edição: *Revista dos Tribunais*, 2013.

______. *Prisão e liberdade*. As reformas processuais penais introduzidas pela Lei nº 12.403, de 4/5/2011: Editora Revista dos Tribunais, 2011.

PACELLI, Eugenio. *Curso de Processo Penal*: Atlas, 2013.

______; FISCHER, Douglas. *Comentários ao Código de Processo Penal e sua jurisprudência*. 8ª edição: Atlas, 2016.

PAULSEN, Leandro. *Crimes Federais*: SaraivaJur, 2017.

POLASTRI, Marcelo. *Curso de Processo Penal*: Lumen Juris, 2013.

SCARANCE, Antônio Fernandes. *A reação defensiva à imputação*: Revista dos Tribunais, 2002.

TORON, Alberto e outros. *Comentários à Lei de Abuso de Autoridade*. Lei nº 13.869/2019: Thomsom Reuters/Revista dos Tribunais, 2020.

TORNAGHI, Hélio. *Curso de Direito Processual Penal*. 8ª edição: Saraiva, 1991.

TOURINHO, Fernando Costa Filho. *Processo Penal*. vol. 2: Editora Saraiva, 2012.

ARTIGOS

ARAS, Wladimir. *As novas competências da Justiça Militar após a Lei nº 13.491/2017*. www.wladimiraras.com.br.

______. *As mudanças na Lei Orgânica da Justiça Militar da União*. www.wladimiraras.com.br.

ARÁUJO, Wendel Petrachim. *Crime de deserção e a criação de uma ficção jurídica de militar para prosseguimento*. Perspectivas da Justiça Militar contemporânea: Lumen Juris, 2018.

ARPINI, Soel. Limites à atividade processual do Juiz-Corregedor na Justiça Militar da União. *Revista Jus Militaris*, nº 2, www.jusmilitaris.com.br. dezembro/2010.

ASSIS, Jorge Cesar. *Análise das recentes alterações do Código de Processo Penal Comum e a possibilidade de aplicação na Justiça Militar da União*. www.jusmilitaris.com.br.

______. *Um estudo minucioso sobre a natureza do crime de deserção*. www.jusmilitaris.com.br.

______. *O processo de deserção e o status de militar como condição de prosseguibilidade*. www.atualidadesdodireito.com.br.

______. O Incidente de Resolução de Demandas Repetitivas nº 7000425-51.2019.7.00.0000 e a compreensão exata, de quem é o "civil" sujeito à jurisdição monocrática do Juiz Federal da justiça militar. *Revista Direito Militar, Amajme*, ano XXII, n. 137, setembro/outubro 2019.

______. *Processo e julgamento de civis pelo juízo democrático na Justiça Militar*. Direito Militar em movimento: Juruá, 2015.

CABETTE, Luiz Eduardo Santos. *Crimes militares e a Lei nº 13.491/17 em relação ao direito intertemporal*. www.eduardocabette.jusbrasil.com.br.

CAMPOS, Mariana Queiroz Aquino. A Lei nº 13.491/2017: Inovações e desafios. *Revista do STM*. vol. 28, nº 1, julho/dezembro 2018.

CARVALHO, Alexandre Reis. parágrafo único do art. 9º do CPM: quinze anos de existência, validade e eficiência. *Revista do MPM da União*, nº 22, 2011.

COELHO, José Osmar. *Crime doloso contra a vida de civil, questões controvertidas e soluções quanto ao parágrafo 1º do art. 9º, após Lei nº 13.491/17*. www.jus.com.br.

FALOPPA, Fabíola Mora. *Da emendatio e mutatio libelli na sistemática processual penal militar*. Coletânea de Estudos de Direito Militar. Doutrina e jurisprudência. Tribunal de Justiça Militar do Estado de São Paulo, 2012.

FERNANDES, Lendel. A inconveniência do julgamento dos crimes militares pelo escabinato na Justiça Militar. *Revista do MPM da União*, nº 21, abril/2010.

______. A inconstitucionalidade da prisão no crime de deserção, delito capitulado no art. 187 do CPM. *Revista Direito Militar, Amajme*, nº 63, janeiro/fevereiro 2017.

FIGUEIREDO, Ricardo Vergueiro. A sessão de julgamento em casos que envolvem civis. *Revista Direito Militar, Amajme*, nº 133, janeiro/fevereiro 2019.

FOUREAUX, Rodrigo. *Competência para julgar os crimes militares eleitorais*. www.observatoriodajustiçamilitar.com.br.

GALVÃO, Fernando. *Natureza material do dispositivo que amplia o conceito militar e o deslocamento dos inquéritos e processos em curso na Justiça Comum para Justiça Militar*. www.observatoriodajustiçamilitar.com.br.

______. Aplicação de penas restritivas de direitos na Justiça Militar Estadual. *Revista de Estudos e informação. Tribunal de Justiça Militar do Estado de Minas Gerais*, novembro/2008.

GORRILHAS, Luciano Moreira. A inconstitucionalidade da prisão no crime de deserção, delito capitulado no art. 187 do CPM. *Revista Direito Militar, Amajme*, nº 63, janeiro/fevereiro 2007.

______. Algumas considerações acerca da participação das Forças Armadas em operações no cumprimento da lei e da ordem, notadamente em comunidades do Rio de Janeiro. *Revista do MPM da União*, nº 22, novembro/2008.

______. *Lei nº 13.774/2018*: Os Conselhos e o juízo monocrático na Justiça Militar da União: uma análise visando a evitar que a música se torne ruído ou coisa pior. www.observatoriodajustiçamilitar.com.br.

______. *Medidas Cautelares previstas na Lei nº 12.403/2011 e sua aplicabilidade na Justiça Militar*. www.jusmilitaris.com.br.

______. *Questões técnico-jurídicas que inviabilizam a prisão do desertor no interior de domicílio, sem a devida ordem judicial*. www.jusmilitaris.com.br.

______. *Prisão provisória na legislação processual penal militar*. www.justitia.com.br/artigos.

MARREIROS, Adriano Alves. *Lei nº 13. 491/2017, o júri que não há mais e o que não haverá*: uma análise sobre a mudança da natureza comum para militar de certos crimes dolosos contra a vida. www.genjuridico.com. br.

______. *Código Penal Militar*: Perguntas e respostas sobre a mudança que ocorreu-tratando agora do *caput* do inciso II e suas consequências. Lei nº 13.774/2018 (o velho truque das perguntas e respostas para comentar uma nova lei). www.observatoriodajustiçamilitar.com.br.

______. *Lei nº 13.774/2018*. Os Conselhos e juízo monocrático na Justiça Militar da União: uma análise visando a evitar que a música se torne ruído. Ou pior. www.observatoriodajustiçamilitar.

NEVES, Cícero Robson Coimbra. Inquietações na investigação criminal militar após a entrada em vigor da Lei nº 13. 491, de 13 de outubro de 2017. *Revista Direito Militar, Amajme*, nº 126, setembro/dezembro 2017.

______. Decretação de prisão preventiva no crime de deserção. *Revista Direito Militar, Amajme*, nº 122, março/abril 2015.

______. Interrogatório ao final da instrução criminal e prazo para a oposição de exceções. *Revista do MPM da União*, nº 26, novembro 2016.

______. *Lei nº 13. 774/18 e a incompetência absoluta do juízo monocrático para ex-militares*. www.observatoriodajustiçamilitar.

______. Crime militar praticado por militares inativos e por civis: teorias monista e dualista. *Revista Direito Militar, Amajme*, nº 189, janeiro/fevereiro 2020.

PEREIRA, Carlos Frederico de Oliveira. *A Lei nº 13. 491, de 13 de outubro de 2017, e os crimes hediondos*. www.mpm.mp.br.

______. A inconstitucionalidade do art. 88, II, alínea "a" do CPM. Ofensa ao Princípio da Isonomia. *Revista de Informação Legislativa*, nº 124, ano 31, outubro/dezembro 1994.

RABELO NETO, Luiz Otávio. *A reforma da Justiça Militar da União*: comentários à Lei nº 13. 774, de 19 de dezembro de 2018. www.jus.com.br.

______. A Lei nº 13.491/2017 e sua influência na parte geral do CPM e nas penas. *Revista do STM*, v. 27, nº 2, janeiro/junho 2018.

RAMOS, Ataliba Dias. ***Emendatio libelli** no processo penal militar*: uma proposta de releitura do art. 437, "a", do CPPM. Perspectivas da Justiça Militar contemporânea: Lumem Juris, 2018.

ROSA, Paulo Tadeu Rodrigues. Aplicações da Lei nº 10. 792/2003 na Justiça Militar. *Revista Direito Militar, Amajme*, nº 44, novembro/dezembro 2003.

ROTH, Ronaldo. Os delitos militares por extensão e a nova competência da Justiça Militar – Lei nº 13. 491/2017. *Revista Direito Militar, Amajme*, nº 126, setembro/dezembro 2017.

______; ONO, Silvia Helena. Processo de deserção: condição de procedibilidade *versus* condição de prosseguibilidade. *Revista Direito Militar, Amajme*, nº 102, julho/agosto 2013.

______. O aditamento no processo penal militar. *Revista Direito Militar, Amajme*, nº 61, setembro/outubro 2006.

______. Formalidades na captura do desertor. *Revista Direito Militar, Amajme*, nº 14, novembro/dezembro 1998.

______. *Questões processuais do crime de deserção*. Deserção, um estudo minucioso sobre crime militar por excelência. Juruá, 2016.

SANTANA, Luiz Augusto. As prisões e a liberdade provisória do militar em face da nova ordem jurídica. *Revista do MPM da União*, nº 24, novembro 2014. www. jusmilitaris.com.br.

SILVA, Airton José. *A condição de militar na ação penal pelo crime de deserção*. www.jusmilitaris.com.br.

______. Penas restritivas de direito e o CPM. *Revista do MPM da União*, nº 22, novembro 2011.

SILVA, Luiz Felipe Carvalho. Uma perspectiva atual da competência da Justiça Militar da União para julgamento de civis. *Revista do MPM da União*, nº 24, novembro 2014.

SILVEIRA, Fernando Pessoa. A audiência de custódia na Justiça Castrense, aspectos práticos e controversos. *Revista do STM*, nº 27, julho/dezembro 2017, p. 86-103.

SOUZA, Ronaldo Ferreira. O *status* de militar como condição de prosseguibilidade do processo por crime de deserção – uma construção equivocada. *Revista do MPM da União*, nº 23, novembro 2013.

TEIXEIRA, Paulo Ivan de Oliveira. Breves considerações acerca das razões de convicção do art. 77, letra "f", do CPPM, por ocasião do oferecimento da denúncia. *Revista Direito Militar, Amajme*, nº 99, janeiro/fevereiro 2013.

______. *A Lei nº 10.792, de 1º/12/2003 e o Código de Processo Penal Militar.* www.uff.br/direito.